Gerhard Haase-Hindenberg

Das Mädchen aus der Totenstadt

Gerhard Haase-Hindenberg

Das Mädchen aus der Totenstadt

Monas Leben auf den Gräbern Kairos

HEYNE

Bildnachweis:
Alle Fotos des Farbbildteils © Mohammed Shehab, Kairo,
außer S. 12: © Gerhard Haase-Hindenberg

FSC
Mix
Produktgruppe aus vorbildlich bewirtschafteten Wäldern und anderen kontrollierten Herkünften
Zert.-Nr. SGS-COC-1940
www.fsc.org
© 1996 Forest Stewardship Council

Verlagsgruppe Random House FSC-DEU-0100
Das für dieses Buch verwendete
FSC-zertifizierte Papier Munken Premium Cream
liefert Arctic Paper Munkedals AB, Schweden.

Lektorat: Regina Carstensen, München

Umschlaggestaltung: Eisele Grafik-Design, München
Umschlagfotos: Torsten Warmuth, Berlin
Satz: C. Schaber, Datentechnik, Wels
Druck und Bindung: GGP Media GmbH, Pößneck
Printed in Germany 2008

ISBN 978-3-453-12765-4

اللى مكتوب على الجبين لازم تشوفه العين

Was auf der Stirn geschrieben steht, muss das Auge sehen.

Arabisches Sprichwort

Inhalt

Prolog *9*

Seit jenem Tag weiß ich, wo ich lebe *15*

Sie war die Luft, die ich geatmet habe *33*

Man hat mir die Kindheit gestohlen *53*

Es war eine Reise in eine fremde Welt *67*

Alles ist Kismet? *101*

Hochzeitsfest in Imam Al-Shafi'i *123*

Was ist das denn – Prestige? *163*

Der Aufstieg beginnt immer ganz unten *185*

Überall wartete jemand auf eine Entscheidung von mir *205*

Man wollte mich von einem dämonischen Trieb befreien *217*

Der Hoffnungsschimmer am Horizont *233*

Je heller die Sonne, desto dunkler die Schatten *255*

Glossar *279*

Danksagung *285*

Prolog

Viele Menschen nennen das Gebiet, in dem ich aufgewachsen bin, die Totenstadt. So wird unser Viertel auch in den Reiseführern der Fremden genannt, die manchmal durch unsere Straße laufen. Das hat mir einer aus Europa erzählt, der mich sogar heiraten wollte, obwohl er mich gar nicht kannte. Nur, weil ihm meine Augen gefallen haben. Das hat er zumindest zu meinem Vater gesagt, der nicht eingewilligt hat. Natürlich nicht. Schließlich gehörte dieser Mann nicht zu unserer Religion. Deshalb konnte mein Vater auch nicht mit ihm die Al-Fatiha lesen. Da war ich froh, denn es war kein junger Mann.

Totenstadt – auch in Kairo nennen viele Leute das Gebiet hier draußen so. Weil sie ihre Großeltern, Eltern, Onkel und Tanten in den Grabkammern unter unseren Höfen bestattet haben. Aber wenn sie zu uns herauskommen, um die Gräber ihrer Vorfahren zu besuchen, am Opferfest oder an anderen Feiertagen, sehen sie doch, dass es nicht nur eine Totenstadt ist. Denn wir leben ja hier. Hamdi, mein Vater, der ihnen die Gräber öffnet, wenn jemand gestorben ist. Der den Trauernden Wasser reicht und die Jungen holt, die die Koranverse rezitieren. Auch Nassra, meine Mutter, die meinem Vater acht Kinder geboren hat, von denen ich das älteste bin. Von vielen unserer Nachbarn haben schon die Großeltern hier gelebt. Es ist also nicht nur eine Totenstadt, sondern auch eine Stadt der Lebendigen. Und deshalb nenne ich sie nicht Totenstadt.

Wenn mich jemand fragt, wo ich wohne, dann sage ich: »Im Gebiet um Imam Al-Shafi'i.« So heißt die Moschee am anderen Ende unserer Straße. Daneben und auf der anderen Seite dieser Moschee stehen mehrstöckige Häuser mit Wohnungen. Ich könnte ja auch dort leben, wenn ich sage, dass ich »im Gebiet um Imam Al-Shafi'i« wohne. Jedenfalls nennt kaum jemand, der hier draußen auf den Grabhöfen von Imam Al-Shafi'i lebt, unser Viertel Totenstadt.

Als mir die obigen Sätze aus Monas »aufgeschriebenen Gedanken« übersetzt wurden, ahnte ich bereits, dass hinter den Zeilen in jenem abgegriffenen Heft mehr als eine erzählenswerte Lebensgeschichte steckt. Es war die ungewöhnliche Reflexion einer jungen Grabhofbewohnerin auf das eigene Schicksal, welches sie »Kismet« nannte. Drei Tage zuvor war ich mit meiner ägyptischen Mitarbeiterin Hoda Zaghloul hinausgefahren in jenes Gebiet, in dem auch deren Mutter begraben liegt, um für eine Reportage über die Totenstadt zu recherchieren. Ich hatte einen Reporter und einen Fotografen von *Al Ahram* dabei, Ägyptens großer Tageszeitung, die mir bei dieser Recherche behilflich sein wollten. Schließlich wusste ich um das Misstrauen der Grabhofbewohner gegenüber jenen Fremden, die exotisch finden, was für die Menschen in der Totenstadt alltägliche Normalität bedeutet: das Wohnen in kleinen Räumen oberhalb der Grabkammern oder auch in geräumigen Mausoleen. Kurzum: das Leben auf einem Friedhof. Aber ich konnte nicht ahnen, dass ich eine junge Frau finden würde, die mir ihre außergewöhnliche Lebensgeschichte anvertrauen wird. Es kam mir also der Zufall zu Hilfe. Als wir den unbewohnten Grabhof von Hodas Familie verließen, stand ein Junge da und sah uns mit seinen schwarzen sentimentalen Augen an. Auf meine Frage, wer dieses Kind sei, erklärte mir Tarek – der in diesem Gebiet staatlicherseits eingesetzte Grabmeister –, dass dessen Name Mahmoud sei und er mit seiner Familie auf einem Grabhof in der Nähe wohne. Wir begleiteten den Achtjährigen nach Hause und wurden von dessen Eltern und Geschwistern sehr freundlich aufgenommen. Bald erzählten die Mädchen, dass ihre große Schwester gut singen könne, auch malen, und ihre Gedanken würde sie immer in ein Buch schreiben. Außerdem sei sie sehr schön, aber leider zurzeit nicht da. Sie arbeite in einer großen Bank in Kairo, sagte die siebenjährige Aya, und es war ihr anzumerken, dass sie nicht die geringste Ahnung hatte, was genau eine Bank ist. Sie wusste auch nicht, welcher Art von Tätigkeit ihre Schwester dort nachging. Aber sie war voller Bewunderung für sie und erklärte, ich müsse unbedingt am Freitag (dem wöchentlichen islamischen Feiertag) wiederkommen, wenn Mona zu Hause sei. Ich war neugierig geworden, und so fiel es mir nicht schwer, ihr meine Rückkehr zu versprechen.

Meine kleine Schwester Aya erzählte mir am Abend als Erste, dass mich ein Mann aus dem Ausland kennenlernen will. Da habe ich gedacht, dass das wieder so ein Verrückter ist, der mir einen Heiratsantrag macht. Aber dann kam er mit Madame Hoda, die aus unserem Land stammt, und zwei Journalisten aus Kairo. Zunächst hat sich nur Madame Hoda mit mir unterhalten. Der fremde Mann wurde mir als »Mr Haase« vorgestellt, und weil sich das so ähnlich anhört wie der arabische Name Hāšim, haben wir ihn fortan so genannt. Hāšim und die beiden Journalisten haben mit meinen Eltern gesprochen und mit meinen kleineren Geschwistern. Ich habe Madame Hoda von meinen »aufgeschriebenen Gedanken« erzählt. Dann las ich ihr aus dem Heft vor, weil sie Schwierigkeiten hatte, meine Handschrift zu entziffern. Ich habe ihr erzählt, dass ich oft nachts aufwache und in den Spiegel blicke. An diesem Tag habe ich noch nicht erzählt, dass ich dann meist dunkle Gedanken habe und dass sie verschwinden, wenn ich sie aufschreibe.

Nach einigen Tagen hat Hāšim mich dann gefragt, ob ich ihm helfen will, über mein Leben ein Buch zu schreiben. Auch über meine Gedanken und Gefühle. Ich war überrascht und wusste gar nicht, was ich davon halten sollte. Als ich ihn fragte, warum er das tun will, sagte er: »Weil ich glaube, dass du ein ganz besonderer Mensch bist!« Und er erklärte mir, wie dieses gemeinsame Buchschreiben aussehen soll. Erstmal sollte ich noch für einige Monate weiterhin meine Gedanken notieren. So wie bisher, und zwar alles, was mir durch den Kopf geht, was ich erlebt habe und was ich fühle. Dann würde er zurückkommen und sich mit mir darüber unterhalten. Es wäre dann eine richtige Arbeit. Ich habe zuerst meine Mutter gefragt und ihr gesagt, dass das eine Arbeit ist, wofür ich auch Geld bekomme. Sofort hatte sie Sorge, dass ich das ganze Honorar für modische Sachen ausgeben und nichts für die Aussteuer zurücklegen würde. Deshalb hat sie mit Hāšim vereinbart, ihr die Hälfte meines Honorars für die Aussteuer zu übergeben. Es war für mich eine aufregende Sache, und ich schrieb und schrieb und fieberte dem Moment entgegen, wenn endlich die Arbeit mit Hāšim beginnen würde.

Monas Aufzeichnungen wiesen streckenweise Anflüge jener typisch arabischen Fabulierlust auf, wie man sie beispielsweise aus den Dialogen in Nagib Machfus' großartigem Roman *Die Midaq-Gasse* kennt. Bis zu diesem Zeitpunkt aber war Mona noch nie mit irgendeiner Form von Belletristik in Berührung gekommen. Dies scheint im Umkehrschluss ein Beweis dafür zu sein, dass es Machfus meisterhaft verstanden hat, die Sprache der Basare und Vorstädte in den Rang von Literatur zu erheben. Aber es zeigte sich im vorliegenden Fall auch, dass die ausschweifenden Formulierungen oftmals dazu dienen, die eigenen Gedanken und Gefühle zu kaschieren. Nicht selten wird dann über sich selbst in der dritten Person gesprochen. Gemäß dem arabischen Brauch, einen Gesichtsverlust möglichst zu vermeiden. Zudem beförderte die für Mona ungewohnte Fokussierung auf ihre Person während der gemeinsamen Arbeit zeitweilig narzisstische Neigungen. Sie selbst beschrieb diesen Umweg später mit den Worten: *Ich war ehrgeizig geworden.* Dennoch: Monas tiefe Gedanken über ihre Kindheit, über das Leben an diesem ungewöhnlichen Ort und auch die Erfahrungen, welche sie in jener Zeit in der ihr fremden Welt von Downtown Kairo machte, schienen mir geeignet für ein Buch, welches gleichermaßen eine außergewöhnliche Biografie wie eine authentische Autobiografie sein würde.

Die Grundlage unserer gemeinsamen Arbeit bestand neben den Gesprächen auch in »Schreibtagen«, wie wir es nannten. Während ich die Disketten abhörte und protokollierte, schrieb Mona konkreter über dieses und jenes, worüber wir uns zuvor unterhalten hatten. Diese während der gemeinsamen Arbeit entstandenen Passagen unterscheiden sich – wie unschwer zu erkennen ist – von den eher inwendigen Betrachtungen der »aufgeschriebenen Gedanken« in jenem Heft. An anderen Tagen wiederum unternahmen wir »Exkursionen«. Das bedeutete, dass wir uns an Orte und zu Menschen begaben, die zu irgendeinem Zeitpunkt für längere oder kürzere Zeit, manchmal nur für einen einzigen Tag, in Monas Leben eine Rolle gespielt haben.

Ich habe Hāšim vieles gezeigt, wo ich gelebt oder gearbeitet habe. Wir sind in Kairo zum Beispiel zur Staatsbank gegangen, in der ich noch gearbeitet hatte, als ich ihn kennenlernte, oder zu den Schulen, die ich zuvor besucht hatte. Manche dieser Exkursionen haben mir besonders viel Freude gemacht. Zum Beispiel, als wir noch einmal eine solche Schiffsfahrt auf dem Nil gemacht haben, wie ich sie an meinem achtzehnten Geburtstag mit meinen Freundinnen Safaa und Rania unternommen hatte. Es war fast genauso wie damals. Wieder waren Studenten auf dem Schiff und unterhielten sich über lauter Dinge, von denen ich nichts verstand, und wieder hatte einer von ihnen seinen Geburtstag gefeiert. Ich erlebte so meinen eigenen Geburtstag ein zweites Mal.

Um den Kern von Monas Gefühls- und Gedankenwelt zu erfassen, waren viele lange Gespräche und eben jene »Exkursionen« nötig. Doch beschreibt dieses Buch nicht etwa diesen gemeinsamen, gelegentlich mühsamen Weg zur authentischen Geschichte vom »Mädchen aus der Totenstadt«, sondern die Lebensgeschichte von Mona selbst. Sie aber hat auch unseren gemeinsamen Weg zu ihrer Biografie, wie sie schließlich Eingang in dieses Buch fand, als bedeutend empfunden. Jedenfalls bekannte die Einundzwanzigjährige am Ende dieser Arbeit in einem Interview gegenüber dem deutschen Fernsehjournalisten Niels Negendank:

Hāšim und Madame Hoda haben mir gezeigt, dass ich für etwas gut bin. Ich habe alles, was in meinem Inneren vorging, auf den Tisch gelegt und mich selbst wie von außen betrachtet. Ich habe Mona sehr gut kennengelernt. Ich habe versteckte Sachen über sie erfahren, die ich nicht wusste. Ich habe die wahre Mona kennengelernt!

Gerhard Haase-Hindenberg

Seit jenem Tag weiß ich, wo ich lebe

Es war einer dieser Tage, wie sie zwischen Juli und September die Regel sind, an denen die Luft brütend heiß über der Gräberstadt flirrt. Selbst vom nahen Mokattam-Berg war kein kühlender Wind zu erwarten. Die staubigen Wege zwischen den Stelen der einfachen Begräbnisstätten und den hohen Mauern der Grabhöfe vermögenderer Familien waren nahezu menschenleer. Kaum einer machte sich in diesen Wochen von Downtown Kairo aus oder von den vornehmen Stadtvierteln westlich des Nils auf den Weg, um den Ahnen einen Besuch abzustatten. Und die Gemeinschaft derer, welche hier draußen in beengten Räumlichkeiten über den Mausoleen eine Wohnstatt gefunden haben, mutierte in den letzten Jahrzehnten zu einer Zweiklassengesellschaft. Dividiert in Familien, deren Hof an die allgemeine Wasserversorgung angeschlossen ist, und solche, die jenes lebensnotwendige Gut in großen Tonkrügen von oft weit entfernten Brunnen holen müssen.

Es war wenige Wochen vor Monas achtzehntem Geburtstag, als sie ihre Mutter und fünf ihrer damals sechs Geschwister zu den Großeltern begleiten musste, die zwei Straßen weiter wohnten. Dorthin, wo den beiden alten Leuten von einem Torabi, einem Grabmeister, ein kleiner, dunkler Raum über einem Grab zugewiesen worden war, nachdem sie vor drei Jahren aus jenem geräumigeren Grabhof vertrieben worden waren, in welchem sie Jahrzehnte gelebt hatten.

Niemand hatte mir gesagt, weshalb wir an diesem heißen Tag alle zusammen meine Großeltern besuchen mussten. Mein Bruder Emad war nicht dabei, weil er kurz zuvor eine Arbeit in einer Autowerkstatt gefunden hatte, und Samah war noch nicht geboren. Trotzdem ist es dort sehr eng gewesen. Normalerweise kommt die Großmutter immer zu uns, denn schließlich haben wir im Haus mehr Platz. Aber meistens sitzen wir draußen. Wahrscheinlich besucht sie uns immer dann, wenn sie mal für eine kleine Weile von meinem Gedi (Opa) *wegkommen will. Der hat nämlich ständig etwas an ihr auszusetzen. Aber das würde meine Teta* (Großmutter) *natürlich nie sagen.*

Früher war ich nur selten mit meinen Geschwistern zu den Großeltern geschickt worden. Dann aber war unsere Mutter nie dabei. Und jedes Mal, wenn wir wieder nach Hause kamen, hatten wir ein Geschwisterchen mehr.

Nach einer Stunde oder etwas länger hatte ich es an diesem Tag dort nicht mehr ausgehalten. Meine Schwester Sabrin quasselte die ganze Zeit, und weil mein Gedi schwerhörig ist, fragte er dauernd nach. Sabrin wurde immer lauter, und der kleine Karim begann zu schreien. Er war ja noch ein Baby. Meine jüngste Schwester Aya stritt sich mit Mahmoud. Der ist nur ein Jahr älter als sie, aber er spielte sich als ihr Beschützer auf. Dabei musste sie in dem Zimmer meiner Großeltern gar nicht beschützt werden. Mahmoud wollte nur zeigen, dass er was zu sagen hat, wie alle Jungen, die jüngere Schwestern haben. Die kleine freche Aya aber ließ sich das nicht gefallen. Dazwischen versuchte Hoda, meine zweitjüngere Schwester, ständig das lange graue Haar unserer Teta zu Zöpfen zu flechten. Aber die alte Frau wehrte sich. Schließlich setzte sie einfach das Kopftuch auf. Ich habe mich dann entschlos-

sen, meine Tante Samira zu besuchen, die mit ihrer Familie wenige Straßenzüge entfernt wohnt. Nicht auf einem Grabhof, sondern in einem dieser dreistöckigen Häuser hinter der Moschee Imam Al-Shafi'i. Meine Mutter hatte nichts dagegen. Es ist immer nur mein Vater, der mir oft nicht erlaubt, zur Wohnung seiner Schwester zu gehen, und ich weiß nicht einmal, warum. Natürlich wollte Sabrin unbedingt mitkommen. Aber ihr Gequassel war es doch, weshalb ich von dort wegwollte. Und bei Tante Samira würde das ja auch so sein – ich kannte das von früheren Besuchen. Sabrin würde ihre schrille Stimme wieder höher und höher schrauben. Ich hätte dann keine Gelegenheit, meiner Tante, die ich mehr liebte als meine Mutter, all die Dinge zu erzählen, die mir auf dem Herzen lagen. Auch deshalb nicht, weil Sabrin es hinterher vor der ganzen Familie ausplaudern würde. Deshalb ging ich allein los …

Das dünne Baumwollkleid klebte an Monas Körper, und der Schweiß lief ihr in schmalen Rinnsalen über das Gesicht. Der Mund des Mädchens war vollkommen ausgetrocknet, weshalb sie sich auf den eiskalten Karkadee, einem Malventee, freute, den sie bei Tante Samira bekommen würde. In deren Küche existierte nämlich der Luxus eines alten, ziemlich laut brummenden Kühlschranks.

Wie schon manches Mal zuvor, wenn Mona auf dem Weg zu einer ihrer zahlreichen Tanten und Onkel war, sah sie vor ihrem geistigen Auge jenes Schaubild, das einst ihre Lehrerin an die Tafel gemalt hatte. Es sollte helfen, den Schülern Verwandtschaftsverhältnisse zu erklären. Ganz oben auf dieser Tafel standen die Eltern, also Vater und Mutter. Darunter deren Geschwister, also Onkel und Tanten, dann deren Kinder und Enkel, die als Cousin und Cousine sowie als Großcousin und Großcousine bezeichnet wurden. Es gab dann noch die Verwandtschaftsbeziehungen von Nichten und Neffen, von Schwägerinnen und Schwägern – aber damit waren seinerzeit die meisten Kinder, die in der Gräberstadt Imam Al-Shafi'i aufwuchsen, schon hoffnungslos überfordert. Und bald war es die Lehrerin auch. Denn eine mehrfache Doppelung solcher Verwandtschaftsverhältnisse, wie hier draußen in der Totenstadt durchaus üblich, kommt in der ihr vertrauten städtischen Umgebung von Downtown Kairo oder anderen innerstädtischen Vierteln kaum vor. Monas Vater Hamdi zum Beispiel hat seine Cousine Nassra geheiratet, und so ist Mona – die Tochter der Cousine ihres Vaters – zugleich ihre eigene Großcousine. Aber auch Nassras Bruder Mahmoud hat seine Cousine geehelicht, nämlich Hamdis Schwester Samira – jene Lieblingstante von Mona. Somit ist das Geschwisterpaar Hamdi und Samira ebenso miteinander verschwägert wie Nassra mit ihrem Bruder Mahmoud. Und Mona ist nicht nur die Nichte ihrer Tante Samira, sondern auch deren Großcousine. Wie immer, wenn Mona versucht, sich über diese sie verwirrenden Verwandtschaftsverhältnisse klar zu werden, begann ihr der Kopf zu brummen, und an diesem Tag trug dazu auch noch die fast unerträgliche Hitze bei. Gedankenverloren ging sie an dem um diese Zeit gut besuchten Khawa, einem arabischen Kaffeehaus, vorbei, ohne auf die ausschließlich männliche Kundschaft zu achten, von denen die meisten Mona mit Blicken verfolgten. Sie alle waren Bewohner von Grabhöfen oder lebten mit ihren Familien in den angrenzenden, meist dreigeschossigen Wohnhäusern. Ortsfremde sind in diesem Khawa nicht zu finden, auch wenn der große, elegant gekleidete Mann im Durchgang zur Tür so aussieht, als gehöre er nicht hierher. Hier draußen aber kennt jeder den Mann im dreiteiligen Anzug mit Krawatte, den alle »Professor« nennen. Denn diesen Titel trägt er, der schon sein ganzes Leben in einem Wohnhaus hinter der Moschee wohnt, zu Recht. Auch Mona hatte gehört, dass dieser Mann an der Universität in Kairo arbeite. Genaueres aber hat hier draußen nie jemanden interessiert, obgleich die Männer im Khawa stolz sind, dass es jemand aus ihrem Viertel so weit gebracht hat. Deshalb hören sie ihm gern zu, wenn er ihnen gelegentlich etwas über die Geschichte ihrer Gegend erzählt. Zum Beispiel die Legende, dass der Erste, den man in diesem Gebiet bestattet habe, Mokattam geheißen hätte – wie jener Berg einige Kilometer nördlich. Dieser Mann soll angeblich ein Enkel von Noah gewesen sein. Dabei lacht der Professor immer und sagt: »Da muss Noah aber sehr, sehr alt geworden sein, denn die ersten Grabstätten sind hier bei uns erst seit dem 9. Jahrhundert überliefert. Das war das Jahrhundert, als Sheikh Imam Al-Shafi'i gestorben ist, der drüben in der Moschee bestattet wurde.«

Manchmal wird der Professor von den Kaffeehausbesuchern gefragt, seit wann in den hiesigen Grabhöfen Menschen leben. Und er antwortet schon deshalb gern, weil er hofft, dass die Geschichte des Viertels auf diese Weise über die Generationen weiterleben wird. Denn nachlesen kann es kaum einer seiner Zuhörer, sind doch – wie eine Studie seines Kollegen Professor Mahmoud El-Gohary von der Kairoer Ain Shams Universität belegt – 64,4 Prozent von ihnen Analphabeten. So erzählt ihnen der »Professor« von der pharaonischen Zeit, in der man die Toten bereits auf die gleiche Weise bestattet habe wie es in ihrem Viertel noch immer üblich sei. Und er verschweigt, dass dies eigentlich eine gänzlich unislamische Bestattungskultur ist, in welcher die in Tüchern gehüllten Leichname lediglich verscharrt werden. Die Mamelucken aber, so fährt er in aller Regel fort, hätten an die alte pharaonische Tradition angeknüpft. Damals, als sie zwischen dem 13. und dem frühen 16. Jahrhundert noch über Ägypten geherrscht und hier draußen diese prächtigen Marmormausoleen für ihre Toten gebaut hätten, die ja wohl jeder der Anwesenden kenne. Und wie einst bei den Pyramiden drüben in Giza und den Königsgräbern bei Luxor, seien auch hier Grabwächter zum Einsatz gekommen, die schon bald ihre Familien nachgeholt hätten. Deshalb gäbe es auf den Grabhöfen jene Räumlichkeiten, in denen die meisten seiner Zuhörer ja wohnen würden. Diese Räume wären früher an hohen Feiertagen auch von den Grabbesitzern als Übernachtungsstätte genutzt worden, was bekanntlich heute kaum noch geschieht. So jedenfalls habe die Besiedlung angefangen. Manchmal berichtet er auch von eigenen Erinnerungen, wie er beispielsweise während des Krieges von 1973 erlebt habe, dass die aus den Städten am Suezkanal evakuierten Bewohner in den leer stehenden Grabhöfen untergebracht worden seien. Die meisten seiner Zuhörer wohnten damals noch gar nicht hier, denn sie sind erst mit der großen Landflucht aus Oberägypten oder dem Nildelta hergekommen, welche nach jenem Krieg eingesetzt hatte. Auf der Suche nach Arbeit, so führt er die Entwicklung in die Gegenwart fort, seien Hunderttausende nach Kairo gekommen, und weil die Stadt aus allen Nähten geplatzt sei ... Von da an aber kann dann jeder der Anwesenden seine eigene Geschichte erzählen, wie er entweder selbst oder der Vater oder der Großvater einst hierher in die Gräberstadt von Imam Al-Shafi'i gekommen ist.

An diesem drückend heißen Tag aber sprachen die Männer nicht miteinander. Jeder schien seinen eigenen Gedanken nachzugehen, und bei den meisten hingen sie in diesem Moment wohl mit Mona zusammen. Das Mädchen wurde von zwei Dutzend Männerblicken verfolgt, als es in freudiger Erwartung seiner Tante und Großcousine Samira an den Kaffeehausgästen vorüberzog. Sie wollte gerade die Hauptstraße überqueren, die hier vor der Moschee eine scharfe Rechtskurve macht. Vorsichtig blickte sie sich nach allen Seiten um, wie sie es immer tut, seit sie vor einiger Zeit eine Kollision mit dem Eselskarren des alten Obsthändlers hatte, der hier täglich vorbeikommt. Nun erst fielen ihr jene Männer vor dem Khawa auf, die sie angafften und dabei gierig am Mundstück ihrer Shisha, der Wasserpfeife, zogen. Noch immer war dies eine verhältnismäßig neue Erfahrung für Mona, denn sie, die trotz ihrer fast achtzehn Lebensjahre noch sehr mädchenhaft wirkte, war erst seit Kurzem das Objekt begieriger Männerblicke. War es etwa an der Zeit, die langen schwarzen Locken unter einem Hijab, dem islamischen Kopftuch, zu verstecken? Nun fand sie die Aufmerksamkeit, die sie bei Männern erregte, nicht in jedem Fall als unangenehm. Aber wenn sie derart massiv damit konfrontiert wurde, dazu noch von meist älteren Kaffeehausbesuchern, suchte sie schnell das Weite.

Nur noch wenige Meter trennten Mona von dem mit einer halbhohen Mauer umzäunten Hof der Imam Al-Shafi'i-Moschee. Gleich dahinter würde sie in jene Gasse abbiegen, an deren Ende Tante Samira und Onkel Mahmoud mit ihrer Tochter Shaimaa wohnen. Mona blickte die Straße hinauf, in welcher der Grabhof ihrer Familie lag – gegenüber jener unscheinbaren Moschee, die verglichen mit der des Imam Al-Shafi'i geradezu winzig wirkte. Dort oben bemerkte sie eine Trauergesellschaft, die hinter einem dieser Holzkästen Aufstellung nahm, in welchen üblicherweise Leichname zu den Grabkammern transportiert werden. Vor jener kleinen Moschee also hatte sich eine Gruppe von Menschen versammelt. Das sind sicherlich die Angehörigen, Freunde und

Nachbarn des oder der Verstorbenen, war es Mona durch den Kopf gegangen.

Das Geschehen hätte ihre Aufmerksamkeit nicht länger in Anspruch genommen, wäre ihr jene elegante Frau nicht bekannt vorgekommen, die dort klagend die Hände in die Luft schleuderte. Instinktiv blieb Mona stehen und musterte nun einen nach dem anderen aus der kleinen Trauergemeinde. Sie kannte keinen von diesen Leuten, mit Ausnahme jener Frau. Es war die Besitzerin des Grabhofes, auf dem Mona mit ihrer Familie lebt, da war sie ganz sicher. Schließlich hatte sie diese freundliche Person gelegentlich dort gesehen. Am Ende des Fastenmonats Ramadan, wenn diese Frau Mona und ihre Geschwister mit Süßigkeiten beschenkte. Und am Tag des Großen Bairam, des islamischen Opferfestes, brachte sie in jedem Jahr ein Stück Hammelfleisch vorbei, woraus die Mutter dann eine kräftige Suppe kochte. War diese Frau nicht manchmal in Begleitung des kleinen grauhaarigen Herrn gekommen, der in diesem Augenblick von hinten an sie herantrat und tröstend seinen Arm um sie legte? Mona erschrak. Fiel ihr doch ein, dass sich jene Frau immer nur kurz auf dem Grabhof aufhielt und Einladungen von Monas Mutter zum Tee mit dem Hinweis ausschlug, dass sie ihren kranken Sohn zu Hause nicht lange allein lassen wolle. Lag in jenem Holzkasten womöglich ...?

Ausgerechnet in diesem Moment fühlte sich einer der Männer vor dem Khawa befugt, Mona auf sich aufmerksam zu machen. Möglicherweise weil sie genau dort stehen geblieben war, wo der Kaffeehausbesitzer seinen männlichen Gästen die kleinen verbeulten Metalltische und die alten knarrenden Holzstühle an die Straße gestellt hat.

»Hey, Mona, wirf mir doch mal einen Blick aus deinen schönen Augen zu!«, rief ein Mann, den sie als einen ihrer

Nachbarn erkannte. Er war kaum jünger als ihr eigener Vater, und seine Frau hatte gerade erst wieder ein Kind zur Welt gebracht. Hätte irgendeiner der jungen Kerle ihr eine solche Bemerkung zugerufen, würde sie es schmunzelnd ignoriert haben. Aber dieser alte Mann?

»Was fällt dir ein? Soll ich zu deiner Frau laufen, die gerade ihr fünftes Kind bekommen hat, und ihr erzählen, dass du hier herumsitzt und jungen Mädchen solche Sachen hinterherrufst?«, empörte sich Mona und hatte damit die Lacher auf ihrer Seite. Einige Männer applaudierten sogar. Der alte Nachbar aber lief sofort puterrot an. Vielleicht fiel ihm erst jetzt ein, dass seine Frau ja regelmäßig mit Hamdis Töchtern plauderte oder mit Nassra, deren Mutter. An jenem Loch in der Mauer zwischen ihren beiden Grabhöfen. Dann nämlich, wenn seine Frau den langen Gartenschlauch hinüberschob, um vom nachbarlichen Wasserhahn die Tonne im eigenen Hof aufzufüllen. Und bei diesen sommerlichen Temperaturen fand ein solcher Kontakt nahezu täglich statt.

Ich ging ein Stück in Richtung dieser Trauergesellschaft, war dann aber in einiger Entfernung stehen geblieben. Ich hätte auch gar nicht gewusst, was ich sagen sollte. Ich habe den Sohn ja nicht gekannt, der wahrscheinlich dort in Tüchern gehüllt in dem Holzkasten lag. Die Frau tat mir leid. Es konnte doch nicht Allahs Wille sein, dass Mütter ihre Söhne beweinen. Wenn man in Imam Al-Shafi'i aufwächst, sieht man oft vorbeiziehende Trauergesellschaften. Es sind in der Regel die Jungen, die die Eltern und Großeltern betrauern. Das ist der Lauf der Dinge.

Während ich die Trauergesellschaft beobachtete, musste ich an die seltenen Besuche dieser freundlichen Frau denken. Sie sprach dann immer in großer Sorge von ihrem Sohn. Mir war in diesem

Moment gar nicht in den Sinn gekommen, dass der verstorbene Sohn bei uns bestattet werden würde. Dabei gehörte der Grabhof, auf dem wir wohnen, seiner Familie. Das wusste ich, und ich wusste auch, dass seine Großeltern in der Grabkammer liegen, unter unserem Hof, wo meine kleinen Geschwister jeden Tag spielen, meine Mutter das Essen zubereitet und ich die Wäsche wasche und aufhänge …

Ein erster Verdacht war dem Mädchen gekommen, als sie beobachtet hatte, wie der Torabi eiligen Schrittes von jener kleinen Moschee hinüber zum Grabhof ihrer Familie lief und dort von ihrem Vater in Arbeitskleidung erwartet wurde. Langsam fügten sich ihre Gedanken und Beobachtungen zu einem Ganzen: die Geschwister in dem winzigen Zimmerchen der Großeltern, die trauernde Besitzerin des Grabhofes und schließlich ihr Vater, der mit dem Torabi in der weit geöffneten Hoftür verschwand. Mit innerer Anspannung näherte sich Mona ihrem Zuhause, als gelte es, ein streng gehütetes Geheimnis zu lüften. Endlich warf sie einen Blick durch die vertraute Tür, fand im Innern des Grabhofes jedoch keineswegs ein vertrautes Bild vor. Denn dort, wo die Familie noch an diesem Morgen auf dem Boden sitzend Foul, ein orientalisches Bohnengericht, gegessen, wenig später Aya die Hühner gefüttert und sie selbst die weiße Galabeya, jenes kaftanartige Kleidungsstück ihres Vaters, in der alten Plastikschüssel gewaschen hatte, war nun der Eingang zur darunter liegenden Grabkammer erkennbar. Gegen die linke Wand unterhalb des provisorischen Daches aus Holzlatten, welches den Bewohnern im vorderen Teil des Hofes vor leichteren Regenfällen Schutz bot, standen breite Steinplatten gelehnt. Mona wusste schon seit Langem, dass sich unter ihrem Hof zwei nach Geschlechtern getrennte Grabkammern befanden. Die Mutter hatte es ihr und den älteren unter ihren Geschwistern vor einiger Zeit erzählt. Und auch, dass dort die Eltern jener Frau bestattet seien, die ihnen am Ende des Fastenmonats immer Süßigkeiten brachte. Deren Vater hat schon da unten gelegen, als Hamdi und Nassra als junges Ehepaar hier einzogen, und die Mutter der Grabbesitzerin war hier beigesetzt worden, als Mona noch ein Säugling war. Die unter dem Hof befindlichen mannshohen Kammern hatte Mona nie zuvor gesehen. Trotz der kleinen Marmortafeln an der Wand des Hofes mit den Namen der Toten entzogen sich jene unterirdischen Räume von jeher Monas Vorstellungsvermögen – bis zu diesem Moment. Nun blickte sie an Hanafi, dem hochgewachsenen Torabi, vorbei in jene dunkle Höhle, zu der steinerne Stufen hinunterführten.

»Wir können ihn hierher zu seinem Großvater legen«, hörte sie die Stimme ihres Vaters aus der Tiefe.

Mona trat einen Schritt näher, und nun konnte sie ihn auch sehen, umhüllt von aufgewirbeltem Staub. Offenbar versuchte er mit einem Besen gleichmäßig Sand über den Boden zu verteilen.

»Nein, dazwischen kommt ja irgendwann die andere Generation … also sein Vater«, sagte der Grabmeister und gab die Anweisung: »Lege den Großvater einfach ein Stück nach hinten.«

Als Mona ihren Vater dabei beobachtete, wie er mit dem breiten Besen irgendetwas vor sich her in den hinteren Teil der Grabkammer schob, wurde sie von einem fremdartigen Gefühl überwältigt. Zum ersten Mal erfasste sie, was sie doch aus der Erzählung ihrer Mutter längst wusste – sie hatte ihre gesamte Kindheit in der Gegenwart jener Leichname verbracht, die dort unten lagen. War dieses seltsame Gefühl daran schuld, dass sie mit einem Mal keine Lust mehr verspürte, ihre Tante Samira zu besuchen? Oder war es schlichtweg nur die Neugier auf das, was sich gleich hier abspielen würde? Mona drängte sich an dem hünenhaften Torabi vorbei in jenen schmalen Teil des Grabhofes, den man als Küche bezeichnen könnte. Dort nämlich befand sich direkt neben dem engen Verschlag, der eine Mischung aus Toilette und Dusche beherbergte, das Waschbecken. Daneben stand ein wahrer Luxusgegenstand, auf dessen Besitz Monas Mutter stolz ist, seit sie ihn vor einigen Jahren in gebrauchtem Zustand auf dem Freitagsmarkt im benachbarten Stadtteil Tonsy erstanden hatte – eine halbautomatische Waschmaschine. Ein solches, für eine kinderreiche Familie äußerst sinnvolles Requisit, setzte natürlich zweierlei voraus: Wasser und Strom. Tatsächlich war dieser Grabhof einer von 3529 Grabhöfen, die an die staatliche Wasserversorgung, und einer von 7240, die auch an das städtische Stromnetz angeschlossen sind. Jedenfalls ist dies 1986 so gewesen, als letztmalig detaillierte Zahlen durch den Journalisten Mamdouh El Waly veröffentlicht worden waren.

Neben dieser Waschmaschine (von denen es in den Grabhöfen damals 657 gab) war Mona angekommen, nachdem sie einen großen Schritt über die geöffnete Grabkammer gemacht hatte. Zielstrebig ging sie am dreiflammigen Propangasherd vorbei, um rechts dahinter in den mit einer alten Couch und zwei Sesseln möblierten Durchgangsraum zu gelangen, der sich zwischen dem Schlafzimmer der Eltern und dem der Kinder befand. Dort gab es auch einen alten Schwarzweißfernseher, der die Grabhofbewohner medial mit dem Rest jener Welt verband, welche von ihrer Existenz kaum Notiz nahm.

Viele Leute, die ich außerhalb meiner Wohngegend treffe, fragen mich, wie wir »auf diesen Gräbern da« leben würden. Mitschülerinnen in der Mittelschule von Tonsy haben mich das oft gefragt – und anschließend gekichert. Einige Jahre später stellten auch Kunden diese Frage, in dem Laden, in dem ich damals arbeitete und in dem sie elektrische Marmorschleifgeräte mieten konnten. Dabei liegt das Geschäft an dem Platz Midan Sayeda Aisha, direkt hinter unserem Viertel. Auch meine Mitschülerinnen in der Mittelschule wohnten ja ganz in der Nähe, in einem Wohngebiet, das Imam El-Leithy heißt. Und doch haben all diese Menschen keine Ahnung, wie wir auf den Grabhöfen leben. Auf diese Frage habe ich immer geantwortet: »Es ist mir eine Ehre, auf einem Hof zu wohnen, denn da bin ich groß geworden und wurde von meinen Eltern, die ich über alles liebe, bestens erzogen!« Und wenn sie mich fragten, ob ich keine Angst vor den Toten hätte, die dort überall herumlägen, sagte ich: »Warum soll ich vor ihnen Angst haben? Sie ärgern mich nicht wie manche meiner Mitschülerinnen, die sich für etwas Besseres halten. Sie beleidigen mich auch nicht wie die Leute, die uns abfällig ›diese Grabbewohner‹ nennen und ihre Söhne und Töchter von uns fernhalten.« Nein, ich habe höchstens Angst vor lebenden Menschen, nicht vor Toten. Bis zu diesem Tag aber, als der Sohn der Grabbesitzerin zu uns gebracht wurde, hatte ich nie einen Toten aus der Nähe gesehen. Auch seinen Leichnam habe ich nicht gesehen, denn er war ja in Tücher gehüllt. Dennoch hat es mich sehr bewegt, als der Torabi gemeinsam mit meinem Vater den Körper des Jungen aus der Holzkiste nahm und sie damit in der Grabkammer verschwanden. Ich hatte die Gardine zu unserem Wohnbereich zugezogen und das Ganze nur durch einen kleinen Spalt beobachtet. Der Torabi war der Einzige, der wusste, dass ich da war. Denn er hatte mich ja kurz zuvor kommen sehen.

Nun beobachtete ich die Trauergemeinde, die im hinteren Teil des Hofes Platz nahm. Die Menschen setzten sich auf unsere alten

Stühle und Hocker, die sonst dort standen, wo nun die Steinplatten an der Wand lehnten. Während der gesamten Zeremonie verhielt ich mich ganz still und bewunderte meinen Vater, der sich um alles kümmerte.

Monas Vater kehrte aus der Tiefe der kühlen Grabkammer in die brütende Hitze zurück, und sofort hat sich ein feuchter Schweißfilm auf seiner Haut gebildet. Eben noch hatte er den Leichnam des Verstorbenen auf die rechte Seite mit dem Kopf in Richtung Mekka gelegt und die Leichentücher gelockert – ohne zu wissen, dass sich hinter dieser Vorschrift prähistorische Tradition und islamische Gegenwart vereinigten. In der Zeit der Pharaonen waren die Toten in Embryohaltung bestattet worden, weil man die Erde als Mutterleib betrachtete, aus dem der Verstorbene im Jenseits wiedergeboren würde. Die Ausrichtung nach Mekka hingegen, die für Muslime auch beim Gebet maßgebend ist, weist zu jenem Ort, an dem der Begründer des Islam, Muḥammad ibn 'Abd Allāh ibn 'Abd al-Muṭṭalib ibn Hāšim ibn 'Abd Manāf al-Qurašī – genannt Mohammed –, in einer Höhle die Offenbarung Gottes empfangen haben soll.

Hamdi reichte den Trauernden mit Wasser gefüllte Gläser. Angesichts der nahezu unerträglichen Hitze wurden sie auch dankbar entgegengenommen. Vorn in der Tür zum Grabhof drückten sich zwei Halbwüchsige herum. Offenbar hatten sie mitbekommen, dass hier eine Bestattung stattfinden würde und erhofften sich ein Bakshish, ein Trinkgeld, wenn sie aus dem Koran rezitieren würden. Aber erst als Hamdi sie heranwinkte, betraten sie schüchtern den Grabhof, verbeugten sich vor der Trauergemeinde und gingen schließlich neben der geöffneten Grabkammer in die Hocke.

Koran-Rezitationen an Gräbern werden von den meisten Geistlichen und islamischen Rechtsgelehrten abgelehnt. Solche Rezitationen stimmten nicht mit dem Verhalten des Propheten Mohammed überein, argumentieren sie. Der nämlich habe am Grab seines kleinen Sohnes Ibrahim zwar geweint und leise gebetet, nicht aber aus dem Koran rezitiert. Dennoch werden die Koran-Rezitatoren von den Trauernden nur selten zurückgewiesen. Denn die von ihnen geschickt ausgewählten Suren spenden den Hinterbliebenen durchaus Trost und diese den Rezitatoren meist ein ordentliches Bakshish. Die Sure »An-Naba« (»Die Ankündigung«) zum Beispiel ist eine solche, in deren Absätzen 31 bis 36 es heißt: »Die Frommen haben sich gerettet. / Sie bekommen Gärten mit Weinreben / gleichaltrige Jungfrauen mit wohlgeformter Brust / und trinken aus vollen Kelchen reines Labsal. / Dort hören sie weder Gerede noch Lüge. / Das alles ist für sie eine Belohnung von deinem Herrn / Der ihnen seine Huld erweist ...«

Haben die beiden Halbwüchsigen, die unisono diese symbolreiche Vision vom Paradies hersagten, etwa vorher gewusst, dass es sich bei der trauernden Hinterbliebenen nicht um eine Witwe, sondern um die Mutter eines jungen Mannes handelte? Jedenfalls war es ihnen gelungen, ihr ein seliges Lächeln auf das Gesicht zu zaubern angesichts der Ankündigung paradiesischer Freuden, die dem Verstorbenen im Diesseits verwehrt geblieben waren. Nach einem stummen Blick der Verständigung stimmten die beiden Jungen, nicht ohne finanzielle Hintergedanken, die Absätze 27 bis 30 aus der Sure »Al Fadschr« (»Die Morgendämmerung«) an: »O du zuversichtliche Seele! / Kehre zufrieden und belohnt zu deinem Herrn zurück! / Tritt in die Schar deiner Diener ein! / Und tritt in meinen Paradiesgarten ein!«

Der Vater des verstorbenen Jungen drückte den beiden Rezitatoren einen größeren Geldschein in die Hand. Es blieb eine hypothetische Frage, ob die Summe ebenso großzügig ausgefallen wäre, wenn sie aus der gleichen Sure auch den Absatz gesprochen hätten, den sie nicht ohne Grund weggelassen haben: »An jenem Tag erlegt Gott so peinvolle Strafen auf, wie es sonst niemand kann / und Er legt in Fesseln wie sonst keiner!«

Nie zuvor hatte Mona eine Bestattung aus nächster Nähe erlebt. Dies mag außergewöhnlich erscheinen für eine junge Frau, die nahezu ihr gesamtes Leben auf einem Friedhof verbracht hat. Natürlich war sie schon mehrfach Trauergesellschaften begegnet, wenn diese die kleine Moschee gegenüber aufsuchten. Bei einer solchen Gelegenheit hatte sie einmal die überraschende Beobachtung gemacht, dass die männlichen Gläubigen (deren Frauen sich in einem abgetrennten Raum aufhielten) während des Totengebets »Salatul Ganaza« stehen blieben und sich nicht wie sonst verbeugten. Das Mädchen hatte es seinen Eltern erzählt, der Großmutter und sogar dem Lehrer Gamal, der an der Mittelschule Geschichte, Erd- und Sozialkunde unterrichtete. Allen war zwar bekannt, dass man sich während des Gebetstextes nicht verbeugt, aber niemand konnte ihr erklären, warum dies so ist. Vielleicht hätte ihr ja der Imam, der Vorbeter in der Moschee gegenüber, sagen können, dass sich Muslime ausschließlich vor Gott verbeugen und nicht vor einem Toten. Aber sicher ist das nicht. Denn viele Imame haben in Fragen der eigenen Religion deutliche Wissenslücken, wie von Islamwissenschaftlern und Rechtsgelehrten in Kairo hinter vorgehaltener Hand immer wieder bedauernd festgestellt wird. Einige von denen wären sicher entsetzt, würden sie in Monas Aufzeichnungen lesen, was der benachbarte Imam ihrem Vater empfohlen hatte: *Wenn ein Verstorbener aufgrund eines Unfalls gestorben oder gar ermordet worden ist, soll sich mein Vater danach gründlich reinigen. Denn falls während des Sterbens Blut aus seinem Körper geflossen ist, steckt ein Teufel in ihm.*

Vor ihrem Versteck vernahm Mona ein leises Wimmern. Es kam ganz offenbar von jener Mutter, die auf dem Weg zum Ausgang stehen geblieben war und noch einmal in die geöffnete Grabkammer hinunterblickte – auf den in Tücher gehüllten Leichnam ihres Sohnes. Es war kein lautes Klagen wie vorhin an der Moschee, sondern ein leises, schmerzvolles Wimmern. Mona erinnerte sich, ein solches vor wenigen Wochen schon einmal gehört zu haben. Exakt an diesem Ort, an welchem sie sich auch jetzt befand – wenngleich während eines eher gegenteiligen Anlasses.

Damals war ich auch nicht bei den Großeltern geblieben. Da ich am nächsten Tag eine Prüfung hatte und noch ein wenig lernen wollte, bin ich nach Hause gegangen. Meine Großmutter versuchte mich zurückzuhalten, aber ich bin einfach weggegangen. Und als ich zu Hause aus meiner Schublade die Schulsachen holen wollte, hörte ich aus dem Zimmer meiner Eltern ein Wimmern. Es klang ganz genauso wie das von dieser Mutter, die ihren Sohn bestatten ließ. Ich war natürlich neugierig und schaute auch an diesem Tag durch einen schmalen Schlitz im Vorhang, womit das Schlafzimmer meiner Eltern abgetrennt wird. Zuerst sah ich den Rücken meines Vaters und die Hebamme, die ganz in der Nähe vom Midan Sayeda Aisha wohnt. Aber damals kannte ich diese Frau kaum. Also, mein Vater war zu sehen und eine fremde Frau, die ständig hin und her lief. Immer wieder hat sie sich zwischendurch die Hände gewaschen in der alten Plastikschüssel, in der ich schon damals unsere Kleidung wusch. Dazwischen hörte ich das Wimmern meiner Mutter. Als mein Vater zur Seite ging, erlebte ich die Geburt meines Bruders Karim. Und weil er sehr laut schrie, hörte man das Wimmern meiner Mutter bald nicht mehr. Als ich nun an diesem traurigen Tag ein solches Wimmern wieder hörte, ging mir der Gedanke durch den Kopf, wie nah der Anfang und das Ende des Lebens nebeneinanderliegen. Nicht nur beim Wimmern der Mütter, sondern auch auf unserem Grabhof.

Als mein Vater schließlich gemeinsam mit Hanafi die Grabkammer wieder mit den großen Steinplatten verschloss, war es für mich nicht mehr derselbe Hof wie zuvor. Ich hatte gesehen, wie der Leichnam dort hinuntergetragen wurde, und ich habe das Wimmern der Mutter gehört. Seitdem ist unser Zuhause für mich ein anderes. Seit jenem Tag weiß ich, wo ich wohne – dort, wo der Sohn dieser Mutter von nun an bis zum Jüngsten Gericht liegen wird. Ich wurde sehr krank an diesem Nachmittag. Aber zuvor habe ich in meinem Versteck um den Jungen, den ich in seinem ganzen Leben nie zu Gesicht bekommen hatte, geweint. Und dann habe ich leise versprochen, diesen Ort zu achten und den Kaktus, der neben seinem Grabschild stehen wird, zu pflegen und regelmäßig zu gießen.

Sie war die Luft, die ich geatmet habe

Fast nichts von dem, was Mona bei früheren Zugfahrten genossen, worauf sie sich tagelang zuvor schon gefreut hatte, nahm sie diesmal zur Kenntnis. Nicht den Fahrtwind, der ihr durchs offene Waggonfenster ins Gesicht blies, und nicht die Zuckerrohrfelder, die wie schmale grüne Gürtel zwischen den Ufern des Nil und der unendlichen Weite der Wüste draußen vorüberzogen. Selbst das schaurig-schöne Erschrecken, wenn ein entgegenkommender Zug mit lautem Getöse neben ihr vorbeirauschte, konnte ihr diesmal keine Freude bereiten. Mona nahm all das um sie herum kaum wahr, weil sie Angst hatte. Angst vor dem Ankommen. Denn sie wusste, dass auf dem Bahnsteig in Quena eine bedrohliche Leere auf sie warten würde. Bei ihrer Ankunft würde sie diesmal nicht von ihrer Großmutter in die kräftigen Arme geschlossen werden. Es würde auch kein fröhliches Geplauder geben während der Busfahrt von der Hauptstadt des Gouvernorats in die Kreisstadt Naga Hammadi und kein albernes Gekichere auf der Eselskarre einer ihrer Onkel von dort in das Dorf Kafr Abou Tesht. Nie wieder würde die alte Frau sie mit gutmütigen, honigfarbenen Augen anblicken und sagen: »Ich danke Allah, dass er mir eine so schöne Enkelin geschenkt hat.« Das wusste Mona. Aber sie wusste nicht, wie sie auf diese ungewohnte Leere reagieren würde, und deshalb hatte sie Angst.

Obwohl meine geliebte Teta schon alt war, habe ich nie daran gedacht, dass sie einmal nicht mehr da sein würde. Nur die ersten vierzig Tage meines Lebens habe ich in ihrem Haus gelebt, aber trotzdem fühlte ich mich als Teil ihrer Seele. Sie war die Luft, die ich geatmet habe, ich habe nur ihretwegen gelebt. Jedes Jahr kam sie nach Kairo und wohnte dann bei meiner Tante Samira oder bei meinem Onkel Tayaa. Fünfmal habe ich sie in ihrem Dorf besucht. Aber jedes Mal, wenn ich sie traf, war es, als wären wir nie getrennt gewesen. Unsere Seelen waren vereint, auch wenn wir nicht zusammen waren. Bei ihr habe ich Geborgenheit gefunden. Meine Teta konnte sogar meine Gedanken lesen, und sie hat mich verstanden. Weshalb verstand mich nur sonst in meiner Familie keiner?

Eine Woche nach ihrem Tod ist sie mir im Traum erschienen und hat zu mir gesagt: »Weine nicht mehr wegen mir!« Und da wusste ich, es geht ihr gut, und ich wurde ruhiger. Aber noch immer fehlen mir das warme Herz meiner Teta und ihre innige Umarmung, weil ich das von meiner Mutter nie bekommen habe. In meinem ganzen Leben hat mich meine Mutter nie so warmherzig und innig umarmt wie meine Teta. Deshalb sei hier ihr Name genannt, den ich für immer in meinem Herzen tragen werde – Saadeya Om Hamdi (Saadeya, Mutter des Hamdi).

Niemand aus Monas Familie war an jenem Morgen zu ihr in die Handelsschule gekommen, um sie zu verständigen, dass die Großmutter in der Wohnung ihres Sohnes Tayaa, dem Bruder von Monas Vater, Blut erbrochen hatte. Später wird man Mona erzählen, dass sich ihre Teta geweigert habe, in Kairo in ein Krankenhaus zu gehen. Die gläubige alte Frau wollte ihr Schicksal in die Hände Allahs legen, und da sie davon überzeugt war, dass ihr Gott sie bald zu sich rufen würde, begab sie sich umgehend auf den Heimweg. Sie wollte in ihrem Haus in Kafr Abou Tesht sterben, dort wo auch ihr Mann gestorben war und dessen Eltern. Zwei Tage später rief ihr Sohn Abdel Fattah bei seinen Geschwistern in Kairo an und teilte ihnen den Tod der Mutter mit. Mona wollte nicht glauben, dass ihre Teta zum Sterben in die Heimat gefahren war, ohne sich von ihr zu verabschieden. Noch schlimmer aber war für sie, dass ihr nicht gestattet wurde, sich ihrerseits von der geliebten Großmutter zu verabschieden. Deren Kinder und Schwiegerkinder machten sich umgehend auf den Weg nach Oberägypten, und Mona musste in Imam Al-Shafi'i bleiben.

Ich habe darum gebettelt, dass man mich mitnimmt, ich habe geweint und meine Eltern angefleht, aber es nutzte nichts. Jeder nannte einen anderen Grund, weshalb ich zu Hause bleiben sollte. Die Beerdigung würde längst vorbei sein, wenn sie in Kafr Abou Tesht ankämen, erklärte mein Vater. Und an der Kondolenzsitzung in einem Zelt vor dem Haus der Teta würden ohnehin nur die männlichen Familienmitglieder teilnehmen. Meine Mutter sagte, dass ich meine Geschwister beaufsichtigen müsse. Und als ich Emad fragte, ob er nicht zwei Tage zu Hause bleiben könne, schrie er mich an, das sei keine Aufgabe für einen Mann. Dann hat mich meine Tante Samira zur Seite genommen und gesagt, meine Eltern würden sich Sorgen machen, dass ich die Trauerfeierlichkeiten nicht durchstehen könnte. Weil ich ja schon nach der Bestattung des jungen Mannes zusammengebrochen sei, der bei uns auf dem Grabhof liegt, und den hätte ich nicht mal gekannt. Dabei hatte der Arzt im Tabarak-Kinderkrankenhaus damals gesagt, dass mein Kreislauf nur schlapp gemacht habe, weil ich an diesem heißen Tag nicht genug getrunken hätte. Aber ich habe meiner Tante geglaubt, dass sich meine Eltern um mich Sorgen machten, denn das war ein schönes Gefühl. Es war fast wieder so wie an jenem Nachmittag, als ich plötzlich umfiel und mein Vater mich auf seine Arme nahm und ganz verzweifelt war in Sorge um seine Mona. Nie zuvor habe ich meinen Vater so erlebt. Er war mit mir in ein Krankenhaus hinüber nach Tonsy gelaufen, aber dort hatten sie uns abgewiesen. Und dann hatte ihn ein Torabi, der ein Auto hat, auf eine Inschrift an einer Wand aufmerksam gemacht. Jemand hatte dort mit großen Buchstaben hingeschrieben, dass das Tabarak-Kinderkrankenhaus vierundzwanzig Stunden geöffnet sei. Jeden Tag war mein Vater an dieser Inschrift vorbeigelaufen, aber da er ja nicht lesen kann, wusste er auch nicht, was da steht. Dann hat uns der Torabi zu diesem Krankenhaus hingefahren, und mein Vater wich auch dort nicht von meiner Seite. Ich konnte kaum glauben, dass dies der gleiche Vater war, der mich früher oft wegen Kleinigkeiten verprügelte, der mit dem Besenstil auf mich eingeschlagen hatte. Plötzlich hatte er Angst um mich, und ich habe gespürt, dass er mich liebt. Und nun sagte mir Tante Samira, dass er und meine Mutter wieder in Sorge um mich waren. Trotzdem habe ich die ganzen nächsten Tage geweint, denn ich habe mich sehr, sehr einsam gefühlt. Obgleich meine Geschwister zu Hause geblieben waren. Mit Ausnahme von Karim, der ja noch ein Baby war und von meiner Mutter gestillt werden musste. Ich habe mich sogar an Allah gewandt und darum gebeten, dass er mich auch abberuft, damit ich bei meiner Teta sein kann. Aber es gab auch einen kleinen Trost. Meine Tante Samira hatte mir versprochen, dass wir zusammen nach Kafr Abou Tesht fahren würden, sobald etwas Zeit vergangen sei. Dann könnte ich ganz allein am Grab meiner Teta stehen und ihr alles sagen, was ich wollte. Dieses Versprechen hat sie auch wahr gemacht, und so saßen wir dann einige Wochen später in diesem Zug nach Quena, und ich hatte Angst, dort anzukommen, wo nun niemand mehr auf mich warten würde.

Mona traute ihren Augen nicht. Was hatten ihre Onkel Abdel Fattah und Ahmed aus dem Haus ihrer Großmutter gemacht? Auf das einstöckige aus Lehm gebaute Bauernhaus hatten sie eine Etage oben daraufgesetzt. Ansonsten sah auf dem Hof alles aus wie immer. In dessen Mitte stand noch der große Ofen, in dem das Brot gebacken wurde, gleich neben dem Gaskocher, auf welchem Monas Großmutter für ihre Lieblingsenkelin immer Tameya, Bohnenfalafeln, in heißem Öl gebraten hatte. Als Mona die Handpumpe des Brunnens betätigte, war derselbe quietschende Ton zu hören, wie früher, als hier noch ihre Oma das Wasser in Eimer und Krüge füllte. Das aufgestockte Haus aber sah scheußlich aus, fand Mona. Aber gesagt hat sie es nicht. Sie hat überhaupt nicht viel gesprochen an jenen Tagen in Kafr Abou Tesht, selbst dann nicht, als ihre Tante Samira sie an das Grab der Großmutter brachte und dort allein ließ. Es war ein Grab, wie es einfache Leute haben, nur mit einer Steinplatte und einer Stele versehen. Grabhöfe wie in Imam Al-Shafi'i gab es hier ohnehin nicht, aber kleinere Mausoleen hatte Mona einmal in Naga Hammadi, der nächstgrößeren Stadt, vom Bus aus entdeckt. In aller Regel aber werden die oberägyptischen Zuckerrohrbauern und die Landarbeiter in einfachen Gräbern verscharrt, und vor einem solchen stand Mona und schwieg.

Ich musste meiner Teta nichts sagen, weil ich spürte, dass sie da war. Denn es kam ein leichter Wind auf und hat meine Haare flattern lassen. Nur für wenige Augenblicke, mitten an einem heißen Tag in der Nähe der Wüste. Das war die Umarmung, auf die ich gewartet habe. Endlich konnte ich von meiner geliebten Teta Abschied nehmen. Unsere Seelen waren vereint, wie sie es zu ihren Lebzeiten gewesen waren. Ich war meiner Tante Samira so unendlich dankbar, dass sie mit mir nach Kafr Abou Tesht gefahren war. Als ich die Augen schloss, hörte ich schon im nächsten Moment die sanfte Stimme der Großmutter: »Meine kleine Mona, ich werde immer bei dir sein. Was auch geschieht, deine Teta ist an deiner Seite und bittet Allah, dich zu beschützen.« Ich wurde ganz ruhig, und plötzlich war auch der Geruch da, wie ich ihn nur von meiner Teta kannte, und das Gefühl von diesem weichen Baumwolltuch, aus dem ihre schwarzen Gewänder waren. Ich weiß nicht, wie lange ich mit geschlossenen Augen an diesem Grab gestanden habe, als ich durch einen Schrei in das Leben zurückgeholt wurde. Es war der Schrei einer Frau, und ich musste lachen, denn ich wusste sofort, woher das gekommen war und auch warum diese Frau geschrien hat, obgleich ich sie doch gar nicht kannte.

Neben dem Grab eines einstmals im Dorf lebenden und bis heute verehrten Sheikhs, eines weisen alten Schriftgelehrten, gibt es einen sehr tiefen Brunnen. Niemand in Kafr Abou Tesht kann mehr sagen, was es zuerst gab, das Grab oder den Brunnen. Die Nachfahren des verehrten Sheikhs, die bereits in dritter Generation mit dem »heiligen Brunnen« Geld verdienen, bestehen darauf, dass der Sheikh selbst diese wundersame Wasserstelle entdeckt hat.

Eine Wunderheilung aber setzt bei denen, die durch ein Wunder geheilt werden wollen, zunächst einmal den Glauben an Geister voraus. Von solchen nämlich soll der Brunnen sie befreien. In den oberägyptischen Landgemeinden geht man vielerorts davon aus, dass mit einem Erschrecken – worüber auch immer – Geister aus der Unterwelt oder zumindest böse Energien in den Körper fahren würden. Um diese wieder loszuwerden, begibt man sich in Kafr Abou Tesht und Umgebung zu jenem Brunnen. Aber auch junge Frauen, die bislang kinderlos blieben, kommen hierher, oder Kranke, die sich von einem Besuch wundersame Genesung versprechen.

Der Brunnenmeister, einer jener Nachfahren des verehrten hier ruhenden Sheikhs, bittet die heilsuchenden Personen – nach Entrichtung eines Obolus – in einen Bretterverschlag direkt neben der Wasserstelle, wo diese sich vollständig entkleiden. Dann schöpft er aus dem tiefen Brunnen eiskaltes Wasser und lässt es durch ein Rohr von oben in den Verschlag laufen, wo es auf die nackten Körper der Wundergläubigen trifft. In aller Regel gelingt es beim ersten Versuch, die Probanden zu einem lauten Schrei zu veranlassen und sie so von Geistern und bösen Energien zu befreien. Nur selten bestand hinter dem Bretterverschlag jemand auf eine Wiederholung der Prozedur. Mehr als einmal hatte Mona ihre Großmutter und gelegentlich auch deren Schwiegertöchter zu diesem Brunnen begleitet. Als sie aber in der Schule von diesem Wunder berichtete, erlebte Mona nicht nur das Staunen der Mitschüler, sondern auch den heftigen Widerspruch von Herrn Sabri. Natürlich bestritt auch der strenggläubige Pädagoge nicht die Existenz jenseitiger Wesen, die im Koran Dschinn, genannt würden. Natürlich sei ihm auch bekannt, dass in der Sure »Al-Higr« (benannt nach einem Tal), welche die Schöpfungsgeschichte beinhalte, die muslimischen Gläubigen davon erfahren, wie diese Wesen in die Welt kamen: »Und die Dschinn erschufen Wir zuvor aus dem Feuer der sengenden Glut.« Mit »zuvor« ist hier gemeint, dass diese Wesen – sowohl Engel als auch Dämonen – noch vor Adam, dem ersten Menschen, erschaffen worden waren. Die zweiundsiebzigste Sure beschäftigt sich sogar ausschließlich mit den Dschinn, weshalb die Sure auch so heißt. Mit hochgezogenen Augenbrauen, als ob er seine Schüler in ein göttliches Geheimnis einweihen würde, hatte Herr Sabri daraus vorgelesen: »Und Wir hatten angenommen, dass weder Menschen noch Dschinn je eine Lüge über Allah sprechen würden / und dass freilich einige Leute von den Menschen bei einigen Leuten der Dschinn Schutz zu suchen pflegten, sodass sie Letztere in ihrer Schlechtigkeit bestärkten.« Aber niemand von Monas Mitschülern, mit denen sie hinterher darüber sprach, hatte verstanden, was Herr Sabri damit sagen wollte.

Einige Tage später war der Lehrer noch einmal auf jenen Wunderbrunnen im Dorf von Monas Großmutter zurückgekommen. Offenbar hatte ihm das Thema keine Ruhe gelassen. Zunächst rezitierte er abermals aus der Sure »Die Dschinn«: »Wahrlich, keiner kann mich vor Allah beschützen, noch kann ich eine Zuflucht außer bei Ihm finden.«

Und dann präzisierte Herr Sabri: »Auch nicht bei einem sogenannten Wunderbrunnen. Vertraut auf Allah, des Allerbarmers und Barmherzigen und ihr werdet gefeit sein vor den bösen Geistern.«

Das wollte Mona nicht auf sich und ihrer Großmutter sitzen lassen. Sie mochte Herrn Sabri wirklich gern, aber hier war Widerspruch geboten.

»Es gibt diesen Wunderbrunnen wirklich«, hatte die damals Elfjährige interveniert. »Schon ganz lange. Meine Teta sagt, dass sogar ihre Mama dort hingegangen ist, wenn sie …«

Herr Sabri unterbrach die sonst so ruhige Schülerin und bemerkte mit einem freundlichen Lächeln: »Solche heiligen Brunnen gehen zurück auf die griechisch-römische Epoche unserer Geschichte und haben nichts mit unserer Religion zu tun.«

Damit hatte er nun endgültig ratlose Mienen auf die Gesichter von zweiundsechzig Grabhofkindern in einer sechsten Grundschulklasse in Imam Al-Shafi'i gezaubert. Als er dann aber begann, blumenreich von der Eroberung Ägyptens durch den Makedonier Alexander dem Großen zu erzählen, hingen die Schüler und Schülerinnen an seinen Lippen. Die achtundzwanzig, die an diesem Tag auf den vorhandenen Stühlen saßen, ebenso wie die vierunddreißig anderen, welche auf Fußboden und Fensterbänken Platz genommen hatten. Sie erfuhren, dass die Stadt Alexandria von dessen Nachfolger Ptolemäus I. gegründet wurde und dass die Stadt deshalb so heiße, weil jener Alexander dort begraben sei. Herr Sabri erzählte von Ptolemäus II., der den berühmten Leuchtturm von Alexandria bauen ließ, und von dem Geschwisterkrieg zwischen Ptolemäus XIII. und der kämpferischen Kleopatra zweihundert Jahre später. Das wäre zu der gleichen Zeit gewesen, setzte Herr Sabri seine Ausführungen fort, als es auch im mächtigen Rom zu einem Machtkampf zwischen Julius Cäsar und Pompeius gekommen sei. Schließlich wäre Letzterer nach Ägypten geflüchtet und von Ptolemäus hingerichtet worden, während Julius Cäsar ein triumphaler Empfang bereitet worden sei. Übrigens nicht nur vom Volk, sondern auch von Kleopatra, die sich schlagartig in ihn verliebt habe. Deren eifersüchtiger wie unkluger Bruder aber hätte Truppen gegen die Römer losgeschickt, sei von diesen jedoch vernichtend geschlagen worden. Dummerweise sei bei diesen Kämpfen in Alexandria die seinerzeit größte Bibliothek der Welt in Flammen aufgegangen. Und dann erklärte er seinen staunenden Schülern noch, was das ist – eine Bibliothek.

Mona war beeindruckt gewesen von dem, was Herr Sabri erzählte. Vor allem, wie er es erzählte, nämlich spannend. Deshalb ärgerte sie sich, dass bei ihr kaum etwas hängen geblieben war. Als sie die Geschichte zu Hause wiederholen wollte, hatte sie bereits große Gedächtnislücken, weshalb es ihr bei der eigenen Familie nicht gelang, jene gespannte Aufmerksamkeit zu erzeugen, wie Herrn Sabri bei seinen Schülern. Schon bald erinnerte sie sich nur noch daran, dass solche heiligen Brunnen wie der in Kafr Abou Tesht noch aus der Zeit stammen, bevor Mohammed die Prophezeiungen Allahs vernommen hatte. Deshalb dürfe der Glaube an deren angebliche Wunderkraft unter Muslimen keine Verbreitung finden. Und weil Herr Sabri der klügste Mensch war, dem Mona bis dahin begegnet war, widersprach sie ihm nicht. Die geliebte Großmutter aber beließ sie in dem alten Wunderglauben. Irgendwie hatten für sie beide recht.

Nun aber, am Grab ihrer Teta, konnte sie sich ein kleines Lachen nicht verkneifen. Als sie nämlich beobachtete, wie eine junge Frau jenen Bretterverschlag neben dem Brunnen mit einem glücklichen Gesichtsausdruck verließ.

Auf der Rückfahrt nach Kairo genoss Mona endlich wieder den Fahrtwind, der ihr durchs offene Waggonfenster ins Gesicht blies, und auch den Ausblick auf den draußen vorbeiziehenden grünen Gürtel der Zuckerrohrfelder. Ganz besonders liebte sie es, auf das »Meer« hinüberzusehen, wie man in ihrem Viertel den Nil nennt. Und wenn ein entgegenkommender Zug mit lautem Getöse vorbeirauschte, klammerte sich Mona kreischend an ihre Tante Samira. Es gefiel ihr, dass sie an ganz vielen Dörfern hielten und manchmal sogar an einer Bahnstation irgendwo am Rande der Wüste.

Je näher sie Kairo kamen, umso mehr wechselten die Passagiere von eher bäuerlichen Menschen zu typischen Großstädtern. Entsprechend unterschiedlich war auch deren Verhalten. Die Beobachtung jedenfalls, welche Mona kurz hinter Beni Suef machte, wäre hundertfünfzig Kilometer weiter südlich kaum vorstellbar gewesen. Ein junges Paar war eingestiegen und hatte auf der anderen Seite des Abteils Platz genommen. Die beiden schienen nichts um sich herum wahrzunehmen. Kaum hatten sie sich gesetzt, griff der Mann nach den Händen seiner Begleiterin, und ihre Blicke versanken in den Augen des anderen. Irritiert sah sich Mona nach den Angehörigen der beiden jungen Leute um, konnte aber niemanden entdecken. War es wirklich vorstellbar, dass sie ohne Begleitung auf Reisen gegangen waren? Aber sie waren sicher nicht verheiratet, denn sie trugen keinen Ring. Diese Frau musste doch eigentlich wissen, dass es sich nicht schickt, sich in der Öffentlichkeit von einem Mann die Hand halten zu lassen. Mona sah zu ihrer Tante Samira, stellte aber fest, dass sie eingeschlafen war. Schnell blickte sie zum Fenster hinaus, um so zu tun, als hätte sie die Ungeheuerlichkeit der beiden dort drüben gar nicht bemerkt. Schon bald aber begann ihr die junge Frau jedoch leidzutun. Offensichtlich war sie auf diesen Mann hereingefallen, dessen Absichten eigentlich unverkennbar waren. Mona musste an Wael denken, jenen jungen Mann, dessen Schwester im Haus von Tante Samira wohnte. Er hatte um Monas Hand angehalten und mit dem Vater sogar schon die »Al-Fatiha« gesprochen.

Jeder Muslim kennt die »Al-Fatiha«. Es ist die erste Sure des Korans und auch die erste, die in der Schule gelehrt wird. Sie ist Bestandteil der täglichen Gebete und in einfachen, klar verständlichen Worten geschrieben: »Alles Lob gebührt Allah / dem Herrn der Welten, dem Allerbarmer, dem Barmherzigen / dem Herrscher am Tage des Gerichts! /

Dir allein dienen wir, und Dich allein bitten wir um Hilfe. / Führe uns den geraden Weg, den Weg derer, denen Du Gnade erwiesen hast / nicht den Weg derer, die Deinen Zorn erregt haben / und nicht den Weg der Irregehenden.«

Der Islam schreibt zwar im Fall einer Verlobung keineswegs die Rezitation der »Al-Fatiha« vor, dennoch aber ist dies in Ägypten und manch anderen islamischen Ländern längst Tradition. Durch das gemeinsame Sprechen der ersten Sure sollen die Abmachungen, die zwischen der Familie des Bräutigams und dem Vater der Braut zuvor ausgehandelt wurden, vor Allah – dem Allerbarmer, dem Barmherzigen – besiegelt werden. Nicht mehr und nicht weniger. Denn eine Verlobung ist im Islam kein Eheversprechen, sondern lediglich eine Absichtserklärung, weshalb sie auch leicht wieder zu lösen ist, ohne dass einer der Verlobten in Schande gerät. Eine Erfahrung, die Mona im Laufe der nächsten Jahre öfter machen wird, als es ihr gefällt. Die Verlobungszeit gilt als eine Zeit des Kennenlernens, aber ganz offensichtlich verstand die siebzehnjährige Mona darunter etwas gänzlich anderes als der zwei Jahre ältere Wael.

Ich hatte ihn manchmal gesehen, wenn ich Tante Samira besuchte. Mir war schon aufgefallen, dass er mich beobachtete, wenn ich die Treppe hochging. Vielleicht hat er ja sogar deshalb seine Schwester in letzter Zeit so oft besucht, um mich sehen zu können. Das war mir aber egal, weil er mir zwar nicht besonders gefiel, ich aber auch nichts gegen ihn hatte. Gegrüßt habe ich allerdings nur seine Schwester, die genauso hieß wie die Tochter von Tante Samira – Shaimaa. In unserem Viertel heißen viele Mädchen und Frauen Shaimaa. Wahrscheinlich nennen die Leute ihre Töchter so, weil dies der Name der Tochter von der Amme unseres Propheten Mohammed ist. Und auch Tante Samira hat ihre Tochter so genannt, weil man sagt, dass die Stillschwester des Propheten einen besonders edlen Charakter gehabt haben soll. Und für die Tochter von Tante Samira trifft das auf jeden Fall auch zu.

Eines Tages war die Mutter von dieser anderen Shaimaa und von Wael zu meiner Tante Samira gegangen und hat ihr erklärt, dass ihr Sohn um meine Hand anhalten wolle. Meine Tante hat ihr gleich gesagt, dass wir auf einem Grabhof wohnen. Er kam trotzdem zu meinem Vater, und er hatte sogar seine Mutter, seine Schwester und deren Mann dabei. Lange haben sie draußen im Hof gesessen und verhandelt, und dann habe ich gehört, dass die Al-Fatiha gesprochen wurde. Da wusste ich, dass Wael nun mein Bräutigam war. Niemand hatte mich gefragt, ob er mir gefällt oder ob ich ihn liebe. Aber es war ja auch erst die Verlobung.

Am nächsten Tag kam er mit den Verlobungsringen zu uns und mit noch einem goldenen Ring mit einem Stein, der mir sehr gut gefiel. Für meine Familie brachte er einen großen Korb voller Obst mit. Nach einigen Wochen saßen Wael und ich draußen im Hof an einem kleinen Tisch, seine Mutter, die Schwester, ihr Ehemann und meine Eltern hielten sich drinnen auf. Als hätte Wael nur darauf gewartet, dass wir beide allein sind, fing er damit an, dass er mit mir ausgehen wolle, um mich besser kennenzulernen. Ich fragte ihn, wozu? Wir können uns doch auch bei mir zu Hause kennenlernen. Schließlich hätten wir die Ringe getauscht und somit stehe das Haus jederzeit für ihn offen. Damit aber wollte sich Wael nicht begnügen. Er schlug vor, mit mir Spaziergänge zu machen, ohne meine Eltern oder seine Mutter. Obgleich ich sonst ein eher ängstlicher Mensch bin, war ich es in diesem Augenblick überhaupt nicht. Ich sagte ihm, dass ich genau wüsste, was er vorhabe. Er wolle meine Hand halten und romantische Gefühle ausdrücken. Wael widersprach gar nicht. Da erklärte ich ihm klipp und klar, dass so etwas bei mir nicht läuft. Das könne er machen, wenn ich seine Frau wäre. Da ist er aufgesprungen und hat gesagt, es müsse möglich sein, seiner Verlobten vorzuschlagen, miteinander spazieren zu gehen. Er wolle nicht immer nur zu Hause herumsitzen. Aber da hatte ich ihn längst durchschaut, und das habe ich ihm auch gesagt. Ich hätte ihn durchschaut, erklärte ich ihm, er wolle mich nur testen, und wenn ich darauf einginge, dann würde er mir vorwerfen, dass ich mir auch von anderen Männern die Hand halten lasse. Danach gab ein Wort das andere, und weil ich plötzlich nicht mehr mit ihm verlobt sein wollte, habe ich den Ring abgezogen und vor ihm auf den kleinen Tisch gelegt. Dann ist Wael wütend aus dem Hof gerannt, ohne den Ring mitzunehmen. Von unserem Streit angelockt, kamen nun die anderen heraus und fragten, was denn los sei. Als ich erzählte, weshalb ich die Verlobung gelöst habe, gab mir mein Vater sofort recht. Waels Schwester versuchte anfangs noch einzulenken und sagte, sie wolle noch mal mit ihrem Bruder sprechen, aber ich wollte nicht mehr. Ich bestand darauf, ihnen sofort alle Geschenke zurückzugeben. Zumindest die beiden Ringe, denn mit dem Obstkorb ging das ja nun nicht mehr. Waels Mutter aber wollte mir den Ring mit dem schönen Stein schenken, schließlich hätte ich ja Ausgaben gehabt. Aber ich sagte ihr, dass diese Ausgaben für meine Aussteuer gewesen seien, und die würde mir ja bleiben. Als sie gegangen waren, habe ich mich nicht traurig gefühlt. Ich war sogar erleichtert. An all das musste ich denken, als ich dieses junge Paar in dem Eisenbahnwaggon zwischen Beni Suef und Kairo beobachtete.

Es war schon später Nachmittag, als in der Ferne die vom Sonnenlicht in sattes Gold gefärbte Skyline von Kairo auftauchte. Kaum eine Viertelstunde würde Mona nun bleiben, um diese ihr fremde Welt vom Fenster ihres Abteils aus zu betrachten wie einen Hollywoodfilm im Fernsehen. Dann wird der Zug in die düstere und laute Bahnhofshalle der Ramses-Station einfahren. Gleich darauf wird wieder dieser

Kampf losgehen um einen Sitzplatz im Bus Nr. 50, der sie und Tante Samira auf direktem Wege aus den von Menschen überfüllten Straßenschluchten in die ruhige beschauliche Gräberstadt von Imam Al-Shafi'i bringen wird. Das alles kannte Mona von den früheren Reisen.

Nicht ohne Grund hatte sie sich nach dem Einstieg in Quena auf die rechte Seite des Waggons gesetzt. Zum einen hatte sie von hier aus fast während der gesamten Strecke einen herrlichen Blick auf das »Meer«, den Nil also. Zum anderen aber würde sie von dieser Seite aus jenen Teil der Riesenstadt Kairo sehen, der sich so vollkommen unterschied von dem Viertel, in dem sie lebte. Dann nämlich, wenn der Zug das gewaltige Stahlgerüst der Eisenbahnbrücke überquert, welches den Stadtteil Imbaba auf der Giza-Seite mit Shubra in Kairo verbindet. Denn nur der Blick nach Süden garantiert die Sicht auf jene beeindruckende Skyline der ägyptischen Hauptstadt.

Mona sah zu den imposanten Gebäuden hinüber, von denen sie nicht wusste, dass es sich dabei um die Shopping Mall der Cairo Plaza Towers, die Fernsehstudios und das Hochhaus des Ramses-Hilton handelte. Mona blickte hinunter auf die beiden Nilarme, in deren Mitte die Insel El Zamalek mit einigen der vornehmsten Wohnadressen der Stadt lag. Sie hatte keine Vorstellung von diesem gänzlich anderen Teil der ägyptischen Gesellschaft, der dort nur wenige hundert Meter von ihr entfernt Realität war – auf der schattigen Poolterrasse des Marriott-Hotels, in der weitläufigen Anlage des exklusiven Gezira-Sportclubs und in den Gängen und Hallen des neuen Kairoer Opernhauses. Aber sie war auch eher an den Nilschiffen interessiert. Nicht so sehr an den am Zamalek-Ufer vertauten Restaurantschiffen und auch nicht an den bunt beleuchteten Ausflugsdampfern der Touristen. Sie hatte gehört, dass es dort unten einfache Fahrgastschiffe geben soll, die für eine Stunde oder länger auf dem Nil kreuzen. Auf deren Unterdeck könne man in einer Diskothek zu arabischer Popmusik tanzen. Mitschülerinnen aus begüterten Elternhäusern, die mit ihr die Handelsschule besuchten, haben einander davon erzählt. Normalerweise hielt sich Mona von diesen Mädchen fern, aber das, was sie da erzählten, hatte sie neugierig gemacht. Als sie nun vom Zug aus auf diese Schiffe hinunterblickte, hätte sie gar nicht sagen können, worauf sie neugieriger war – auf das Gefühl von Freiheit, welches sich sicher einstellt, wenn man rundherum von Wasser umgeben ist, oder auf die Diskothek im Unterdeck. Beides würden für sie neue Erfahrungen sein. Denn als sie damals davon hörte, hat sie sofort die Idee entwickelt, in wenigen Wochen zu ihrem achtzehnten Geburtstag ihre beiden Freundinnen Safaa und Rania dorthin einzuladen. Zuvor aber musste sie in Erfahrung bringen, wie viel solch eine Fahrt kostet. Die anderen Mädchen hatten davon gesprochen, dass dies ein »ausgesprochen billiges Vergnügen« sei. Aber Mona wusste nicht, was darunter zu verstehen war.

Eigentlich habe ich noch nie in meinem Leben etwas als billig empfunden. Meine Familie ist sehr arm. Das ist mir aber erst auf der Handelsschule klar geworden, weil es dort Mitschülerinnen gab, die von ihren Familien jeden Monat mehr Taschengeld bekamen als mein Vater in der gleichen Zeit verdiente. Und er musste davon seine Frau und viele Kinder ernähren. Ich habe mich oft gefragt, warum Allah ausgerechnet den armen Familien so viele Kinder schenkt und denen, die mehr Geld haben, höchstens zwei oder drei. Billig war nichts in meinem Leben, kein Kaugummi und auch keine Kugel Eis beim alljährlichen Fest für den Imam Al-Shafi'i rund um die Moschee. Ich bekam höchstens etwas umsonst. Von meiner Tante Samira, die immer dann, wenn sie für ihre Tochter Shaimaa etwas kaufte, automatisch für mich dasselbe kaufte, weil Shaimaa und ich im selben Jahr geboren wurden. Deshalb war ich meist etwas besser gekleidet als meine Schwestern, und deshalb besaß ich Hefte und Schreibzeug, um die Handelsschule besuchen zu können. Aber durfte ich Tante Samira davon erzählen, dass ich Safaa und Rania an meinem Geburtstag gern auf ein solches Schiff einladen würde? Nein! Aber nicht wegen des Geldes, was dieses Vergnügen kostete, sondern deshalb, weil natürlich auch junge Männer dort tanzen würden. Selbst wenn man als Mädchen allein tanzt oder mit einer Freundin, so tanzen die Jungens ja gleich daneben. Das habe ich auf Hochzeitsfesten in unserem Viertel mehr als einmal beobachtet. Und manchmal haben die, die zufällig nebeneinander getanzt haben, später sogar geheiratet.

Auf dem Bahnsteig der Ramses-Station wartete eine Überraschung, die aber, wie ihr das Lächeln von Tante Samira verriet, nur für sie eine Überraschung war. Plötzlich nämlich stand ihr Onkel Imam da, der Bruder ihrer Mutter, der ein eigenes altes Taxi hatte. Normalerweise verdiente er damit sein Geld. Nun aber fuhr er darin Nichte und Schwägerin nach Hause. Das war ein wahrer Luxus für Mona, die im Bus Nr. 50 häufig zwischen lauter großen, meist auch dicken und fast immer unangenehm riechenden Männern eingepfercht war. Zumindest bis zu dem Platz Midan Sayeda Aisha unterhalb der Autobrücke, wo die meisten von ihnen ausstiegen. Dann nämlich bog der Bus auf jene Straße ab, die quer durch die Gräberstadt bis zur Moschee Imam Al-Shafi'i führte. Nur wenige Meter vor dem Hof von Monas Familie, direkt am Postamt für die Grabhofbewohner, hielt der Bus.

Diesmal aber konnte Mona in aller Ruhe betrachten, was es auf dem Weg dorthin alles zu entdecken gab. Ihr Onkel machte sie sogar auf dieses und jenes aufmerksam. Auf die Schlachthöfe unterhalb der alten Stadtmauer zum Beispiel. Und auf die Gerbereien daneben, wo auf riesigen Gestellen die Felle der Hammel, Ziegen und Rinder hingen. Oder auf die antiken Wasserleitungen, in Form von Aquädukten, die aus der römischen Epoche stammen sollen. Seit dem Unterricht bei Herrn Sabri weiß Mona in etwa auch, um was es sich dabei handelt – um jene Zeit, in der sich Kleopatra in Cäsar verliebt hatte. Als sie dieses Wissen zum Besten gab, fingen Onkel Imam und Tante Samira laut zu lachen an.

Mona hätte noch stundenlang mit ihrem Onkel in dessen Taxi durch die Stadt fahren können, aber als er schließlich in die Totenstadt einbog, verspürte sie das angenehme Gefühl von Heimat. Sie war überrascht, dass sie sich auf ihre Mutter freute, die sie auch jetzt nicht in den Arm nehmen, und auf ihren Vater, der diesmal keinen Grund für jenen strafenden Blick haben würde, der seit einiger Zeit an die Stelle der Prügelstrafe getreten war. Emad wird nicht zu Hause sein, Mona wird Sabrins schrille Stimme ertragen und in Hodas traurigen Augen eine gefühlsmäßige Übereinstimmung spüren. Aya wird sich mit hoher Wahrscheinlichkeit mit Mahmoud streiten, oder sie werden erfolglos versuchen, einander bei den Hausaufgaben zu helfen. Vielleicht wird Mona ihnen mal wieder sagen, das sei so, als ob ein Blinder einem Tauben die Umgebung beschreibt, und dann über deren fragende Mienen lachen. Der kleine Karim wird wahrscheinlich wieder in einen der ebenerdigen Hühnerställe gekrabbelt sein, wie er es regelmäßig tut, seit er herausgefunden hat, dass deren eigentliche Bewohner dort Eier legen, aus denen ihm Sabrin ein schmackhaftes Omelett machen kann.

Es war schon dämmerig, als Mona vor dem Grabhof aus dem Taxi ihres Onkels stieg. Und als sie durch die Tür trat, hat sie alles genau so oder so ähnlich vorgefunden, wie sie es sich zuvor ausgemalt hatte. Dann war sie auf direktem Wege in den hinteren Teil des Grabhofes gelaufen, dorthin, wo sich der Kaktus neben der Marmortafel mit dem Namen des toten Jungen befand und hat mit den Fingern geprüft, ob die Pflanze während ihrer Abwesenheit gegossen worden war.

Man hat mir die Kindheit gestohlen

Nur wenige Feste werden in der Totenstadt groß gefeiert. Hochzeiten aber gehören in aller Regel dazu. Für eine solche Feier geben manche Familien an zwei Tagen mehr Geld aus, als sonst in zwei Jahren. Dann gibt es das Opferfest, den Großen Bairam, welches alljährlich am neunten Tag des islamischen Monats Dhu l-hijja begangen wird, zeitgleich mit dem Höhepunkt der alljährlichen Pilgerfahrt nach Mekka. Inwieweit es hinter den Grabmauern von Imam Al-Shafi'i als Fest gefeiert wird, hängt allerdings von den Besuchern aus Kairo ab. Kommen die Grabbesitzer in die Totenstadt, so bringen sie den Bewohnern ihrer Grabhöfe oftmals entweder ein großes Stück Hammelfleisch mit oder aber – das kam in jüngerer Zeit häufiger vor – einen Geldbetrag. Überall sitzen an diesem Tag Frauen mit ihren Kindern vor den Grabhöfen, um auch von dem einen oder anderen Passanten einen Obolus zu erhalten. Außerdem wohnen viele Familien auf Höfen, die keine Besitzer mehr haben, oder diese leben im Ausland. Die muslimischen Besucher der Totenstadt wiederum werden von ihrer Religion dazu verpflichtet, nicht nur an diesem Tag die Sadaqa, die Armensteuer, zu leisten. Denn die Umma – die Gesamtgemeinde der Muslime – wird seit Mohammeds Zeiten als eine Solidargemeinschaft aufgefasst, in der einer für den anderen einzustehen hat. Geburtstage hingegen werden auf den Grabhöfen in der Regel nicht gefeiert. Außer der des Sheikhs Imam Al-Shafi'i. An diesem Tag werden rund um die Moschee Karussells und Schiffsschaukeln aufgestellt, Eis und Süßigkeiten angeboten und eine Fahrt mit dem Pferdekarren, auf dem sich – weil es kaum etwas kostet – die Kinder drängeln. Es sind auch viele Fremde, die hierherkommen, um den Geburtstag des Sheikhs zu begehen, der als Begründer einer der vier sunnitischen Rechtsschulen fast wie ein Heiliger (die der Islam nicht kennt) verehrt wird. Schon am Abend zuvor wird gläubigen Muslimen, die aus allen Teilen des Landes anreisen, von den Torabi Übernachtungsplätze in leer stehenden Grabhöfen angeboten.

Mona war nicht überrascht, dass ihr am Morgen ihres achtzehnten Geburtstages niemand gratulierte, da Geburtstage in der Totenstadt eher selten gefeiert werden. Laut Gesetz war sie nun volljährig, was innerhalb ägyptischer Familien allerdings kaum Konsequenzen hat. Denn die Söhne und Töchter bleiben im Haus der Eltern wohnen, so lange sie nicht verheiratet sind, und ebenso lange haben sie sich auch deren Anweisungen zu fügen. Diese Tradition wird nach wie vor weitgehend befolgt, und zwar vollkommen unabhängig davon, ob sich dieses Elternhaus auf einem Grabhof in Imam Al-Shafi'i befindet oder in einer der Stadtvillen im Nobelviertel Zamalek auf der gleichnamigen Nilinsel.

Für diesen Nachmittag hatte sich Mona etwas ganz Besonderes vorgenommen – eine kleine »Seereise«, gemeinsam mit ihren Freundinnen Safaa und Rania. Zumindest nannten die Mädchen in ihrer Vorfreude das geplante Abenteuer so. Tatsächlich verbarg sich dahinter eine kurze Rundfahrt auf einem der Ausflugsschiffe auf dem Nil. Vielleicht eine halbe, vielleicht auch eine ganze Stunde, je nachdem, was es kosten würde, denn das hatte Mona noch immer nicht in Erfahrung gebracht. So war die Hoffnung geblieben, dass das, was die Mitschülerinnen aus den vermögenderen Familien ein »billiges Vergnügen« nannten, auch für sie erschwinglich sein würde.

Vor dem kleinen, an den Rändern schon etwas blinden Spiegel stehend, begab sich Mona auf ein zielloses Suchen in Gesicht und Augen. Immer in der Hoffnung, Antworten auf Fragen zu bekommen, die sie sich gar nicht gestellt hatte. Dies war nichts Ungewöhnliches, denn auch in der Vergangenheit hatte das Mädchen gelegentlich, meist nachts, wenn fast alle Familienmitglieder schliefen, im Durchgang zum Hof vor dem Spiegel gestanden. Dann waren dunkle Visionen aufgetaucht, die erst wieder verschwanden, nachdem sie diese in ihrem Heft notiert hatte. Aber sie schrieb auch über ihre Sehnsüchte, die Wunschträume eines ägyptischen Teenagers.

Der volle Mond macht die Nacht hell, aber mein Herz bleibt düster bis schwarz. Mir hatte mal jemand gesagt, am achtzehnten Geburtstag sei die Kindheit vorbei. Aber wer war das? Welche Kindheit überhaupt? Hatte ich ihm gesagt, dass ich gar keine richtige Kindheit hatte? Man hat mir die Kindheit gestohlen. Schön war mein Leben nur ganz am Anfang, als ich klein war und mein Bruder Emad zur Welt kam und wir gemeinsam spielten. Aber dann bekam ich fast jedes Jahr ein Geschwisterchen, und ich musste sie alle großziehen. Weil ich die Älteste sei, sagte meine Mutter. Wenn andere Kinder draußen spielten, musste ich meine Brüder und Schwestern baden und ihre Kleidung waschen. Meine Mutter stillte und kochte, das war alles. Warum durfte ich kein Kind sein wie die freche Aya, die mit einem alten Fahrrad durch die Gegend tobt, das ihr jemand geschenkt hat? Oder wie mein Bruder Mah-

moud, der oben auf dem Dach steht mit der großen Fahne und dem Eimer, an den er mit dem Stock schlägt, um Emads Tauben wieder anzulocken, die er zuvor aus ihrem Schlag gelassen hat? Oft sehne ich mich danach, woanders zu sein. Vielleicht bei meiner Teta in der Ewigkeit, wo ich endlich die Mona sein kann, die ich sein will. Vielleicht aber auch als Frau eines lieben Mannes, dem ich hilfreich zur Seite stehen möchte. Manchmal sehe ich ihn ganz deutlich vor mir: Er wird mein Liebling sein, mein Bruder, mein Sohn – kurz mein Alles. Ich werde ihn bis zum Ende meines Lebens lieben, ich werde ihm die beste Ehefrau sein und die Mutter seiner Kinder. Ich werde das offene Herz sein, das ihm in seiner Trauer oder seiner Not helfen wird. Falls er Ärger in der Arbeit hat und dann traurig oder missmutig nach Hause kommt, werde ich ihn mit einem schönen Lächeln oder einem netten Wort empfangen oder mit einer liebevollen Geste. Ich will ihn dann nicht belasten mit meinen Sorgen, wie es oft in den ausländischen Filmen zu sehen ist. Diese Frauen sind keine Hilfe für ihre Männer, sondern eine Last. Deshalb streiten sich diese Paare und gehen sogar auseinander. Und meinen Kindern will ich die Liebe geben und die Zärtlichkeit, die ich selbst von meiner Mutter fast nie bekommen habe. Ich will sie so erziehen, dass sie wissen, was richtig ist und was falsch, und niemand muss sie mit einem Besenstil verprügeln, wie es mit mir geschehen ist. Irgendwann wird das Glück auch zu mir kommen – Insha'Allah! (»So Allah es will!«).

An ihrem Geburtstagsmorgen blickte ihr aus jenem Spiegel eine völlig andere Mona entgegen. Es waren diesmal keine traurige Augen, in die sie sah, und für den Mund, den sie sonst immer als zu groß empfunden hatte, war ihr eine Schminktechnik gelungen, die ihn optisch kleiner erscheinen ließ. Sie war in guter Stimmung, erwartete sie doch an diesem Tag jenes außergewöhnliche Erlebnis, welches sie später ihrem Heft als *Reise in eine andere Welt* anvertrauen wird. Gleich würde sie Safaa und Rania abholen und mit ihnen gemeinsam für dieses Abenteuer den Besuch der Handelsschule schwänzen. Es waren ohnehin die letzten Wochen einer für Mona eher glücklosen zwölfjährigen Schulzeit, über deren weitgehende Erfolglosigkeit sie oft vor dem Spiegel nachgedacht hatte.

Warum nur hatte ich bei Prüfungen immer Bauchschmerzen und diese komischen Schwindelgefühle? Warum verstand ich die Fragen des Lehrers mit einem Mal nicht mehr, wenn er mich im Unterricht drannahm? Obwohl ich zu Hause gelernt hatte. Wenn ich neben der ganzen Hausarbeit überhaupt dazu gekommen war. Warum geriet ich jedes Mal in Panik, wenn mich der Lehrer nur ansah? Nur weil ich damit rechnen musste, dass er mich gleich etwas fragt? Weil ich dann aufstehen musste und alle zu mir blickten? Schrecklich! Ich weiß noch, als der Englischlehrer uns einmal zwanzig englische Worte und die Übersetzung ins Arabische abschreiben ließ. Diese sollten wir auswendig lernen. Er nannte diese Worte »Vokabeln«, glaube ich. Die hatte ich auch gelernt, jeden Tag, immer wieder. Dann aber hatte er mich nach vorn geholt und wollte mich vor der ganzen Klasse abfragen. Plötzlich hatte ich das Gefühl, dass ich einen Stein in meinem Kopf habe. So ging es mir immer. An der Handelsschule wurde ich mal gefragt, wie viel neun mal sieben ist. Sofort hatte ich wieder diesen Stein im Kopf. Dann fragte mich der Lehrer, wie viel zehn mal sieben ist, und ich sagte: »Siebzig.« Das wusste ich auch trotz des Steins. Und dann wiederholte er die Frage, wie viel neun mal sieben ist. Ich blickte in die Gesichter meiner Mitschülerinnen, von denen manche spöttisch schauten und manche mitleidig. Ich war völlig blockiert. Und dann brüllte ausgerechnet die dicke Zahra dazwischen, die keiner leiden konnte. Nicht weil sie dick war, sondern weil sie eine Streberin war, die sich immer nach vorn drängte und den Lehrern gefallen wollte. »Da musst du nur von den siebzig sieben abziehen«, rief sie. Der Lehrer schaute mich erwartungsvoll an, und ich dachte über das nach, was Zahra gesagt hatte. Wieso sollte ich denn von den siebzig sieben abziehen, die Aufgabe war doch völlig anders … Als ich mich wieder setzte, hat mir meine Freundin Rania erklärt, was Zahra gemeint hatte. Wahrscheinlich hätte ich es auch selbst gewusst, wenn ich nicht da vorn gestanden hätte und von allen angegafft worden wäre und deshalb diesen Stein im Kopf gehabt hatte. So konnte man natürlich keine guten Noten bekommen. Aber wir Kinder aus den Grabhöfen hatten keine Eltern, die uns bei den Hausaufgaben helfen konnten. Mein Vater kann nicht mal lesen. Meine Mutter auch nicht. Aber sie geht jetzt noch mal zur Schule, wo sie es lernt. Obwohl sie ja keine junge Frau mehr ist, hat sie sich mit einer Nachbarin dort angemeldet. Die Ehefrau unseres Präsidenten schickt Lehrerinnen in die armen Gebiete, damit sie erwachsenen Frauen das Lesen und Schreiben beibringen. Ich bin sehr stolz auf meine Mutter, und ich freue mich, wenn sie uns etwas vorliest, auch wenn sie dazu noch ziemlich lange braucht. Auch mein Vater wollte zu diesem Kurs, aber der wird nur für Frauen angeboten. Unsere Nachbarin hat gesagt, endlich würde auch mal was unternommen von der Regierung, was nur für die Frauen ist. Und dann haben wir gelacht – die Nachbarin, meine Mutter und ich.

Die kleine Grundschule, die ausschließlich von Kindern aus den Grabhöfen besucht wird, ist nur wenige hundert Meter von Monas Zuhause entfernt. Als ebenerdiger Bau zwischen Gräbern ist das Schulgebäude von außen als solches nicht erkennbar. Mahmoud und seine kleine Schwester Aya gehen noch immer dorthin und zweimal in der Woche nachmittags deren Mutter Nassra – zu jenem Alphabetisierungsprojekt, für das Ägyptens First Lady, Susanne Mubarak, die Schirmherrschaft übernommen hat. An jenen Ort, an dem Mona einst ihre schulische Laufbahn begonnen hatte. Am Ende des ersten Schuljahres spielte sich hier jenes Ereignis ab, welches Mona später als ihr *schönstes Kindheitserlebnis* bezeichnen wird. Es war der Nachmittag nach dem letzten Schultag, als Mona ihre Mutter drängte, mit ihr hinüber zum Schulhof zu gehen. Mona war Nassras ältestes Kind und daher das erste, das eine Schule besuchte. Schließlich warteten sie gemeinsam voller Erwartung auf den Aushang, der darüber informieren würde, welche Schüler in die nächste Klassenstufe versetzt worden waren und welche nicht. Als der Aushang dann endlich kam, musste die siebenjährige Mona feststellen, dass ihre Mutter diesen ebenso wenig lesen konnte wie sie selbst. Es war die Schulpförtnerin, die schließlich Monas Versetzung vermelden konnte. Fröhlich hatte Nassra die kleine Mona an die Hand genommen und auf dem kurzen Heimweg mehrfach jenen Triller von sich gegeben, wie er als Ausdruck von Freude und Anerkennung üblich ist. Der Triller entsteht, indem man ganz schnell die Zungenspitze hin- und herbewegt und gleichzeitig einen hohen Ton ausstößt. Auf Hochzeiten kommt solch ein Triller zum Einsatz und alljährlich am Tag der landesweiten Verkündung der Abiturergebnisse ist er vielerorts in Kairos Straßen zu hören. Nun zollte Nassra ihrer Tochter damit Anerkennung und dies war für Mona jenes *schönste Kindheitserlebnis*.

Eigentlich verbindet Mona noch ein zweites schönes Kindheitserlebnis mit diesem Schulgebäude, welches zeitlich sogar noch vor dem ersten liegt. Aber sie würde es niemals so nennen, weil diesem ein entsetzliches Ereignis vorausgegangen war. Auf den Tag, genau einen Monat nach Monas erstem Schultag, bebte am Montag den 12. Oktober 1992 um 15.09 Uhr in Kairo die Erde – wenige Minuten nach Schulschluss. In der offiziellen Verlautbarung am kommenden Tag erfuhr die interessierte Öffentlichkeit, dass das Epizentrum bei 29,5 Grad Nord und 31 Grad Ost gelegen und eine Stärke von 5,9 gehabt hatte. Und weil sich unter dieser Ortsangabe offenbar kaum einer etwas vorstellen konnte, war dessen Lage mit »in der Nähe der Pyramiden« beschrieben worden. Auf den Grabhöfen hatte man die Hoffnung, dass es weit genug entfernt sein würde, um für das Gebiet von Imam Al-Shafi'i ernsthafte Folgen zu haben. In der Nähe jedenfalls hat noch keiner ihrer Bewohner je Pyramiden gesehen. Und so waren am Ende tatsächlich keiner der fünfundsechzig Toten und nur einige der mehr als vierhundert Verletzten hier draußen zu beklagen.

Die Schüler der Grundschule mussten jene Naturgewalt eingesperrt im Schulhof erleben, in dem sie nach Unterrichtsende üblicherweise darauf warteten, dass ihnen die Schulpförtnerin die große Eisentür aufschloss. In dieser Situation erlebten sie, wie die Erde zu zittern begann, die Fensterscheiben zerbarsten und ein alter Baum in der Ecke des Hofes umknickte. Die Kinder fingen an zu schreien, und die Kleineren krallten sich in ihrem Schrecken an den Älteren fest. Mona war vor Angst wie angewurzelt stehen geblieben und brachte keinen Ton heraus. Das ganze Ereignis dauerte kaum eine Minute, dann hatte sich die Erde wieder beruhigt. Nun erst kam die Schulpförtnerin aus dem Haus gelaufen und schloss die Eisentür auf.

Zwei Eindrücke haben sich in Monas Erinnerung eingeprägt. Zunächst der, dass sie und die anderen Kinder in ihrer Not allein gelassen worden waren. Keiner der Lehrer war zu ihnen gekommen. Und auch, als dann das Hoftor geöffnet worden war, hatten die Lehrkräfte geradezu panisch das Weite gesucht, ohne sich darum zu kümmern, ob es unter ihren Schülern möglicherweise Verletzte gab. Mona fühlte sich von jenen verlassen, zu denen sie bis dahin aufgeblickt, ja diese geradezu verehrt hatte. Der zweite Eindruck war ein positiver, und er hätte ebenfalls zu einem der *schönsten Kindheitserlebnisse* werden können, wäre damit eben nicht jenes schreckliche Ereignis verbunden.

Als ich mit den anderen Schülern langsam vom Schulhof auf die Straße hinausging, sah ich den Mann auf mich zukommen, der neben unserem Hof den kleinen Kiosk betreibt. Er nahm mich hoch und trug mich nach Hause. Er versuchte mich zu beruhigen. Er erzählte mir, dass sich meine Mutter große Sorgen gemacht habe und ihn zur Schule hinübergeschickt hätte, um mich zu holen. Sie musste ja zu Hause drei Kinder beaufsichtigen. Die Kleinste war damals Hoda, die kurz zuvor geboren worden war. Wie sollte meine Mutter da zur Schule kommen? Aber es hat mich gefreut, dass sie den Nachbarn nach mir schickte. Und als er mich dann auf seinen starken Armen nach Hause getragen hatte, setzte meine Mutter die schreiende Hoda einfach auf den Fußboden und schloss mich in ihre Arme. Sie weinte Freudentränen und strich mir immer wieder mit der Hand über den Kopf. Wie oft habe ich mich später danach gesehnt, dass sie das noch einmal machen würde. Aber natürlich wollte ich nicht, dass zuvor ein Erdbeben stattfindet.

Nur wenige der Grabhofkinder wechseln nach der sechsten Grundschulklasse auf die Mittelschule im angrenzenden Stadtbezirk Tonsy. Bei Mona war lange unklar, ob man sie dorthin schicken würde, obgleich die Lehrerschaft das zurückhaltende schöne Mädchen ins Herz geschlossen hatte.

Als sich aber nach der Wiederholung der fünften Klasse zeitweilig Monas Zensuren verbesserten, gab man ihr diese Chance.

Ich kam auf die Mittelschule. In dieser Zeit mochte ich besonders Musik, Malen und auch Sport, der meinen Körper fit machte, obwohl ich damals nicht so schlank war wie heute. Es waren schöne Jahre, an die ich immer gern zurückdenke – die schönsten Jahre meines Lebens. Ich vermisse meine Lehrer, meine Lehrerinnen, die sich mit mir viel Mühe gegeben haben. Aber trotzdem hatte ich am Ende des dritten Jahres der Mittelstufe zwei Nachprüfungen, die ich zwar bestand, aber mit sehr schlechten Noten. Ich verstand nicht viel und konzentrierte mich zu wenig auf die Fragen. Ich dachte nur an meine Hobbys: Malen und Musik. Ich hatte wenig Kontakt zu meinen Mitschülerinnen, die mich immer ärgerten, weil ich anders war. Sie zogen mir die Spangen aus den Haaren und schmissen sie aus dem Klassenfenster oder kippten meine Schultasche aus. Aber ich habe mir nichts anmerken lassen. Das hat sie sehr geärgert. Sie konnten ja nicht wissen, dass ich auf dem Heimweg oft geweint habe.

Mona galt in ihrer schulischen Umgebung weniger aus dem Grund als Außenseiterin, weil sie malte und Musik liebte, sondern vielmehr deshalb, weil sie aus der Totenstadt kam, wie ihr Wohngebiet auch hier genannt wurde. Ihre Klassenkameradinnen aus den Mehrfamilienhäusern in Tonsy oder Imam El-Leithy wohnten keineswegs exklusiver, ihre Väter hatten nicht unbedingt eine höhere Bildung als Monas Vater Hamdi und bestenfalls ein unwesentlich höheres Einkommen. Dennoch nutzten einige von ihnen die Herkunft aus einer anderen Wohngegend, um sich über sie zu erheben. Dies geschah nahezu unwidersprochen, weil Mona in ihrer

Klasse das einzige Mädchen war, das auf einem Grabhof zu Hause war. In den Parallelklassen waren die Grabhofkinder zu zweit oder zu dritt und konnten sich folglich miteinander gegen die anderen solidarisieren.

Der anschließende Besuch der Handelsschule war eine Empfehlung von Frau Nagwa, die an der Mittelschule von Tonsy Arabisch und Mathematik unterrichtete. Der erfahrenen Lehrkraft war klar, dass Mona sich nicht für den Besuch der regulären Oberschule eignete. Das machte bei Mädchen überhaupt nur Sinn, wenn absehbar war, dass sie anschließend auch eine Universität besuchen würden. Aber aus dem Kreis der Grabhofkinder hatte es – im Gegensatz zu den Söhnen einiger Torabi – noch keinen solchen Fall gegeben. Jedenfalls erinnerte sich Frau Nagwa an keinen. Schon seit Beginn ihrer Tätigkeit an dieser Mittelschule vor zweiunddreißig Jahren waren Schüler von jener kleinen Grundschule an ihr Institut gekommen – kurz nachdem die wachsende Besiedelung der Höfe deren Einrichtung erforderlich werden ließ. Denn seit der großen Landflucht haben die neuen Bewohner der Grabhöfe hier ihre Kinder zur Welt gebracht. Auch sämtliche Geschwister von Mona sind hier geboren. Nur sie selbst war noch in Kafr Abou Tesht geboren worden, aber schon im Alter von vierzig Tagen nach Imam Al-Shafi'i gekommen. Hierher, wo auch ihre Mutter groß geworden war, die aus dem einzigen Grund nach Oberägypten gefahren war, um dort ihren Cousin zu heiraten. Ein Torabi hatte ihnen den Grabhof zugewiesen, in dem sie jetzt leben. Den Grabmeistern, ohne deren ausdrückliche Zustimmung die Besitznahme eines Grabhofes nicht möglich sein würde, waren jene als billige Arbeitskräfte einsetzbaren neuen Bewohner von jeher willkommen – und deren Kinder mussten unterrichtet werden.

Niemand weiß, wie viele Menschen mittlerweile in den beiden Totenstädten vor den Toren Kairos leben. Die letzten verlässlichen Zahlen hatte 1986 der Journalist Mamdouh El Waly veröffentlicht. Demnach wohnten damals in den Grabhöfen von Imam Al-Shafi'i (südliche Totenstadt) und Basatin (nördliche Totenstadt) zusammen 12 419 Menschen. Inzwischen aber muss von einem Vielfachen an Bewohnern ausgegangen werden.

Die Handelsschule, welche Mona schließlich besuchte, wurde nur von Eltern und Schülerinnen so genannt. Sie war eine Art Fachschule. Üblicherweise gingen die Jungen zum technischen Zweig einer solchen, um Klempner oder Elektriker zu werden. Jener Zweig aber, der »Handelsschule« genannt wurde, hatte die Qualifizierung zur Buchhalterin zum Ziel und wird ausschließlich von Mädchen besucht. Je nach Lernleistung werden die Absolventinnen entweder tatsächlich Buchhalterinnen oder aber Kassiererin in einem der zahlreichen Supermärkte. Wobei Buchhalterinnen für kleine und mittelständische Unternehmer ideale Schwiegertöchter darstellen.

An Monas erstem Schultag an diesem Institut hatte sie Safaa und Rania kennengelernt. Noch bevor der Unterricht begonnen hatte, im Hof vor dem schwarzen Brett. Die neuen Schülerinnen studierten einen Aushang, der darüber informierte, in welchem Klassenraum sich wer einzufinden hatte. Hier gab es Mädchen, die im Gegensatz zu denen in Tonsy tatsächlich aus vermögenderen Kreisen kamen. Mona konnte das sofort an der Kleidung erkennen. Denn obgleich alle die dunkelblaue Schuluniform trugen, war der Unterschied unübersehbar. Nämlich zwischen der mehrfach ausgebesserten, von Monas Vater im Schulbüro gebraucht gekauften Uniform und der aus besserem Material maßgeschneiderten jener Mitschülerinnen. Und weil die Uniformen von Safaa und Rania so ähnlich aussahen wie ihre eigene, hatte Mona die Nähe der beiden Mädchen gesucht. Sie kamen ins Gespräch, stellten fest, dass sie für dieselbe Klasse eingeteilt waren, und beschlossen daher, sich im Klassenraum ein Dreierpult zu teilen. Fortan waren sie die engsten Freundinnen. Ihr Zusammenhalt wurde zu einem Schutz gegen potenzielle Anfeindungen, und sie solidarisierten sich auch bei der Mittelmäßigkeit ihrer schulischen Leistungen – abgesehen von Ranias mathematischem Talent.

Nun, kurz vor dem Ende ihrer Schulzeit, wollten die drei Mädchen also eine abenteuerliche Reise unternehmen. Wenngleich dieser Trip nur einen halben Tag dauern würde, so sollte es eine Reise in eine fremde Welt werden. Das ahnten sie zumindest, und darauf freuten sie sich.

Es war eine Reise in eine fremde Welt

Dieser Ausflug würde ihr Geheimnis sein. Das von Mona und das von Safaa und Rania gegenüber ihren jeweiligen Familien. Natürlich wäre es keinem der Mädchen von den Vätern oder Brüdern erlaubt worden, ohne deren Begleitung quer durch Kairos Innenstadt zu fahren, um an der Corniche-el-Nil ein Schiff zu besteigen. Daher hatte Mona ein schlechtes Gewissen gegenüber ihrem Vater. Immerhin war sie von ihm noch am Morgen gegenüber Sabrin in Schutz genommen worden. Die drei Jahre jüngere Schwester trägt schon eine ganze Weile den Hijab. Und zwar aus völlig freien Stücken, denn niemand hatte es von der Fünfzehnjährigen verlangt. An jenem Morgen also hatte Sabrin misstrauisch ihre Schwester beäugt, wie diese zur schwarzen Hose und einem türkisfarbenen Oberteil die silberne Kette anlegte, welche Mona einst von Tante Samira geschenkt bekommen hatte. Schließlich konnte Sabrin ihre Neugier nicht mehr zähmen und fragte, was Mona eigentlich vorhabe.

»Ich fahre zu Safaa nach Bir hinüber. Dort werden wir meinen Geburtstag feiern. Der ist nämlich heute!«, antwortete Mona mit einer halben Wahrheit.

Als sie dann aber ihre schwarzen Locken mit zwei Klammern hochgesteckt und nach hinten zu einem Pferdeschwanz zusammengebunden hatte, begann Sabrin zu zetern. So könne sie das Haus nicht verlassen, sie sei ja nun kein kleines Mädchen mehr und deshalb müsse sie auf jeden Fall den Hijab tragen. Dann war sie zu dem alten Schrank im elterlichen Schlafzimmer gelaufen, in dem die Kleidungsstücke der ganzen Familie wild durcheinandergestapelt lagern, und hat willkürlich mehrere Kopftücher herausgezogen. Demonstrativ hielt Sabrin ihrer großen Schwester diese mit der Aufforderung entgegen, sie solle sich eines aussuchen. Mona war verunsichert. Vielleicht hatte ihre jüngere Schwester recht, immerhin war sie mit ihren achtzehn Jahren nun eine Frau im heiratsfähigen Alter. Andererseits hoffte sie auf dem Schiff Gelegenheit zum Tanzen zu finden. Womöglich würden die anderen Mädchen dort aber keinen Hijab tragen, und sie wäre das Gespött aller Anwesenden. Und von einem fahrenden Schiff würde es kaum möglich sein zu fliehen. Mona war sehr überrascht, dass ihr ausgerechnet vom eigenen Vater Unterstützung zuteil wurde, der die Szene zufällig beobachtet hatte.

»Warum soll sie denn ihre schöne Locken verstecken?«, herrschte er die erschrockene Sabrin an. »Außerdem – was geht es dich an? Wenn überhaupt, dann habe ich das zu entscheiden!«

Schließlich saß Mona ohne Hijab und mit Pferdeschwanz im Bus, auf dem Weg zu ihren Freundinnen, und hatte nun ein schlechtes Gewissen gegenüber dem Vater. Immerhin hatte sie ihm die wahren Pläne für diesen Tag verheimlicht. Letztlich aber überwogen die Neugier und die Vorfreude auf das unvorhersehbare Abenteuer, welches definitiv nicht stattfinden könnte, wenn sie zu Hause darüber gesprochen hätte. Das würde bei Safaa und Rania ebenso sein.

Niemand weiß, warum Safaas Wohngebiet Bir, nämlich

Brunnen, heißt. Die Mutter ihrer Freundin vermutet, dass es hier früher eine Zisterne gegeben habe, als Bir noch ein Dorf war. Vielleicht war es damals ein schönerer Ort, dachte Mona oft, wenn sie Safaa besuchte. Denn heutzutage empfindet sie Bir eher als Vorhof zur Hölle. Wie sollte man sich nicht eingesperrt fühlen, wenn man in diesen übereinandergestapelten Wohnschachteln leben muss. Die von Safaas Familie lag zudem noch im Erdgeschoss und war so dunkel, dass man selbst tagsüber das Licht brennen lassen musste. Vor allem bekam Mona hier jedes Mal Beklemmungen bei der Vorstellung, wie viele Etagen von oben auf die Decke der Wohnung drückten. Um wie viel freier lebte es sich da auf einem Grabhof. Auch wenn darunter die Toten liegen, so ist ihr die Vorstellung, Nacht für Nacht mit zwar lebenden, aber wildfremden Menschen unter einem Dach verbringen zu müssen, sehr viel unangenehmer.

Safaa hatte sich den Hijab umgebunden, aber das war nicht anders zu erwarten, da sie das schon seit Monaten tat. Dessen strahlendes Weiß sah zu dem schwarzen Rock und der roten Bluse sehr schön aus. »Ägyptens Nationalfarben!«, sagte Safaas Mutter und lachte dabei laut. Und dann gratulierte sie Mona zum Geburtstag und drückte ihr einen Schokoriegel in die Hand. Leider sei es ihr nicht möglich, sie zu Tee und Kuchen einzuladen, wie es die Mutter von Rania tun könne, entschuldigte sie sich. Mona blickte schräg hinter der freundlichen Frau in das verschmitzte Gesicht ihrer Freundin und begriff, wie Safaa ihr Weggehen erklärt hatte.

Voller Erwartung, was der Tag bringen würde, liefen die beiden Mädchen zur Hauptstraße und stiegen dort in einen Minibus, der als Sammeltaxi fungierte und sie hinüber in den Stadtbezirk Dar el-Salam brachte. Ranias Umgebung empfand Mona seit jeher als eine Art Mischung zwischen

Imam Al-Shafi'i und Bir. Auch hier sind Wohnungen übereinandergestapelt, aber höchstens bis zu drei Etagen. Doch in diesem Viertel, Dar el-Salam, hatte Mona sich von Anfang an heimischer gefühlt als in Bir, was daran liegen mochte, dass noch kleine, zur Straße hin offene Handwerksbetriebe existieren, ähnlich wie im unmittelbaren Grenzgebiet zur Totenstadt. Auch hier kann man Polsterern und Korbmachern bei der Arbeit zusehen sowie Mechanikern beim Reparieren von Mopeds. In kleinen Schuppen wird Grillkohle in stabile Papiertüten verpackt, in denen sie den Kaffeehausbetreibern für die Shishas und den Villenbesitzern von Zamalek fürs Barbecue verkauft werden.

Die Architektur von Dar el-Salam wirkt auf eine unspektakuläre Weise pragmatisch. Die Häuser kommen weitgehend ohne schmückenden Stuck aus und die einzelnen Geschäfte verdichten sich nicht zu einem malerischen Souk wie beim weltberühmten Khan-el-Khalili-Basar am anderen Ende des historischen Stadtkerns. Dort, direkt neben der viel besuchten Hussein-Moschee, werden die Touristen von den Reiseleitern zur orientalischen Kitschkulisse der vorderen vier bis fünf Gässchen geführt. Den in den Gassen dahinter stattfindenden Alltag eines Kairoer Souks lernen bestenfalls Individualreisende kennen. Die Pauschaltouristen werden in jenem vorderen Teil von den cleveren, in vielerlei Sprachen radebrechenden Händlern dazu verführt, für Waren, die auch anderswo angeboten werden, überhöhte Preise zu bezahlen. Keine der drei Freundinnen aus der Handelsschule aber ist jemals im Khan-el-Khalili-Basar gewesen, wo Ägyptens großer Dichter und Literatur-Nobelpreisträger Nagib Machfus einst seine Kindheit und Jugend verlebte. Und auch an diesem Tag sollte der Weg Mona, Safaa und Rania an gänzlich andere Orte führen – ins moderne

Zentrum von Afrikas größter Metropole und hinaus auf den längsten Strom der Welt.

Rania hatte auf den Hijab verzichtet. Ihre offenen dunklen Haare passten gut zu dem beigefarbenen Pullover, den sie über der braunen Hose trug. Wie sie ihren Freundinnen später erzählen wird, hatte ihr strenggläubiger Vater am Morgen erklärt, dies werde der letzte Tag in ihrem Leben sein, an dem sie das Haus ohne Hijab verlassen dürfe. Fortan würde er es nicht mehr dulden, und er werde auch keinen Schwiegersohn akzeptieren, der dies anders sehe.

Mit dem Sammeltaxi ging es zurück bis zur Hauptstraße am Rande von Bir. Einige Kilometer südlich von jener Haltestelle, an der Mona vor fast zwei Stunden den Bus Nr. 160 verlassen hatte, stiegen sie nun in einen solchen wieder ein. Safaa hatte es übernommen, den Fahrer zu fragen, wie man zu den Nilbooten komme. »Da steigst du mit deinen Freundinnen in Abdel Moneim Riad aus, kurz nachdem wir den Midan Tahrir verlassen haben. Von dort geht ihr rüber zur Corniche und dann seht ihr schon die Anlegestellen«, bekam sie zur Antwort. Und als der Busfahrer die hilflosen Mienen der drei Mädchen bemerkte, sagte er freundlich: »Abdel Moneim Riad ist ohnehin die Endstation, und dort zeige ich euch dann den Weg.«

Auf der Fahrt ins Stadtzentrum gab es für Safaa, Rania und Mona eine Menge zu entdecken. Vor allem, weil ihnen der Platz auf der breiten rückwärtigen Sitzbank den Blick in drei Richtungen erlaubte. Kaum hat Rania ihre Freundinnen links auf ein Modegeschäft hingewiesen, in dessen übervoller Dekoration eine Schaufensterpuppe ein superkurzes Kleid mit tiefem Dekolleté trug, als Safaa auf der rechten Seite in der Realität des Fußgängerstroms das exakte Gegenteil entdeckte. Dort nämlich ging eine Frau, für die schon das Tragen des Hijab eine Entblößung darstellen würde. Sie war von oben bis unten in ein formloses schwarzes Gewand – eine sogenannte Abaja – gehüllt. Nur die Augen waren durch einen schmalen Schlitz erkennbar. Sofort drehten sich die drei Mädchen auf ihrem Sitz herum, um diese Gestalt noch eine Weile durch das Rückfenster betrachten zu können. Was zu dieser komplett verhüllten Frau so überhaupt nicht passen wollte, waren die Netzstrümpfe und die hochhackigen Lackschuhe, die wenige Zentimeter unterhalb ihrer Abaja hervorlugten. Wenngleich diese Accessoires durchaus mit dem modischen Outfit des jungen Mannes korrespondierten, der jene vermummte Gestalt an der Hand führte. Der Endzwanziger war mit knallenger Jeans, Hardrock-Café-Shirt und verspiegelter Ray-Ban-Sonnenbrille kaum anders gekleidet als seine Altersgenossen auf dem Times Square oder dem Kurfürstendamm.

»Würdet ihr in so einem Sack herumlaufen?«, fragte Rania.

»Wenn ich einen solchen Mann dazukriege, warum nicht«, antwortete Mona und löste damit bei den beiden anderen ein kreischendes Gekichere aus. Sie ahnten offenbar nicht, dass ihre Freundin das ernst meinte.

Superkurze, ärmellose Kleider wie jenes aus einem der Schaufenster waren auf der Straße viele zu sehen, wenngleich die jungen Frauen ihre weiblichen Reize darunter in Hosen und T-Shirts versteckten. Und wenn auf einem der großen Werbeplakate im Stadtbild (und nur dort) ein Model in einem solchen Kleid ohne das keusche Beiwerk zu sehen war, wandten die drei Mädchen aus den Vorstädten unisono den Blick ab – im Gegensatz zu den männlichen Passanten.

An dem großen Platz, dem Midan El Tahrir, hatten die Schnellrestaurants amerikanische Namen – und das nicht ohne Grund. Jenes villenartige Gebäude, welches die drei Mädchen auf der rechten Seite bemerkten, beherbergt die amerikanische Universität von Kairo. Natürlich wissen McDonald's, Pizza Hut & Co. um die Sympathie der dortigen Studenten und Lehrkräfte für den American Way of Life und buhlen daher um deren Gunst. Nur die drei Mädchen auf der Rückbank des Busses Nr. 160 wussten all das nicht. Sie fanden sich lediglich durch das Äußere vieler der hier verkehrenden jungen Leute an Hollywoodfilme erinnert, die sie aus dem Fernsehen kannten. Selbst die Hijabs, die von zahlreichen jungen Ägypterinnen auch hier getragen werden, sahen anders aus als noch wenige Kilometer zuvor. Sie hatten die Kopftücher oftmals nach hinten gebunden, sodass der Hals nicht verdeckt war, wie es die islamische Religion eigentlich vorschreibt. In einem Fall hatte die Trägerin einen solchen vorschriftswidrig gebundenen Hijab fast komplett unter einer riesigen Ballonmütze versteckt.

Da der Midan El Tahrir hoffnungslos mit Autos und Bussen verstopft war, nutzten Mona, Rania und Safaa die Möglichkeit, in aller Ruhe die verschiedenen Eindrücke rund um Kairos verkehrsreichsten Platz aufzunehmen. Niemand sagte ihnen, dass der riesige halbrunde Bau im sowjetischen Zuckerbäckerstil, welchen sie durch das Rückfenster betrachteten, ein Verwaltungsgebäude der Regierung ist. Und selbst wenn jemand den dreien erklärt hätte, dass das schmucklose weiße Gebäude auf der linken Seite der Sitz der Arabischen Liga ist, so würden sie mit dieser Information wenig anzufangen gewusst haben. Der Blick in das Getümmel der nach Nordosten führenden Talaat-Harb-Straße fand hingegen sofort das ungeteilte Interesse des Trios. Auf den Bürgersteigen gab es fliegende Händler, die von Unterwäsche bis Armbanduhren nahezu alles verkauften (und beim Herannahen der Polizei oft blitzschnell zu fliehenden Händlern wurden). Vor allem waren sie von jenem hässlichen Zaun abgelenkt, hinter dem sich in der Mitte des Platzes schon seit Jahren eine Großbaustelle versteckt. Unter den Passanten, die hier täglich in den zahlreichen Eingängen der U-Bahnstation ›Sadat‹ ab- oder aus ihnen auftauchen, grassiert der Verdacht, aus dem einstigen Plan einer Tiefgarage könne längst eine Bauruine geworden sein.

Für den letzten Kilometer bis zur Endhaltestelle Abdel Moneim Riad (»Hinter dem Museum« – womit in diesem Fall das weltberühmte Ägyptische Museum gemeint ist), hat der Bus fast ebenso lange gebraucht wie zuvor für die Strecke von Bir zum Midan Tahrir.

Endlich waren sie angekommen, und der Busfahrer versuchte den drei Mädchen den Weg zu den Bootsanlegestellen zu beschreiben. Diese seien ganz leicht zu finden, sagte er. Sie müssten nur die Straße auf der rechten Seite des Busbahnhofes überqueren, dann um das Hochhaus des Ramses-Hilton herumlaufen und dort über jene vierspurige Straße hinüber zur Fußgängerpromenade gehen. Von dort aus sähen sie dann den Nil und etwas weiter rechts die Boote. Das hörte sich aus dem Mund des Busfahrers alles sehr einfach an. Dieser Mann, der sein riesiges Gefährt Tag für Tag durch Kairos chaotischen Innenstadtverkehr lenkte, schien nicht zu ahnen, dass für die Mädchen schon das Überqueren der ersten, nur in einer Richtung befahrenen Straße ein Problem darstellen würde.

Ich dachte zuerst, wir würden es niemals auf die andere Straßenseite schaffen. Obgleich die Autos alle nur von rechts kamen, fuhren drei bis vier nebeneinander, und es gab fast keine Lücken. Safaa hatte am meisten Erfahrung mit solchem Verkehr, weil sie mit ihrer Mutter manchmal auf dem Großmarkt am Midan el-Attaba einkaufen ging, wo es auch so viele Autos gab wie hier am Busbahnhof. Deshalb erkannte sie die Chance auch als Erste. Da war nämlich ein Bus gekommen und musste von der äußeren Straßenseite alle anderen Spuren überqueren, um zum Busbahnhof abzubiegen, wo wir noch immer standen. Er hupte enorm laut und bog einfach zu uns herüber. Auch die anderen Autos hupten, mussten aber natürlich anhalten. Für einen kurzen Moment stand der Bus quer zu den anderen Autos und versperrte die gesamte Straße. Genau in diesem Moment packte Safaa uns an den Ärmeln und schrie: »Los!« Wir rannten einfach hinüber und standen schließlich vor dem großen Hotel, wo uns diese Sache mit dem komischen Spiegel passierte …

Safaa hatte das Spiegelbild in der riesigen und dunkel verglasten Eingangstür zum Ramses-Hilton zuerst entdeckt. Schnell fanden die drei Mädchen Gefallen daran, sich davor in Pose zu stellen, wie jene Models, die sie manchmal auf den Titelfotos der Magazine sahen. Beim Zeitungshändler um die Ecke der Handelsschule. Es machte ihnen großen Spaß, mehrfach die Posen zu verändern. Mal stützte sich Mona mit beiden Händen auf Ranias Schulter, während Safaa ihre Arme in die Luft reckte, als wolle sie einen Ball auffangen. Dann nahmen Safaa und Rania ihre Freundin Mona in die Mitte und wiesen mit großer Geste in deren Richtung, als huldigten sie der ptolemäischen Königin Kleopatra. Majestätisch machte Mona einige Schritte nach vorn. Wie von Zauberhand bewegt, riss die hohe spiegelnde Tür in der Mitte auseinander und gab den erschrockenen Mädchen den Blick frei auf eine riesige, mit geschäftigen Menschen bevölkerte Halle. Elegant gekleidete Herren schwebten über den spiegelglatten Steinfußboden, gefolgt von uniformierten jungen Männern, die Wagen mit goldfarbenen Stangen vor sich her schoben, auf denen Koffer übereinandergestapelt waren. In tiefen Polstern saßen vornehme Damen, deren kurze Kleider die Sicht auf die übereinandergeschlagenen Beine bis weit oberhalb der Knie erlaubten. Keine von ihnen trug den Hijab, einige aber – Mona traute ihren Augen kaum – rauchten Zigaretten.

Wir hatten uns vorgenommen, mit der Bootsfahrt eine andere Welt zu entdecken. Nun war diese andere Welt mit einem Schlag da. In dieser Halle lag sie nur wenige Meter vor uns. Keine von uns hatte jemals zuvor einen so großen Raum gesehen, der außerdem noch sehr elegant eingerichtet war. Ich war so beeindruckt, dass ich langsam rückwärts zu meinen Freundinnen ging. Da schloss sich die Tür, und wir blickten wieder auf unser Spiegelbild. Es kam mir so vor, als wäre das nur ein kurzer Traum gewesen. Jetzt erst sahen wir zu dem Gebäude hinauf. Nie zuvor hatten wir vor einem so hohen Bauwerk gestanden. Rania war derart aufgekratzt, dass sie sich mehrfach um sich selbst drehte. Schließlich fing sie übermütig an zu tanzen. Da ging der Spiegel wieder auf, und hinter Rania war wieder diese Halle mit all den fremden Menschen zu sehen. Erschrocken lief sie zu uns zurück, und wir starrten nun alle drei nebeneinander stehend dort hinüber. Dann – rumms – war die Tür wieder zu, und wir blickten in unsere überraschten Gesichter. Wir mussten lachen. Uns liefen die Tränen herunter. Wir lachten und lachten, bis sich der Spiegel wieder öffnete und ein großer Mann in einer roten Uniform auf uns zukam. Er war ganz sicher kein Polizist, vielleicht ein General unserer ägyptischen Armee. Und als dieser Mann in seiner Uniform auf uns zukam, rannten wir die kleine Treppe hinunter, dann um die Ecke und über die Straße, weil dort nämlich die Autos nicht fuhren, sondern standen. Wir liefen zwischen ihnen hindurch und waren endlich auf der anderen Seite. Als wir auf dieser anderen Seite waren, stellten wir fest, dass wir erst die Hälfte der Straße geschafft hatten. Da nämlich war nur ein schmaler Streifen, der etwas erhöht war. Wir hatten die nächste Straßenhälfte noch vor uns. Die Autos kamen nun von rechts, und hier standen sie leider nicht, sondern fuhren in vollem Tempo. Wir blickten uns noch einmal um, weil wir sehen wollten, ob der General uns gefolgt war. Aber er war nicht mehr zu entdecken.

Als sie es endlich geschafft hatten, die breite Fußgängerpromenade oberhalb des Nils zu erreichen, waren Safaa und Rania davon beeindruckt, wie breit der Strom war, den sie »Meer« nannten. Mona aber konnte berichten, dass der Nil sogar noch sehr viel breiter sei. Schließlich hatte sie ja mehr als einmal von jener großen Eisenbahnbrücke, die in einiger Entfernung stromabwärts zu sehen war, auf den Fluss hinuntergeblickt.

»Das, was ihr da drüben am anderen Ufer seht, ist eine große Insel. Der Nil geht drum herum«, erklärte sie ihren staunenden Freundinnen.

Vor dem halbhohen schmiedeeisernen Zaun oberhalb der Kaimauer stehend, blickten die drei Mädchen in eine für sie ungewohnte Weite. Sie sahen zu der Nilinsel Zamalek hinüber und auf das davorliegende mehrstöckige Restaurantschiff, das »Al Saraya« (»Das Schloss«) hieß. Sie betrachteten den in einiger Entfernung gelegenen merkwürdigen Turm, der aussah wie ein Gerüst aus rundem Gitterdraht, und weiter links die mit Autos völlig verstopfte Brücke. Hätte ihnen jemand gesagt, dass die Nilüberführung dort »6. Oktober-Brücke« heißt, würden sie sich wahrscheinlich daran erinnert haben, dass ihnen in der Schule von jener siegreichen Schlacht der ägyptischen Armee gegen Israel an der Bar-

Lev-Linie erzählt worden war. Von denselben Lehrern, die ihnen verschwiegen, dass der Überraschungsangriff am Suezkanal schließlich eine Offensive der Israelis, die Intervention der Großmächte und das Einlenken der eigenen Staatsführung zur Folge hatte.

Am Kassenhäuschen gab es lange Gesichter. So sehr sich Mona und ihre Freundinnen auf diesen Ausflug gefreut hatten, als sie eben noch hinter den anderen jungen Leuten die Treppe hinunterstiegen und sich in der Reihe vor der Kasse anstellten, so groß war nun die Enttäuschung. Denn der geforderte Fahrpreis war für sie unbezahlbar. Zehn Pfund pro Person war für die Mädchen alles andere als ein »billiges Vergnügen«. Für diesen Betrag kaufte Monas Mutter beim Foulhändler in Imam Al-Shafi'i eine so große Portion gekochte Bohnen, dass die zehnköpfige Familie zwei Tage lang davon satt werden konnte. Und wenn sie für diesen Betrag rohe Bohnen kaufte und das Foul selbst herstellte, würde es noch länger reichen. Mona hatte ohnehin nie verstanden, weshalb ihre Mutter nicht so verfuhr. Aber sie hatte sie nie darauf angesprochen, weil sie befürchtete, dass sie ihr dann auch noch beim Kochen würde helfen müssen. Jedenfalls lagen ein Fahrpreis von dreißig Pfund für die drei Mädchen außerhalb ihrer Möglichkeiten. Dabei hatte Mona ihre Freundinnen sogar einladen wollen. Aber selbst wenn sie oben am Kiosk nicht die orangefarbenen Bozo-Snacks und eine Tüte Kartoffelchips gekauft hätten, die hier um einiges teurer waren als am Kiosk gegenüber der Schule, würde das Geld nicht gereicht haben. Mona wäre allenfalls in der Lage gewesen, zehn Pfund für alle drei zu bezahlen.

Die Mädchen wollten gerade schon enttäuscht abziehen, als Rania neben dem Kassenhäuschen die Preistafel entdeckte. Das Zehnpfund-Ticket, so stand es da, galt für einen dreistündigen Bootsausflug. Es gab aber auch eine einstündige Fahrt für vier Pfund und sogar eine halbstündige für nur zwei Pfund.

»Wir wollen gar keine so lange Fahrt machen«, wandte sie sich erneut an den Mann im Schalterhäuschen.

»Da müsst ihr warten«, sagte er. »Die kürzeren Fahrten beginnen erst in anderthalb Stunden. Jetzt verkaufe ich nur die Karten für die lange Fahrt. Seht mal, da drüben könnt ihr euch so lange hinsetzen.«

Der Mann deutete in Richtung einer auf dem Wasser schwimmenden Plattform wenige Schritte weiter rechts, auf der sich schon einige jener jungen Leute aufhielten, die hier vor wenigen Minuten Tickets gekauft hatten. Die Vorfreude auf die bevorstehende Bootsfahrt war ihnen anzumerken. Sie waren übermütig und es wurde viel gelacht. Manche der Mädchen trugen den Hijab, andere nicht. Aber in ihrem Verhalten, auch den jungen Männern gegenüber, machte das keinen Unterschied. Schüchtern nahmen Mona, Safaa und Rania abseits von ihnen auf einer der langen Bänke Platz und beobachteten die anderen, die durchweg etwas älter waren als sie selbst.

Einer der Jungen, ein schmächtiger Kerl mit randloser Brille, öffnete gerade eine große Flasche Cola, während eines der Mädchen an die anderen Pappbecher verteilte. Offensichtlich gehörten sie alle zusammen, schienen eine Art Clique zu sein. Schließlich wurde angestoßen und alle sangen »Happy Birthday«. Mona kannte das Lied aus dem Englischunterricht, in dem sie ansonsten kaum etwas gelernt hatte. Aber wer von denen dort drüben feierte denn Geburtstag – am selben Tag wie sie? Das Mädchen, welches die Becher verteilte, oder der Junge, der sie füllte?

Rania kannte das Lied offenbar auch. Jedenfalls riss sie

die Tüte mit den Kartoffelchips auf, hielt sie Mona unter die Nase und sagte: »Alles Gute auch zu deinem Geburtstag!«

Als sie von ihren Freundinnen umarmt wurde, genoss Mona jenes selten empfundene Gefühl von ungetrübtem Glück. Und sie freute sich auf die Bootsfahrt mit ihnen, auch wenn diese nur dreißig Minuten und nicht drei Stunden dauern würde.

Plötzlich stand der schmächtige Junge mit der randlosen Brille vor ihnen. Keinem der Mädchen war sein Kommen aufgefallen. Rania stieß sogar vor Schreck einen kleinen Schrei aus, als er ihnen Pappbecher entgegenhielt und fragte: »Wollt ihr auch auf meinen Geburtstag anstoßen?«

Verdutzt griff Safaa zu und ließ sich aus der großen Flasche Cola eingießen.

»Sie hat auch Geburtstag!«, bemerkte sie und deutete auf Mona, die sofort rot anlief.

Mona wusste nicht, was sie beschämender finden sollte, die distanzlose Art des Jungen oder die Tatsache, dass ihre Freundin das offenbar nicht so empfand. Wie konnte Safaa sie nur in eine solche Situation bringen?

»Na, was ist, Geburtstagskind? Stoßen wir miteinander an?«, wurde Mona nun von dem jungen Brillenträger direkt gefragt. Dabei lachte er, und sie musste sich still eingestehen, dass sie dieses Lachen sympathisch, eigentlich sogar richtig süß fand. Dennoch konnte und durfte sie auf sein Angebot einfach nicht eingehen. Es schickte sich nun einmal nicht. Ihren ganzen Mut zusammennehmend, stellte sie nun ihrerseits die Frage: »Was würdest du sagen, wenn mein Bruder deiner Schwester ein solches Angebot machen würde?«

Zu Monas Erstaunen reagierte der junge Mann keineswegs betroffen oder verunsichert, wie es sicher die Reaktion bei dessen Geschlechtsgenossen in Imam Al-Shafi'i sein würde. Er blickte sie noch immer mit einem freundlichen Lächeln an und sprach laut seine Gedanken aus: »Wenn dein Bruder … ein solches ›Angebot‹ … gegenüber meiner Schwester …? – Ah, ich glaube zu wissen, was du meinst! Einen Moment, bitte …!«

Er winkte jenes Mädchen heran, welches vorhin die Becher verteilt hatte. Sie war ein fröhliches Mädchen, und Mona mochte sie auf Anhieb. Vor allem hatte sie einen wunderschönen dunkelblauen Hijab mit goldfarbenen Verzierungen, der dazu auch noch vorschriftsmäßig gebunden war.

»Diese junge Frau hat auch Geburtstag, so wie wir«, erklärte der Brillenträger seiner Begleiterin und wandte sich dann an Mona: »Darf dir vielleicht meine Schwester das Angebot machen, mit uns anzustoßen?«

»Ihr seid Geschwister und habt am selben Tag Geburtstag?«, stellte Rania erstaunt fest.

»Ja! Wir sind gemeinsam zweiundvierzig Jahre alt«, antwortete die junge Frau freundlich und nahm ihren Bruder in den Arm.

»Und wie alt wirst du heute?«, wollte Rania von ihr wissen.

»Einundzwanzig!«

Erwartungsvoll blickte sie die drei jungen Mädchen an und bekam prompt von Rania das zu hören, was sie erwartete:

»Dann seid ihr ja Zwillinge.«

»Richtig!«, rief das Geschwisterpaar unisono.

Der kurze Dialog hatte Mona verunsichert. Wie konnte Rania wissen, dass die beiden Zwillinge sind?

»Kleines Mathematikgenie, wie?«, sagte der junge Mann und goss Rania den Becher mit Cola voll.

Nun war Mona restlos irritiert. Tatsächlich war Rania in Mathematik eine der Besten in der Klasse – sehr zum Ärger der dicken Zahra, die ihr oft unterlegen war. Was aber hatte es denn mit Mathematik zu tun, dass die beiden Zwillinge sind?

»Na, stößt du jetzt mit uns an?«, fragte der junge Mann und drückte Mona einen Becher in die Hand.

Zehn Minuten später saßen Mona, Rania und Safaa auf dem Oberdeck des Bootes und schämten sich. Als Salma – so hieß der weibliche Part jenes Zwillingspaares, dessen männlicher von seinen Freunden Ali gerufen wurde – nämlich erfahren hatte, dass die drei Mädchen sich nur die halbstündige Fahrt leisten konnten, traf sie eine spontane Entscheidung. Ohne lange zu fragen und damit verschämte Widerworte zu riskieren, war sie zur Kasse gegangen und hat ihnen kurz darauf die Tickets mit den Worten überreicht: »Ich will, dass ihr unsere Gäste seid.« Nach kurzem Zögern hatten die drei Mädchen die Einladung angenommen.

Das also war sie, jene Bevölkerungsschicht, für die zehn Pfund pro Person ein »billiges Vergnügen« war. Aber sowohl Salma als auch Ali unterschieden sich sehr von den meist überheblichen Mitschülerinnen aus begüterten Elternhäusern, die sie aus der Handelsschule kannten. Zu keinem Zeitpunkt hatten die beiden ihnen einen solchen Eindruck vermittelt. Im Gegenteil – Salma und Ali erwiesen sich als umsichtige Gastgeber. Sie kamen mit einem Tablett vorbei, auf dem es Stücke von sehr süßem Kuchen gab, schenkten Cola oder Zitronenlimonade nach und behandelten ihre drei neuen Bekannten so, als wären sie seit Jahren miteinander befreundet. Dabei wussten diese Zwillinge ja gar nicht, überlegte Mona, wen sie da eingeladen hatten. Sie ahnten nicht, aus welchen Familien ihre Gäste stammten. Sie wussten nur, dass für diese jungen Mädchen ein Bootstrip zu zehn Pfund pro Person offenbar kein »billiges Vergnügen« war. Am meisten fürchtete Mona die Frage, in welchem Teil von Kairo sie wohne. Denn sie würde der netten Salma und deren Bruder nicht gern die Unwahrheit sagen. Die Furcht saß tief, wieder nur nach ihrer Herkunft beurteilt zu werden.

Endlich legte das Boot ab. Fast lautlos schwebte es seitwärts bis zur Flussmitte. Jene gepflegten Gebäude entlang der Corniche, in welchen Korrespondenten aus der ganzen Welt ihre Büros haben, wurden immer kleiner. Und auch der für Mona ungewohnte Klangteppich aus Motorengeräuschen, Hupen und den Rufen der Straßenhändler wurde zunehmend leiser.

Eigentlich hätte es besser zu mir gepasst, wenn ich Angst bekommen hätte. Wir waren schließlich rundherum von Wasser umgeben – und ich kann nicht schwimmen. Wo hätte ich es lernen sollen? Aber ich hatte keine Angst, sondern ein Gefühl von Freiheit, als ich auf das Meer hinaussah, was ja, wie ich weiß, gar kein richtiges Meer war. Weil ich aber noch nie zuvor ein so großes Wasser aus der Nähe gesehen hatte und auch noch nie mit einem Schiff herumgefahren war, nannte ich unseren Nil »Meer«. Und er kam mir auch wie ein solches vor. Aber das echte Meer kannte ich nur aus dem Fernsehen.

Die Clique von Salma und Ali hatte sich in einer Ecke auf dem Oberdeck versammelt, und Mona, Rania und Safaa saßen mitten unter ihnen. Diese jungen Leute, welche allesamt Studenten an der Kairoer Universität waren, kannten einander von einem Ort, der Campus hieß. Das jedenfalls hatte Salma ihnen zwischendurch zugeflüstert. Doch diese Studenten unterschieden sich äußerlich kaum von ihnen, das jedenfalls fand Mona. Auch wenn nicht alle dieser jungen Frauen den Hijab trugen, war keine von ihnen in einer Weise gekleidet, die sie als unkeusch bezeichnen würde. Und fast alle Jungen waren mit Jeans und T-Shirt exakt so angezogen wie auch ihr Bruder Emad, wenn er morgens zur Arbeit ging. Damit waren die Gemeinsamkeiten zwischen ihnen aber auch schon erschöpft. Denn als sie ihnen zuhörte, hatte Mona das Gefühl, sie würden sich über einen anderen Planeten und dessen Bewohner unterhalten.

Der Disput hatte mit einer simplen Frage angefangen, welche ein Mädchen einem anderen stellte. Nämlich ob sie mittlerweile besser Französisch spräche, was schließlich die Voraussetzung für ein Studium der französischen Literatur sei. Mona wusste natürlich nichts von französischer Literatur, aber dass die Kenntnis der Sprache eine Voraussetzung ist, um sie verstehen zu können, das leuchtete ihr ein. Dann aber erfuhr sie, dass jene Studentin der französischen Literatur eigentlich gar keine Studentin der französischen Literatur sein wollte. Viel lieber würde sie Jura studieren, um später die Anwaltskanzlei ihres Vaters drüben in Giza zu übernehmen. Mona verstand nicht recht, weshalb diese junge Frau statt ihres Wunschstudiums etwas gänzlich anderes studierte, wofür sie offenbar noch nicht einmal die Grundlage, nämlich die Sprache, beherrschte. Einen Begriff wie »Zulassungsbeschränkung« hatte Mona noch nie zuvor in ihrem Leben gehört, und auch unter »Numerus clausus« konnte sie sich überhaupt nichts vorstellen. Jedenfalls war jene Studentin der französischen Literatur mit einem Mal sehr verärgert. Dabei hatte einer von Alis Freunden nur gesagt, dass es Frauen in diesem Land als Juristinnen schwer haben. Hatte er denn nicht recht? Die meisten Frauen arbeiteten doch zu Hause für die Familie oder sie wurden Lehrerinnen wie Frau Nagwa. All diese Frauen waren keine Juristinnen, von denen Mona wusste, dass das Richterinnen sein würden und auch Rechtsanwältinnen. Aber sie hatte nie eine solche Frau getroffen. Wohl aber diese Studentin der französischen Literatur, die davon sprach, dass an der Al-Azhar, der islamischen Universität in Kairo, zwei berühmte Frauen für die Fatwas, die Rechtsgutachten, zuständig seien. Und die Al-Azhar sei immerhin weltweit das bedeutendste Institut für islamisches Recht. Das Mädchen nannte auch die Namen dieser beiden Juristinnen, aber Mona hatte sie schon im nächsten Moment wieder vergessen. Und dann musste sie lachen. Über Ali, der zwar Jura studierte, aber das gar nicht wollte. Aber Mona lachte nicht darüber, sondern über den Satz: »Mich interessieren die Paragrafen des Strafgesetzbuches ebenso wie die Botanik drüben in Zamalek. Es genügt mir zu wissen, dass es sie gibt.«

Dann hat Ali in einer hilflosen Geste die Arme zum Himmel erhoben, als wollte er andeuten, dass er sich Allahs Willen beugen würde. Seine Schwester legte lachend den Arm um ihn und bemerkte: »Mein Bruder möchte so gern ein großer Schriftsteller sein. Hat jemand seine Erzählungen gelesen?«

»Lass doch!«, wehrte Ali ab.

Nun wurde nicht mehr über Jura gesprochen und auch nicht über französische Literatur, sondern über ägyptische Schriftsteller, von denen Mona nur einen Namen schon mal zuvor gehört hatte: Nagib Machfus. Er hatte, wie sie nun erfuhr, einen bedeutenden Preis bekommen, irgendwo im Ausland, den er eigentlich gar nicht haben wollte, weil dieser angeblich einem anderen zustand. Jener andere aber hieß Taha Hussein, war wohl offenbar blind, und wegen dieser Tatsache meinte ein weiterer Freund von Ali, dass der blinde Schriftsteller vielleicht gar nicht genau wissen könnte, worüber er schrieb, weil er es ja nicht sah. Das empörte nun wiederum einen jungen Mann, der Mona vorher wegen seiner zurückhaltenden Art aufgefallen war. Trotz einer knallroten Baseballkappe mit der Aufschrift »NYC«, die nach Monas Geschmack gar nicht zu ihm passte, hatte sie für diesen fortwährend lächelnden Jungen Sympathie empfunden. Nun aber redete er sich in Rage. Mona hörte gar nicht auf das, was er sagte, sondern ihr gefiel es, wie er sich empörte. Eben noch hatte er ganz schüchtern gewirkt, und nun hörte er gar nicht mehr auf zu reden. Dann aber erfuhr sie von ihm etwas, was sie doch interessierte: »Nicht grundlos haben die Römer die Justitia, ihre Göttin der Gerechtigkeit und des Rechtswesens, mit verbundenen Augen dargestellt …«

Als Salma nun die Frage einwarf, ob er sich solche Theorien bei seinen täglichen Sitzungen im *Cilantro* überlege, färbte sich das Gesicht des schüchternen Mannes passend zur Baseballkappe. Im Philosophischen Institut sei er jedenfalls schon seit geraumer Zeit nicht mehr gesichtet worden, bemerkte ein anderer und hatte damit die Lacher auf seiner Seite. Philosophische Betrachtungen und Erkenntnisse seien nicht an Orte gebunden, schon gar nicht an Hochschulinstitute, verteidigte sich der nun nicht mehr ganz so Schüchterne. Außerdem würden seine Eltern ihn für einen Zeitraum von fünf Jahren bei seinen Studien unterstützen, und es seien erst drei Jahre um.

»Davon hat er zweieinhalb im *Cilantro* gesessen«, sagte Salma zu Mona und ihren Freundinnen.

»Ihr kennt doch das *Cilantro*, oder?«

Die Mädchen schüttelten die Köpfe.

»Das ist dieses schicke Kaffeehaus am Midan Moustafa-Mahmoud in Mohandessin«, erklärte sie, und eine ihrer Freundinnen warf ein: »Das *Cilantro* gibt's auch an der amerikanischen Universität, um die Ecke vom Tahrir, und eines drüben in Zamalek ...«

»Ja sicher, aber Ahmed sitzt in dem in Mohandessin. Das ist auch das Größte von allen ...«

Nun aber hörte Mona endgültig nicht mehr zu. Nicht bei den beiden Mädchen, die über Kaffeehäuser sprachen, die sie nie aufsuchen wird, und auch nicht bei dem anhaltenden Disput der anderen, den sie nicht verstand. Ihr wollte einfach nicht aus dem Kopf gehen, dass jener schüchterne junge Mann mit dieser komischen Mütze dort drüben von seinen Eltern fünf Jahre lang Geld dafür bekam, dass er in einem schicken Kaffeehaus saß und sich Gedanken machte. Erst die auf dem Unterdeck einsetzende Musik des ägyptischen Superstars Amr Diab löste alles auf – den Disput der jungen Intellektuellen, das Gespräch der beiden Studentinnen über schicke Kaffeehäuser und Monas Gedanken über die fremde Welt ihrer Gastgeber und deren Freunde.

Schon der Gitarrenriff im Vorspiel zu »Tamally maak« (»Immer bei dir«) – einem der berühmtesten Songs von Amr Diab – geht selbst jenen schnell in die Beine, die ansonsten kein positives Verhältnis zu arabischer Musik haben. Kein Wunder, dass neben Ali, Salma und ihren Gästen auch viele der anderen Passagiere vom Oberdeck sofort dorthin strebten, wo die schmale Eisentreppe zur Disco hinunterführte. Die Liebespaare aber blieben lieber auf den langen Bänken unter freiem Himmel keusch nebeneinander sitzen. Oder sie lagen auf der etwas erhöhten Plattform weniger keusch beieinander, weshalb regelmäßig ein Angestellter der Reederei vorbeikam und die Beachtung der Moral einforderte. Wenn beispielsweise ein Mädchen ihren Kopf auf den Bauch des Freundes legte, so war sie auch durch den Hijab nicht vor Ermahnungen des Tugendwächters geschützt.

Schon von der Treppe aus konnte Mona erkennen, dass es auf dem Unterdeck noch genügend freie Sitzplätze gab. Denn die meisten der unten versammelten Passagiere haben sich ja nicht dort hinbegeben, um sich zu setzen. Das hätten sie auch auf dem Oberdeck haben können. Einige von ihnen tanzten auf der kleinen Tanzfläche vor den dröhnenden, mannshohen Lautsprecherboxen. Die meisten der anderen standen im Kreis herum und klatschten rhythmisch in die Hände. Mona, Rania und Safaa blieben zunächst auf der Treppe stehen und betrachteten das Geschehen aus der Distanz.

Die Art, wie die Mädchen tanzten, gefiel mir viel besser. Die Jungen haben sich zwar viel Mühe gegeben, um aufzufallen. Aber warum gingen sie in die Hocke und warfen dann die Beine zur Seite oder sprangen wieder hoch und boxten mit den Armen in die Luft? Der Tanz der Mädchen war viel anmutiger. Sie hielten die Arme leicht angewinkelt vor der Brust und ließen die Musik durch den ganzen Körper strömen. So jedenfalls hat es Safaa genannt. Damit hat sie diese kleinen rhythmischen Bewegungen gemeint, die sehr schön anzusehen waren. Ich hatte zuvor auch schon so getanzt, wenn in Imam Al-Shafi'i Hochzeit gefeiert wurde. Meistens gibt es dort die Musik über eine solche Anlage wie auf dem Schiff. Aber als meine Tante Fatheya, die jüngste Schwester meiner Mutter, ihre Hochzeit feierte, hat ein kleines Orchester gespielt. Niemand hatte mir und meinen Schwestern das Tanzen beigebracht. Wir haben es auf diesem Hochzeitsfest einfach gemacht, so wie die Mädchen auf dem Schiff. Ich glaube, dass es uns

Ägypterinnen im Blut liegt, zu tanzen. Wir müssen es nicht lernen, wir können es einfach.

Anfänglich hatten sie auf der Treppe stehend mit den anderen jungen Leuten rhythmisch in die Hände geklatscht. Dann haben sie etwas abseits zwischen den Bankreihen eigene Tanzschritte ausprobiert. Aber schon bald waren sie auch dort von Leuten umringt, die sie mit Klatschen anfeuerten, ehe sie sich zwischen all den anderen auf der Tanzfläche wiederfanden. Und dann war Ali da und tanzte gegenüber von Mona, was sie nicht störte. Im Gegenteil! Aber sie vermied es, ihn dabei anzusehen. Auch Safaa und Rania hatten solche unfreiwilligen Tanzpartner. Irgendwann aber beschlossen die drei Mädchen, die jungen Tänzer sich selbst zu überlassen. Völlig verschwitzt kamen die Mädchen nach einer knappen Stunde wieder an die Oberfläche. Die Stadt war mittlerweile verschwunden. An den Ufern standen keine großen Häuser mehr, nur in einiger Entfernung waren vereinzelt ein paar Lehmhütten zu sehen, wie sie Mona aus Kafr Abou Tesht kannte. Nur wenige Meter von ihrem Schiff entfernt, holte ein Nilfischer, der mit seiner Frau auf einem schmalen Holzboot lautlos dahinschwamm, ein kleines Netz ein. Das Bild des in seinem Boot stehenden Mannes neben der an den Rudern sitzenden Frau machte auf Mona einen friedvollen Eindruck. Wahrscheinlich wollte dieser Mann nie etwas anderes werden als Fischer, wie es sicher auch schon sein Vater und sein Großvater gewesen waren. Er kannte ebenso wenig wie sie jenes schicke Khawa mit dem unaussprechlichen Namen. Und von einer römischen Göttin, der man die Augen verbunden hatte, wusste er bestimmt auch nichts.

Langsam tuckerte das Schiff über den Nil. Auf dem

Unterdeck wurde die romantische Ballade »Albi biyarda alik« (»Mein Herz ist dir zugetan«) einer bekannten syrischen Sängerin gespielt, und auf der oberen Plattform rückten die Pärchen wieder einander näher.

Ich blickte auf den Nil hinaus, und als nun auch noch eines meiner Lieblingslieder von Assala Nasri gespielt wurde, dankte ich Allah, dass er mir ein so schönes Geburtstagsfest schenkte.

Kurz nachdem das Schiff überraschend irgendwo im vermeintlichen Niemandsland angelegt hatte, war den Mädchen klar geworden, dass die Rückkehr nach Kairo später erfolgen würde als erwartet. Jedenfalls nicht drei Stunden nach der Abfahrt. Und das brachte Mona, Rania und Safaa in einen Konflikt, denn jede von ihnen musste vor Einbruch der Dunkelheit zu Hause sein. Ansonsten mussten sie damit rechnen, zur Verantwortung gezogen zu werden. Vom Vater, von älteren Brüdern, Onkel oder Cousins – jedes ältere männliche Mitglied der weit verzweigten Familien hatte das Recht, von ihnen Auskunft einzufordern. Weshalb sie zu spät nach Hause kamen, wo sie sich aufgehalten hatten, ob womöglich die Bekanntschaft mit einer männlichen Person erfolgt war. Auf gar keinen Fall durfte einer dieser Verwandten erfahren, dass die drei Mädchen sich so weit von zu Hause weg begeben hatten, wie das an diesem Tag geschehen war. So weit, dass sie selbst gar nicht mehr wussten, wo sie eigentlich waren. Als das Schiff weit vor den Toren der Stadt unerwartet anlegte, hatten sich nur Mona und ihre Freundinnen überrascht gezeigt. Die anderen jungen Leute waren von Bord gestürmt und haben am Ufer Pferdekutschen bestiegen oder Fahrräder und sogar kleine Mopeds. Nach wenigen

Minuten waren Mona, Rania und Safaa ganz allein auf dem Schiff. Sah man von einem der Angestellten ab, der auf dem Oberdeck die leeren Plastikbecher der Geburtstagsgesellschaft und anderen Unrat einsammelte. Von ihm erfuhren sie die schockierende Nachricht. Das Schiff würde für mindestens eine Stunde Aufenthalt haben, es gäbe hier nämlich einen Freizeitpark, und dann weitere zwei Stunden brauchen, um flussaufwärts wieder Kairo zu erreichen. Vor achtzehn Uhr dürften sie nicht mit der Rückkehr rechnen. Auf Monas erschrockenes Nachfragen, man habe doch nur eine »Dreistunden-Fahrt« gebucht, erklärte er, dass damit nur die reine Fahrtzeit gemeint sei. Als er die Mädchen ermuntern wollte, sich ebenfalls diesen Freizeitpark anzusehen oder die kleinen Staudämme, die er »Barragen« nannte, lehnten sie ab. Sie blieben an Bord, obgleich der freundliche Mann darauf verwies, dass sich ganz in der Nähe der Schiffsanlegestelle der einstige Sommersitz des ägyptischen Königs mit sehr schönen Gartenanlagen befände. Auf gar keinen Fall durften die drei Mädchen riskieren, sich in den königlichen Gartenanlagen zu verlaufen und die Rückfahrt zu verpassen. So saßen sie nun hilflos und allein auf diesem Schiff und hatten ein Problem. Denn was immer sie sich auch ausdachten, es lief darauf hinaus, zu Hause entweder die Wahrheit zu sagen und die nicht absehbaren Konsequenzen zu tragen oder zu lügen. Beides aber wollten sie nicht. Bisher hatten sie ja nur etwas verschwiegen, die geplante Schiffsfahrt nämlich, nun aber müssten sie eine komplette Lügengeschichte erfinden. Das wiederum konnte keine von ihnen mit dem eigenen Gewissen vereinbaren. Es war schließlich Rania, die kühl überlegend einen Plan entwickelte. Hierfür musste zunächst die gesamte Barschaft gesichtet werden – vierundzwanzig

Pfund und fünfzig Piaster. Nicht gerade ein Vermögen, aber es sollte reichen, um nach der Rückkehr ein Taxi zu finden, welches sie nacheinander nach Hause fuhr. Um achtzehn Uhr sei es zu dieser Jahreszeit definitiv noch nicht dunkel, wusste Rania. Sie würden dann zwar in den nächsten Tagen ohne Geld sein, aber für heute wäre es die Lösung. Vorausgesetzt, dass das Schiff auch wirklich um diese Uhrzeit wieder in Kairo anlegte. So warteten Mona, Rania und Safaa schließlich sehnsüchtig auf die Rückkehr der Passagiere.

Nachdem das Schiff endlich wieder abgelegt hatte, erzählten sich Alis und Salmas Freunde gegenseitig, was sie in jenem Freizeitpark unternommen hatten. Zwei Jungen hatten sich mit den gemieteten Mopeds Wettrennen geliefert, Salma war mit drei Freundinnen in einer Pferdekutsche zu einem kleinen Staudamm gefahren, wobei jede von ihnen einmal vorn sitzen und die Zügel führen durfte. Andere hatten in einem Restaurantgarten Shawerma, einem Fastfood-Gericht wie dem türkischen Döner ähnlich, gegessen oder große Mengen Eiscreme vertilgt.

Jeder dieser jungen Leute, in deren Mitte die drei Außenseiterinnen nun wieder wie selbstverständlich saßen, hatte sich während dieses einstündigen Aufenthalts ein Vergnügen geleistet, welches für Mona und ihre Geschwister wohl lebenslang ein Traum bleiben würde. Trotzdem freute sie sich, dass Allah jenen diese Vergnügungen schenkte, so wie sie ihm diese Schiffsfahrt verdankte.

Einige Tage später werden sich die drei Mädchen darüber uneinig sein, wie das Gespräch auf das Thema »Hijab« gekommen war – auf der Rückfahrt, als sie mit Salma und Ali auf dem Oberdeck saßen, während die anderen noch einmal tanzen gegangen waren. Mona wird erklären, sie sei sicher, selbst damit angefangen zu haben, indem sie Salma ein

Kompliment zu deren wunderschönem dunkelblauen Kopftuch mit den goldfarbenen Verzierungen gemacht habe. Safaa wird sich hingegen erinnern, dass es vielmehr mit Salmas Frage begonnen habe, weshalb Mona und Rania keine Hijab trügen. Und Rania wiederum will überhaupt Ali für die Eröffnung des Disputs zwischen den Geschwistern verantwortlich machen. Schließlich habe der sich über die Verschleierung, wie man in Ägypten schon das Anlegen des Kopftuchs nennt, lustig gemacht. Die Mädchen werden sich nicht einigen können, aber dass Ali irgendwann aus der Sure »Al-Baqara« (»Die Kuh«) zitierte und sie über diese Bezeichnung lachen mussten – daran werden sich alle drei erinnern. Auch der zitierte Satz wird ihnen noch in Erinnerung sein: »Es gibt keinen Zwang im Glauben!« Salmas Bruder hatte auf diesen oft zitierten Satz aus dem Vers 256 der zweiten Sure verwiesen. Seine Schwester aber hatte ihn aufgefordert, auch den nächsten Satz desselben Verses zur Kenntnis zu nehmen, in dem es heißt: »Der richtige Weg ist nun klar erkennbar geworden gegenüber dem unrichtigen.« Diskussionen darüber, welches der richtige und welches der unrichtige Weg ist, werden in Ägypten seit einiger Zeit immer offener geführt. Gespräche wie jenes auf dem Nilboot – wer immer es in diesem konkreten Fall auch ausgelöst haben mag – gehören inzwischen zum gesellschaftlichen Alltag. Einen vorläufigen Höhepunkt erlebte die öffentliche »Kopftuch-Debatte« über eine Äußerung, die der fast siebzigjährige Maler und ägyptische Kulturminister Farouk Hosni während eines Telefoninterviews mit einer Journalistin der unabhängigen Tageszeitung *Al-Masri Al-Yom* (*Der Ägypter heute*) gemacht hatte: »Es gab eine Zeit, in der unsere Mütter ohne Kopftuch zur Universität und zur Arbeit gingen. In diesem Sinne sind wir groß geworden. Warum jetzt dieser

Rückfall? Jede Frau mit ihrem schönen Haar ist wie eine Blume, und es sollte nicht vor den Blicken anderer verborgen werden. Die Religion achtet heute zu sehr auf Äußerlichkeiten.« Umgehend war dem Kulturminister aus religiösen Kreisen die Sure »An-Nur« (»Das Licht«) entgegengehalten worden, deren Vers 59 eine eindeutige Anweisung Allahs an die »gläubigen Frauen« enthalte: »… Sie sollen ihren Schleier auf den Kleiderausschnitt schlagen und ihren Schmuck nicht offen zeigen / es sei denn ihrem Ehegatten, ihren Vätern …« Im Parlament sah sich Farouk Hosni nicht nur aggressiver Kritik vermeintlich unabhängiger, tatsächlich der radikal-islamischen Moslembruderschaft zugehöriger Abgeordneter ausgesetzt, sondern auch welchen aus den Reihen der eigenen Nationaldemokratischen Partei. Auf Kairos Straßen demonstrierten Frauen und Mädchen mit vorschriftsmäßig gebundenem Hijab für seinen Rücktritt. Schließlich wurde der liberale Kulturminister vor ein »Parlamentskomitee für kulturelle und religiöse Angelegenheiten« geladen. Aber trotz der Anwesenheit von nicht weniger als fünfhundert Abgeordneten stellte er gleich zu Beginn der Sitzung klar, dass er diese Aussagen während eines informellen Telefongesprächs mit einer Journalistin gemacht habe. Diese seien nicht für die Veröffentlichung gedacht gewesen und drückten daher seine private Meinung aus. Auf keinen Fall habe es sich um eine offizielle Verlautbarung seines Ministeriums gehandelt. Damit war die Sache vom Tisch. Das Thema »Hijab« aber polarisiert nach wie vor die ägyptische Gesellschaft, und nicht selten geht der Streit quer durch die Familien – wie offenbar auch in der von Salma und Ali.

»Wenn's nach unserem Vater ginge, sollte ich nie den Hijab tragen. Er ist ein lupenreiner Liberaler«, hatte Salma gesagt.

Das erinnerte Mona daran, dass auch ihr eigener Vater sie noch am Morgen darin bestärkt hatte, ihre schönen Locken nicht unter dem Hijab zu verstecken.

»Mein Vater will es auch nicht. Aber muss man nicht auf seinen Vater hören?«, sagte sie.

Salma begann laut zu lachen.

»Natürlich, eigentlich schon. Aber da steht ja noch jemand über dem Vater?«

Nach einem kurzen Blick in die ratlosen Gesichter der Mädchen fuhr Salma fort: »Allah! – *Seine* Anweisungen sind für mich bindend, nicht die meines Vaters, der ja noch nicht mal regelmäßig betet. Aber er verbietet mir natürlich auch nicht das Tragen des Hijab. Ein überzeugter Liberaler eben.«

Auch das traf auf ihren Vater zu, ging es Mona durch den Kopf. Er betet nie, und auch er hat nichts dagegen, dass Sabrin den Hijab trägt.

Während Mona ihren Gedanken nachhing, hielt Salma ihrem Bruder einen Vortrag darüber, dass die islamischen Kleidervorschriften ja gerade die Freiheit der Frauen garantiere. Dann wurde sie von Mona unterbrochen:

»Ich glaube, mein Vater ist auch so ein Liberaler«, sagte sie und bemerkte erst am Blick der Freundinnen, dass ihr Einwurf irgendwie als unpassend empfunden wurde. Dennoch griff Salma ihn auf:

»Dort, wo wir leben, drüben in Mohandessin, sind die Alten fast alle liberal eingestellt. Und wie ihr an Ali sehen könnt, auch ein Teil der Jungen. Wir Mädchen aber haben inzwischen zu den Werten unserer Religion zurückgefunden.«

Und dann stellte sie die Frage, die Mona befürchtet hatte:

»Wo wohnst *du* denn?«

Was sollte sie antworten? Immerhin kamen Salma und Ali aus Mohandessin. Auch wenn sie von diesem Stadtteil nicht mehr wusste, als dass es dort ein schickes Café gab, in dem sich der Junge mit der roten Mütze Gedanken machte und dafür von seinen Eltern fünf Jahre lang Geld erhielt. Es war definitiv eine andere Welt, aus der die beiden kamen. Mona hatte Angst, mit der wahrheitsgemäßen Antwort gegen Ende dieses wunderschönen Tages doch noch alles kaputt zu machen. So sagte sie auch diesmal wieder:

»In der Nähe der Moschee von Imam Al-Shafi'i«.

»Ist das wirklich wahr?«, schrie Salma begeistert. »Du wohnst wirklich in der Nähe des Grabmals dieses großen Sheikhs? Na, du weißt natürlich um seine Bedeutung für unsere Religion ...«

Mona freute es, dass zum ersten Mal in ihrem Leben diese Herkunft von jemandem als positiv empfunden wurde. Ja, sie genoss es geradezu, von Salma zu erfahren, dass der Imam Al-Shafi'i offenbar eine wichtige Rolle im Entstehen ihrer Religion spielte. Jetzt begann sie zu begreifen, worüber sie nie zuvor nachgedacht hatte, dass dies der Grund sein musste, weshalb am Geburtstag des Imam so viele Menschen von weit her in ihr Viertel kamen. Und sie vermutete – nicht ganz zu unrecht –, dass deshalb immer wieder Ausländer durch ihre Straße liefen.

Tatsächlich verweisen anspruchsvolle Reiseführer in vielerlei Sprachen auf jene Moschee des Muhammad ibn Idris Al-Shafi'i. Denn die von ihm betriebene Systematisierung der islamischen Jurisprudenz hat den Stellenwert der Sunna als Rechtsquelle genauer definiert, wonach die Hadithe in einer ununterbrochenen Kette ihrer Überlieferer direkt auf den Propheten zurückgehen.

Mona aber wusste nicht, dass es eine Sammlung an Überlieferungen darüber gab, was Mohammed gesagt, getan, geduldet oder bewusst nicht getan haben soll, und auch nicht, dass diese Sammlung Sunna genannt wurde. Sie hatte auch nie von Hadithe gehört, also von jenen Aussagen des Propheten und Berichten über sein Tun, die nach einer Überlieferungskette von frommen und zuverlässigen Personen im 9. Jahrhundert in eben jener Sunna zusammengefasst worden waren. Und dass derjenige, der sich um all das in besonderer Weise verdient gemacht hatte, jener Imam gewesen war, der bei ihnen in der Moschee bestattet ist, hörte sie an diesem Tag zum ersten Mal. Ob ihre Eltern darüber Bescheid wussten?, überlegte Mona. Oder die Eltern ihrer Mutter, die doch schon ganz lange in der Nähe jener Moschee lebten?

Kurze Zeit später fuhr das Schiff wieder unter jener gewaltigen Eisenbahnbrücke hindurch, die das oberägyptische Quena mit dem Ramses-Bahnhof in Kairo verband. Das wusste Mona, und sie tat es all ihren neuen Freunden kund, die inzwischen wieder aus dem Unterdeck aufgetaucht waren. Dort nämlich hatte der DJ bereits die Boxen abgeschaltet und seine Arbeit eingestellt. Diese Freunde revanchierten sich nun ihrerseits mit der Verkündung spezieller Ortskenntnisse. Der schüchterne Junge mit der roten Mütze verwies auf die beiden rostroten Gebäude des Cairo-Marriott-Hotels auf der Insel Zamalek, an dessen Poolbar es viele ausländische Biersorten gebe. Mona fragte sich, ob seine Eltern auch dafür fünf Jahre lang aufkommen würden. Schließlich hört er an jener Bar doch sicher nicht zu denken auf. Und wenn sie es richtig verstanden hatte, würden sie ihm ja das Geld dafür geben, dass er sich Gedanken machte. Nur schade, dass er so wenig davon erzählte, was ihm an diesen Orten so durch den Kopf ging.

Eines der Mädchen, die während des gesamten Tages noch kein einziges Wort gesagt hatte, blühte regelrecht auf, als sie, auf die modernen Zwillingstürme des Cairo Plaza Towers am linken Ufer verweisend, davon erzählte, dass sie in der dortigen Shopping Mall regelmäßig »für wenig Geld *designer's wear*« erstand. Mona wusste zwar nicht, was *designer's wear* ist, aber dass jene junge Frau unter »wenig Geld« etwas gänzlich anderes verstand als sie, das war ihr nach diesem Tag unter all den netten Leuten aus jener fremden Welt klar.

Als wir wieder an der Straße in Kairo standen, gab es ein Problem. Entweder verlangten die Taxifahrer mehr als vierundzwanzig Pfund und fünfzig Piaster, weil es Feierabendzeit war und viele Leute nach Hause wollten, oder sie weigerten sich nach Imam Al-Shafi'i zu fahren. Ich weiß nicht mehr, wie viele Taxen wir anhielten. Langsam fingen wir an nervös zu werden. Dann sagte ich nicht mehr, dass ich nach Imam Al-Shafi'i wollte, sondern zum Midan Sayeda Aisha in Tonsy. Der Taxifahrer, der uns endlich nacheinander nach Hause fuhr, wollte von mir dann in Tonsy mehr Geld, weil der Verkehr von Bir herüber, so dicht gewesen sei, dass er länger gebraucht hätte als sonst. Aber ich hatte ja nur vierundzwanzig Pfund und fünfzig Piaster bei mir, und dieses Geld gab ich ihm. Ich stieg dann aus und lief die Sharei-el-Tonsy, die Straße der Handwerker, entlang.

Niemand hier draußen würde Mona glauben, wenn sie erzählen würde, dass es in Kairo eine Welt gibt, in der sich Spiegel öffnen und nur für einen kurzen Moment den Blick freigeben auf riesige Hallen mit polierten Böden, rauchenden Frauen und mit Koffern beladenen goldenen Wagen. Eine Welt, in der ein junger Mann von seinen Eltern fünf Jahre lang dafür Geld bekommt, dass er sich in eine elegante Khawa setzt und Gedanken macht, und in der junge

Frauen sich von ihren Vätern nichts sagen lassen. Vor allem hatte Mona in dieser Welt erfahren, dass sie einen »Liberalen« zum Vater hat, auch wenn sie noch immer nicht weiß, was das genau ist.

Kurz hinter der Werkstatt des Steinmetzmeisters, der hier Tag für Tag aus riesigen Marmorblöcken Grabplatten schneidet und mit Inschriften versieht, kehrte Mona in ihre Welt zurück. Sie war sich sicher, dass auch ihre *Freunde für einen Tag*, die sie gewiss nie wiedersehen wird, dieses Viertel die Totenstadt nennen würden. Mona aber hatte an diesem Tag erfahren, dass der Mann, der in der großen Moschee am Ende der Straße bestattet ist, für ihre Religion ganz wichtig ist. Seither ist sie stolz darauf, in der Nähe von Imam Al-Shafi'i zu wohnen.

Alles ist Kismet?

Diesmal konnte der Mond nicht schuld sein. Am Morgen nach schlaflosen Nächten bekam Mona von ihrer Mutter immer zu hören, dass daran der Mond schuld sei. Der Vollmond nämlich lasse die Menschen nicht schlafen. Nassra blieb ihrer ältesten Tochter jedoch die Erklärung schuldig, weshalb während solcher Nächte alle anderen in der Familie tief und fest schliefen, während sie sich hin und her wälzte oder vor dem Spiegel im Durchgang zum Hof das Gesicht musterte. Ihre Mutter hob dann nur die Schultern und sagte: »Kismet!«

Diesmal aber konnte es nicht der Mond sein. Denn zwei Tage zuvor war mit dem Fest des Kleinen Bairam der Fastenmonat Ramadan beendet worden. Also hatte vor zwei Tagen auch ein neuer Monat begonnen. Der Monat, der dem Ramadan folgt, heißt Schauwal. Es ist der zehnte Monat des islamischen Mondkalenders. Allerdings weiß Mona das nicht, und mit dieser Unwissenheit gehört sie zur Mehrheit unter ihren Landsleuten. Denn der Mondkalender spielt ausschließlich für die Festlegung der islamischen Feiertage und des Fastenmonats eine Rolle, während sich das Alltags- und Wirtschaftsleben auch in Ägypten am Gregorianischen Kalender orientiert. Und selbst die Geburtstage werden – dort, wo sie gefeiert werden – nach jenem Sonnenkalender gefeiert.

Damit ist garantiert, dass man den Geburtstag immer in derselben Jahreszeit begeht. Im islamischen Mondkalender hingegen würde dieser Termin wandern. Das kommt dadurch zustande, weil das Mondjahr elf Tage kürzer ist als das Sonnenjahr. Im Laufe eines Menschenlebens hätte die betreffende Person so mehrfach in jeder Jahreszeit Geburtstag. So kann zwischen einem Geburtstag laut Sonnenkalender und einem gemäß dem Mondkalender in manchem Jahr eine Differenz von bis zu sechs Monaten liegen. Gelegentlich erzählen nicht mehr ganz junge Menschen davon, dass der Fastenmonat Ramadan (der hingegen allen bekannt ist) in den Siebzigerjahren einmal während eines sehr heißen Sommers stattgefunden habe. Da im Ramadan zwischen dem Aufgang der Sonne und deren abendlichem Untergang nicht nur keine Speisen eingenommen werden dürfen, sondern auch keine Getränke, sei dies für alle eine Tortur gewesen. Monas Generation hingegen hat solche Sommer-Ramadans noch vor sich – erstmalig im August 2009.

Jedenfalls weiß Mona, dass ein neuer Monat immer dann beginnt, wenn nach dem Neumond die Mondsichel wieder sichtbar wird. Und da dies erst vor zwei Tagen der Fall war, konnte in dieser Nacht unmöglich Vollmond sein. Ihre Schlaflosigkeit musste andere Gründe haben, und eigentlich kannte sie diese Gründe auch. Es waren diese Gedanken, die wirr und wild durch ihren Kopf schossen, welche sie nicht zur Ruhe kommen ließen. Hatte sie etwa schon auf der ersten Arbeitsstelle ihres Lebens versagt? Warum hatte man sie abermals mit dem falschen Mann verlobt? Welche Prüfungen hielt Allah noch für sie parat oder welche positiven Wendungen? Würde sie womöglich schon bald in der ägyptischen Staatsbank arbeiten? Und steckte hinter all dem wirklich Kismet?

Die tiefe Schicksalsgläubigkeit, welche sich in dem Begriff »Kismet« (wörtlich: »Teilung«) ausdrückt, wird von islamischen Theoretikern sehr unterschiedlich kommentiert. Der sicher überwiegende Teil der sunnitischen Geistlichkeit geht zwar einerseits davon aus, dass nichts im Universum ohne Gottes Wille geschehe, andererseits aber ein überlieferter Satz des Propheten durchaus die Eigenverantwortlichkeit der Menschen für ihr Tun einfordert: »Strebe nach dem, was dir nutzt, und bitte Gott um Hilfe. Sei nicht untätig!« Denn ohne eine solche Verantwortung zu übernehmen, mache schließlich Al-Kiyama, das Letzte Gericht, wenig Sinn. Diese keineswegs widerspruchsfreien Theorien aber kennt kaum einer in den Grabhöfen von Kairo und auch nicht in den dörflichen Gemeinschaften Oberägyptens, woher die meisten der heutigen Grabhofbewohner ja einst kamen. Dort drückt sich jene seit Generationen weitergegebene fatalistische Grundhaltung vielmehr in dem Sprichwort aus: »Was auf der Stirn geschrieben steht, muss das Auge erkennen.« Demzufolge steckt hinter allem Kismet!

Trotz bleierner Müdigkeit lag Mona hellwach neben ihrem Bruder Mahmoud auf einer Matratze auf dem Fußboden. Normalerweise schläft sie mit Hoda und Sabrin in dem großen Bett. Diesen Platz aber hatte sie am Abend ihrem Bruder Emad überlassen, weil er länger als üblich gearbeitet hatte und sehr müde war. Zuvor hatte Mona ihm noch, wie an jedem Abend, das Essen warm gemacht. Emad aß zügig und war kaum noch in der Lage, sich mit seiner Lieblingsschwester zu unterhalten. Nun hörte Mona seinen schweren Atem hinter sich. Im Zimmer nebenan schlief der kleine Karim bei seinen Eltern im Ehebett und Aya davor auf der Liege im Durchgang zum Hof. Manchmal, wenn Mona dort nachts im Spiegel ihr Gesicht mustert, entdeckt sie, dass sie von der Kleinen beobachtet wird. Aber immer wenn sie sich zu ihr umdreht, schließt Aya schnell die Augen.

In jener Nacht war Mona mal wieder die Einzige, die wach lag – obwohl definitiv kein Vollmond war. Und solange sie über Kismet nachdachte, würde sie wohl auch nicht wieder einschlafen.

Meine Teta hat immer gesagt, unser Schicksal läge in den Händen Allahs. Aber warum hat er dann nicht nur Gutes für uns parat? Warum gibt es so furchtbare Schicksalsschläge wie bei Sabah, der Kioskbesitzerin von nebenan? Warum hat Allah zugelassen, dass Fares, ihr Mann, in schlechte Gesellschaft geriet und ins Gefängnis musste? Er war doch immer ein hilfsbereiter Mann gewesen. Damals beim Erdbeben hatte er mich von der Schule abgeholt. Dann hatte er Fahrern von Sammeltaxis erlaubt, ihre Wagen auf seinem Hof zu waschen, aber sie haben ihn verführt, Haschischzigaretten zu rauchen. Vielleicht haben diese Fahrer auch mit Haschisch gehandelt und bei Fares ein Lager angelegt, wie manche Leute damals sagten. Jedenfalls wurde eines Tages eine Razzia durchgeführt und man hat Fares festgenommen. War das Kismet? Und wie konnte Allah nur zusehen, wie der kleine Sohn von Fares und Sabah auf den Kiosk stieg und an die Stromleitung griff? Am Ende war der Junge tot und der Kiosk abgebrannt, während Fares im Gefängnis saß. War das alles Kismet? War dem kleinen Islam sein frühes Sterben auf die Stirn geschrieben und niemand hatte es gesehen? Und waren die Polizisten, die nicht richtig nachfragten und das Protokoll so ausfüllten, dass man Sabah einen neuen Kiosk hinstellte, ohne dass sie etwas bezahlen musste, wirklich von Allah geschickt worden? Sabah hat seither ihre Fröhlichkeit verloren, und die Kinder, die früher gern zu ihr kamen, haben nun Angst vor der Frau, die nicht mehr lacht. Alles Kismet?

Wenige Wochen bevor das Unglück mit dem Kiosk passierte, war Om Islam, die Mutter des Islam, wie Sabah meist genannt wurde, zu Mona gekommen und hatte ihr von Essam erzählt. Er suche eine Mitarbeiterin in seinem Laden für Marmorwerkzeuge, oben neben dem Steinmetz an der Ecke zur Sharei-el-Tonsy. Essam habe Mona schon mehrfach vor dem Haus sitzen sehen und daraufhin gebeten, das Mädchen in seinem Namen anzusprechen. Zu diesem Zeitpunkt hatte Mona die Handelsschule bereits einen knappen Monat abgeschlossen. Sie wünschte sich nichts sehnlicher als eine gute Arbeit. Wo aber sollte ein Job herkommen, wenn man entweder einen großen Teil der Hausarbeit leisten muss oder gelangweilt vor der Tür sitzt? Da war es schon von Vorteil, wenn man an Kismet glaubt, und schließlich hat es ja auch geklappt. Am nächsten Morgen war Mona gegenüber vom Postamt die lange Straße in Richtung des Mokattam-Berges gegangen. Auf der linken Seite konnte sie noch immer an der Hauswand jene Annonce lesen, die in großen arabischen Schriftzeichen für das Tabarak-Kinderkrankenhaus warb. Mona würde die Werkstatt an dem kleinen Moped des Meisters erkennen, hatte Om Islam gesagt. Als sie dann aber beim Steinmetz in die Sharei-el-Tonsy abgebogen war, hatte sie vor jeder zweiten Werkstatt ein solches Gefährt entdeckt. Sie hatte sich entschlossen, kurz in jede hineinzublicken, vor der ein Moped stand, in der Hoffnung, von dem ihr fremden Essam erkannt zu werden. Schon in der zweiten Werkstatt war ihr ein freundlicher Mittdreißiger entgegengekommen und hat sie angesprochen.

»Deinen Namen konnte ich mir gut merken. Meine Frau heißt nämlich auch Mona«, sagte er und lachte, als ob er einen Witz gemacht habe.

Später wird Mona ihren Chef noch oft lachen sehen,

wegen Banalitäten. Eine kritische Situation konnte sie in den zehn Monaten, die sie hier arbeiten wird, immer daran erkennen, dass Essam *nicht* lachte. Wenn sie zum Beispiel statt um sieben Uhr morgens erst kurz vor acht erschien. Da musste sie schon einen triftigen Grund für ihre Verspätung vorbringen können. Den triftigsten Grund aber, wie er sich bei Frauen allmonatlich für einige Tage einstellte, wollte sie dem Chef gegenüber nicht vorbringen. Also gab es für Essam auch an diesen Tagen im Monat keinen Grund zum Lachen. Bis sich Mona mal vertrauensvoll an die Frau des Chefs wandte, die dann ihren Ehemann um Verständnis bat. Fortan durfte Mona an solchen Tagen gelegentlich sogar hin und wieder ganz zu Hause bleiben. Sie wurde dann von ihrer Namensbase im Laden vertreten.

Die Arbeit stellte kaum eine mentale, wohl aber eine körperliche Anstrengung dar. Das kleine Geschäft lebte vom Verkauf und der Vermietung von Steinmetzwerkzeugen. Das waren etwa riesige Sägeplatten für Marmorblöcke oder schwere Schleifmaschinen. Natürlich machte es wenig Mühe, die Stückzahl und den Preis auf einem Taschenrechner zu ermitteln, den Betrag zu kassieren und in ein Buch einzutragen. Dieser Teil der Tätigkeit war durchaus mit der Qualifikation einer Absolventin der Handelsschule kompatibel. Nur war Essam oft ganze Tage mit seinem Moped unterwegs, um neue Kunden zu akquirieren. Dann musste Mona nicht nur Geld kassieren und Beträge in Bücher schreiben, sondern Kartons mit bis zu fünfzehn schweren Sägeblättern aus dem oberen Regal nach unten wuchten. Und weil die Handwerker gern junge Mädchen beim Steigen auf Leitern beobachten, selbst wenn diese Hosen statt Röcke tragen, bekam sie dabei nur selten Hilfe. Allmählich begriff Mona, dass Essam gerade deswegen ein junges Mädchen für jene Arbeit eingestellt hatte, die ein junger Mann viel besser würde bewältigen können. Solche jungen Männer aber standen fast jeden Tag in diesem Laden herum und wollten von Mona wissen, wie sie heiße und wo sie wohne. Sie hatte sich schließlich eine pfiffige Standardantwort zurechtgelegt:

»Die Welt ist groß, und ich bin eine ihrer Bewohnerinnen. Und mein Name – der geht dich nichts an!«

Nur jener junge Mann, dem sie ihren Namen gern gesagt hätte, hat sie nicht danach gefragt. Regelmäßig war er mit zwei Gehilfen vorbeigekommen, die ihn Mohammed nannten. Und wenn etwas aus dem Regal zu holen war, hat er einen von ihnen angewiesen, auf die Leiter zu steigen. Mohammed war offenbar so eine Art Vorarbeiter. Auf jeden Fall war er ein Mann, der Autorität besaß, was Mona gefiel. Noch mehr gefiel ihr, dass er scheu zu Boden blickte, wenn sie ihn anlächelte. Leider schien er zu schüchtern zu sein, um sie nach ihrem Namen zu fragen.

Bald begann Mona, die anfänglich gern zu dieser Arbeit gegangen war, diese immer weniger zu mögen. Eine Verletzung der Hand, nachdem sie sich mit großer Wucht einen Karton auf die Finger gestellt hatte, ließ erste Zweifel aufkommen, ob es das Schicksal wirklich gut mit ihr gemeint hatte, als sie von Essam als Arbeitskraft entdeckt worden war. Ein anderes Mal war ihr Salz in die Augen gekommen, welches ansonsten zum Polieren des Marmors verwendet wird. Mehr und mehr verstärkte sich das Gefühl, dass hier nichts Neues mehr zu lernen war, und die entsetzlichen Rückenschmerzen, mit denen sie sich am Abend nach Hause quälte, ließen schließlich den Entschluss reifen, Kismet die Stirn zu bieten und zu kündigen.

Schon am nächsten Tag zeigte es sich, dass mein Schicksal mich zu diesem Schritt geführt hat. Kismet hatte eine ganz andere Aufgabe für mich. Ich war zu Hause geblieben, und dort traf ich Said, der zufällig bei uns vorbeikam. Er ist eigentlich ein Freund der Brüder meiner Mutter, aber er mochte auch meinen Vater gern und besuchte ihn manchmal, wenn er in der Gegend war. Das passierte nicht oft, denn Said wohnt mit seiner Frau und drei Kindern in einem Ort, der Shibin heißt. Ich glaube, dass dieser Ort weit von uns entfernt ist, doch genau weiß ich es nicht. Aber Said ist von Beruf Tischler, und manchmal hat er in der Nähe zu tun und kommt dann immer auf einen Tee bei uns vorbei. Als er an diesem Tag bei uns hereinschaute, erzählte ich ihm, weshalb ich nicht mehr in Essams Laden arbeiten würde. Said und mein Vater gaben mir recht, eine solch schwere Arbeit sei einem schmächtigen Mädchen nicht zuzumuten. Das sagten sie, obwohl mir Essam jede Woche den Lohn von fünfzig Pfund ausbezahlte. Das war mehr, als mein Vater von seinem Grabmeister erhielt. Allerdings bekam er zusätzlich Bakshish von den Trauergesellschaften, und auch Tarek, der andere Grabmeister, beschäftigte ihn an den Tagen, wenn Hanafi ihn nicht brauchte.

Said hatte die Idee, er könnte einen seiner Freunde fragen, der in Kairo bei der Staatsbank arbeitet, ob es nicht dort eine Arbeit für mich gäbe. Ich war sofort ganz aufgeregt. Ich wusste zwar überhaupt nicht, welche Arbeit ich dort machen konnte, aber weil ich die Handelsschule besucht hatte, rechnete ich mir natürlich Chancen aus. Immerhin war ich die Einzige in der Familie, die wusste, was eine Bank ist, und ich erklärte es meinem Vater und meiner Mutter. Jetzt war klar, weshalb das Schicksal kurz zuvor auch die zweite Verlobung in die Brüche gehen ließ. Denn mein Verlobter hätte mir niemals gestattet, Tag für Tag in das große Kairo zur Arbeit zu fahren. Irgendetwas hatte Kismet also mit der kleinen Mona noch vor, ich wusste nur noch nicht was. Deshalb wartete ich, was der Freund von Said sagen würde, und ich war auch nicht mehr traurig, dass wir die Verlobung mit Hossam gelöst hatten.

Die Verlobung war von demselben Mann gelöst worden, der sie zuvor auch arrangiert hatte. Eines Tages war Tayaa in den Grabhof gekommen, der Bruder von Monas Vater, mit einem jungen Mann, der Hossam hieß. Ein kurzer Blick auf Mona genügte ihm, um mit deren Onkel und Vater in konkrete Verhandlungen zu treten. Mona wird am Abend dieses Tages in ihrem Heft vermerken, er habe *helle Haut und einen romantischen Körperbau*, worunter sie verstand, dass er keinen dunklen Teint hatte und sehr schlank war. Über ihre Gefühle aber schrieb sie nichts. Weder an diesem Tag noch später.

Die Männer besprachen, wer was in die Ehe einbringen würde. Hamdi konnte die Mitgift seiner Tochter genau benennen: die Bettwäsche und die Matratzen, die Gardinen, das Geschirr und das Besteck sowie die Schlafzimmermöbel. Von jedem Wochenlohn Monas hatte Nassra einen Teil abgezweigt, wovon sie bei den Händlern auf dem Wochenmarkt in Tonsy bereits nach und nach einen Teil dieser Requisiten des künftigen Hausstandes erworben hatte. Manches davon war gebraucht, wie das Besteck zum Beispiel, anderes war neu angeschafft worden, etwa der hellgrüne Gardinenstoff mit dem beigefarbenen Muster. Vieles aber würde man bis zum Hochzeitstermin noch besorgen. Der angehende Bräutigam verbürgte sich für die Wohnzimmereinrichtung und sämtliche elektrischen Geräte. Vor allem aber werde er eine Wohnung besorgen. Üblicherweise ist hierfür den Vermietern zunächst ein größerer Vorschuss zu bezahlen, der dann über Jahre abgewohnt werden kann, ehe monatliche Mietzahlungen fällig würden.

Es gab eine Zeit, da versuchte der ägyptische Staat dem unkontrollierten Zuzug in die Totenstädte mit einer sozialpolitischen Maßnahme Einhalt zu gebieten. Der Wüste wurden Wohnsiedlungen abgetrotzt – und man begann die Grabbewohner zu evakuieren. Ihnen wurden für wenig Geld die Wohnungen als Eigentum überschrieben. Doch bald begannen viele der Evakuierten einerseits das Geld zu riechen und die – aus ihrer Sicht – freiere Wohnform auf den Grabhöfen zu schätzen. Also verkauften sie die Wohnungen, tilgten aus dem Erlös die Restschuld und zogen zurück in die Grabhöfe. Hossam aber wohnte mit seinem Vater und zwei Schwestern noch in einer solchen Siedlungswohnung. Mit Gründung der eigenen Familie, so erklärte er, würde er nun selbst eine anmieten oder sogar kaufen. Da er einen festen Arbeitsplatz als Kraftfahrer hatte, war eine solche Zusage glaubhaft, und so schien der junge Mann eine gute Partie für Mona zu sein. Denn niemand in ihrer Familie dachte daran, dass sie mit einem künftigen Gatten etwa auch auf einem der Grabhöfe leben und dort ihre Kinder zur Welt bringen sollte. Eine Stunde nachdem sich Mona und Hossam zum ersten Mal wortlos in die Augen gesehen hatten, rezitierten die Männer gemeinsam die »Al-Fatiha«.

Die Verlobung mit Hossam wurde richtig groß gefeiert. Nicht mit so einer kleinen Feier im engsten Familienkreis wie damals mit Wael. Hossam arbeitete als Chauffeur und auch alle seine Freunde. Einige durften für diesen Tag die Autos privat benutzen, und so freute ich mich schon vorher, dass es einen Autokorso geben würde. Ich war mit meiner Mutter zu einem Laden in der Nähe der Polizeistation von Darb el-Ahmar gegangen, der Abendkleider vermietet. Dort habe ich mir ein rosafarbenes Kleid mit einem Schal ausgesucht. Und zum ersten Mal in meinem Leben war ich zu einem Friseur gegangen. In einem Hinterzimmer des Salons habe ich das Kleid angezogen. Dann wurden mir die Haare gemacht, und ich wurde auch geschminkt. Der Friseur sagte mir dauernd, dass früher das Verlobungsfest der erste Tag im Leben einer Frau gewesen sei, an dem sie sich schminkte. Heute würden sich schon Schulmädchen schminken. Ich habe ihm nicht gesagt, dass ich auch eine von denen war. Ich hatte aber auch noch nie gehört, dass ich mich erst am Tag meiner Verlobung schminken dürfte. Meine Mutter sagt immer, dass sie sich nur schminkt, wenn sie zum Fotografen geht. Aber dort war sie erst zweimal in ihrem Leben. Deshalb sieht sie auf diesen Fotos anders aus als in Wirklichkeit.

Als Hossam in den Friseurladen kam, um mich abzuholen, habe ich ihn kaum erkannt. Er sah fast aus wie Amr Diab, wenn dessen Haare schwarz gefärbt sind (der ägyptische Popstar wechselt mit jedem neuen Album Image und Haarfarbe). *Er trug einen eleganten schwarzen Anzug und hatte die Haare in eine schöne Form geföhnt. Ich stand in diesem Friseurladen drei Stufen weiter oben, und als mich Hossam sah, sperrte er vor Erstaunen den Mund auf. Dann sagte er: »Oh mein Mond, du siehst wunderbar aus! Was habe ich doch für eine schöne Braut.« Ich musste mir richtig Mühe geben, um nicht zu weinen und das ganze Make-up zu zerstören. Er führte mich die kleine Treppe hinunter, und vor dem Salon öffnete er mir die Tür zu einem silbernen Wagen, in dem er sonst seinen Chef chauffierte. Diesmal war sein Kollege am Steuer, und wir fuhren mit den anderen Autos in einer Kolonne durch unser Viertel. Sie hupten ganz laut, und überall stürmten die Leute aus den Grabhöfen und wunderten sich. Ich fühlte mich, als ob es schon mein Hochzeitstag wäre. Wie würde wohl der erst gefeiert werden?*

Auf unserem Hof waren an der hinteren Wand zwei Stühle aufgestellt und Hossam führte mich dorthin. Erst überlegte ich, ob es nicht unpassend war, dass die beiden Stühle ausgerechnet unter der Grabinschrift des verstorbenen Sohnes der Grabbesitzerin standen. Dann aber dachte ich, dass es eigentlich ganz schön war. So würde der junge Mann, der ja auch zu unserem Hof gehört, als Gast auf meiner Verlobungsfeier dabei sein.

Während mir Hossam den Ring an den Finger steckte, wurde auf einem Kassettenrekorder »Ya deblet el khotouba« (»Oh, Verlobungsring«) *gespielt, und er hat mir die Hand geküsst. Ich wollte sie noch zurückziehen, aber Hossam war schneller. Ich spürte richtig, wie mir das Blut in den Kopf schoss. Natürlich durfte er das tun, er war ja mein Bräutigam, aber mir war es trotzdem sehr unangenehm. So war das Überstreifen des Verlobungsrings gar nichts Besonderes mehr, weil gleich danach dieser peinliche Handkuss passiert war. Nun kamen alle meine Geschwister sowie Freunde und Nachbarn und gratulierten. Und auch Hossams Vater und seine zwei Schwestern waren da, und ich merkte, dass Hossam traurig war, weil seine Mutter nicht mehr lebte.*

Dann musste ich vor aller Augen das Geschenk meines Bräutigams auspacken – ein paar sehr schöne Pantoffeln aus verziertem Leder. Ich dachte mir, dass das ein symbolisches Geschenk war, weil es die Häuslichkeit mit dem Modegeschmack einer Frau verband. Es wurde dann ein Kuchen in kleine Stücke geschnitten und mit Gläsern voller Cola an die Gäste verteilt. Weil es ja noch nicht die Hochzeit war, wurde kein Sharbat (typisches sirupartiges Hochzeitsgetränk) *gereicht. Als dann Hossams Freund, der den Kassettenrekorder mitgebracht hatte, Tanzmusik spielte, haben alle getanzt. Endlich durfte ich mit einem Mann Auge in Auge tanzen, weil ich zu ihm gehörte. Auch meine Mutter hat getanzt, mit meinem Vater, der sich zuerst dagegen wehrte. Eigentlich wollte Hossam mit mir noch zum Fotografen gehen, aber dazu war es irgendwann zu spät. Nachdem die Party gegen Mitternacht zu Ende ging und Hossam und seine Freunde nach Hause gefahren waren, haben sich alle meine Geschwister auf der Matratze am Boden zusammengekuschelt. Denn ich sollte in dieser Nacht das Bett ganz für mich allein haben. So lag ich überglücklich und allein in unserem großen Bett. Niemals hätte ich mir in diesem Augenblick vorstellen können, dass dieser Traum schon zwei Tage später vorbei sein würde.*

Man werde sich zum Hochzeitstag auf jeden Fall wiedertreffen, hatten Nassra und Mona am Morgen nach diesem Wochenende dem Kleiderverleiher versprochen. Dann waren die beiden Frauen gut gelaunt mit dem Bus nach Hause gefahren. Am Abend würde Hossam vorbeikommen, und Mona sollte für ihn einen Fisch braten, damit ihr künftiger Ehemann sehen würde, dass seine Verlobte kochen kann. Als die beiden fröhlichen Frauen dann zu Hause durch die Tür traten, fiel deren Blick auf Hamdi und Tayaa, die sich mit betretenen Mienen gegenübersaßen. Er habe am Morgen überraschend Besuch von Hossam gehabt, erzählte der Onkel. Kleinlaut habe Monas Verlobter ihm mitgeteilt, dass er derzeit finanziell nicht in der Lage sei, den hohen Mietvorschuss für eine eigene Wohnung aufzubringen, und deshalb vorgeschlagen, man solle nach der Hochzeit zunächst in ein Zimmer in der väterlichen Wohnung ziehen. Seine Schwestern würden ja sicher in absehbarer Zeit heiraten und der Vater auch nicht ewig leben … In diesem Augenblick war für Mona ein Traum zerplatzt. Sie kannte ihren Onkel Tayaa und wusste, dass er sich niemals auf einen solchen Bruch der Vereinbarung einlassen würde. Und genau das war es, was er nun auch berichtete. Ohne zu zögern habe er Hossam gegenüber erklärt, dass damit die Verlobung mit seiner Nichte unwiderruflich als aufgelöst zu betrachten sei. Jemandem, der bereits zwei Tage nach der Verlobung einen ganz wesentlichen Vertragsgegenstand breche, sei auch künftig nicht zu trauen. Im Übrigen dürfe sich eine eheliche Gemeinschaft nicht auf der Hoffnung gründen, dass der Vater bald sterbe.

Niemand widersprach Tayaa, und keiner interessierte sich für Monas Gefühle. Jeder war mit seinen eigenen Gedanken beschäftigt. Über der stummen Szenerie lag unausgesprochen das Wort »Kismet«. Nach einer Weile brach Monas Onkel das Schweigen, indem er ihr klare Anweisungen erteilte, wie sie sich künftig gegenüber dem Exverlobten zu verhalten habe. Auf gar keinen Fall dürfe sie mit ihm sprechen. Da auf dem Grabhof vor einiger Zeit durch die Grabbesitzer ein Telefon installiert worden war, wies Monas Onkel auch darauf hin, dass sie umgehend den Hörer aufzulegen habe, falls Hossam anrufen sollte. Selbst auf der Straße habe sie kommentarlos weiterzugehen, wenn dieser auch nur den Versuch wagen würde, mit ihr ins Gespräch zu kommen. Wortlos zog Mona den Ring vom Finger und holte die verzierten Lederpantoffeln, die noch immer in der Plastikverpackung steckten. Sie wäre mit Hossam auch in einen Grabhof gezogen oder in das angebotene Zimmer in der Wohnung seines Vaters, aber der Onkel hatte anders entschieden.

In jener schlaflosen Nacht sah sie dann alles anders, aus ihrer Trauer war Wut geworden. Was hatte sich Hossam nur dabei gedacht, ihre Familie hinters Licht führen zu wollen? Er muss doch vorher schon gewusst haben, dass seine finanziellen Mittel nicht für eine Wohnung reichten. Und wie stellte er sich das Zusammenleben seiner Frau mit dem Vater vor? Selbst wenn sie ein eigenes Zimmer in dieser Wohnung haben würden, so konnte sie sich doch unmöglich so kleiden und benehmen wie sie es täte, wenn sie nicht mit dem Schwiegervater unter einem Dach leben würde. Wie sollte es erst werden, wenn sie ein Kind erwarten würde und Hossams Schwestern nicht so schnell einen passenden Bräutigam fänden? Wohin sollten sie zwischenzeitlich mit den Möbeln? Hatte Hossam womöglich noch gar keine angeschafft? Es waren solche Gedanken, die sie nicht schlafen ließen und die zugleich eine ganz wesentliche Frage aufwarfen, die ihr niemand aus ihrer Familie jemals gestellt hatte. Die Frage nämlich, ob sie Hossam liebte. Und zwar jenen Hossam, der übrig blieb, wenn sie die helle Haut, den romantischen Körperbau, das geföhnte Haar und den eleganten schwarzen Anzug unberücksichtigt ließ. Diesen Hossam kannte sie gar nicht – wie sollte sie ihn da lieben? Nun endlich wusste Mona, dass Kismet es gut mit ihr meinte, und sie sah hoffnungsvoll der vagen Möglichkeit entgegen, in der ägyptischen Staatsbank zu arbeiten. Sie war sicher, dass die Verlobung mit Hossam deshalb scheitern musste. Zufrieden mit den Wendungen des Schicksals war sie in den frühen Morgenstunden endlich eingeschlafen.

Am späteren Vormittag wurde Mona durch die üblichen Streitigkeiten zwischen Aya und Mahmoud geweckt, die entweder die Schule schwänzten, oder es waren Ferien … Sie brauchte einen Moment, um sich im Diesseits zurechtzufinden. Jenseits, im Traumland, waren ihr wilde Geschichten passiert. In einem eleganten Kostüm betrat sie ein Gebäude, über dessen Portal in großen Lettern »Staatsbank« stand. Kaum war sie in die Halle getreten, die genauso aussah wie jene, in die sie einst durch den geteilten Spiegel geblickt hatte, kamen Angestellte auf sie zugestürmt, nahmen ihr die Tasche ab und reichten ihr Tee. Unter all den Leuten entdeckte sie Hossam, der sich ihr mit traurigen Augen näherte. Unwillkürlich blieb sie stehen und wies mit entschiedener Geste zur Tür. Sofort wurde Hossam von zwei kräftigen Männern hinausbefördert. Als sie gerade weitergehen wollte, erhob sich irgendwo ein Streit. Sie sah sich um, und auch alle Angestellten blickten irritiert umher, aber nirgendwo waren die Streithähne zu sehen. Ihre Stimmen waren immer nähergekommen – dann war Mona aufgewacht und entdeckte Mahmoud und Aya schräg hinter sich auf dem Bettrand sitzen.

Unter der auch als Dusche benutzbaren Stehtoilette, in dem Verschlag neben dem Waschbecken, beschloss Mona, die Duschsaison für dieses Jahr zu beenden. Der Winter hatte eingesetzt, und auch am Tage stieg das Thermometer hier im sonnenabgewandten Teil des Grabhofes selten höher als auf fünfzehn Grad Celsius. Der an die Kaltwasserversorgung angeschlossene Schlauch entlockte der schlotternden Mona einen ähnlichen Ton wie der Wunderbrunnen von Kafr Abou Tesht seinen Besucherinnen. Ab sofort und für die nächsten drei bis vier Monate würde sie die Körperpflege in gleicher Weise vornehmen, wie der Rest der Familie schon seit Tagen – man erhitzte in großen Töpfen auf dem Herd Wasser und füllte damit eine Metallwanne.

Sie stand noch immer unter dem Kaltwasserschlauch, als sie draußen die Stimme von Tarek erkannte. Der Torabi ist ein Kollege von Hanafi und verantwortlich für die Gräber und Grabhöfe in der benachbarten Region – in den Straßen weiter hinten, dort, wo die Großeltern lebten. Mona mochte den übergewichtigen, behäbigen Grabmeister nicht besonders. Ganz im Gegensatz zu ihrem Vater, der Tarek ja so manches Extrasalär verdankte. Deshalb fand er sich auch damit ab, wenn ihm der gelegentliche Arbeitgeber manchmal das von Grabbesitzern überreichte Bakshish hinterher ganz oder teilweise vom vereinbarten Tageslohn abzog. Mona aber empfand das als unverschämt. Was sie an Tarek aber noch nie leiden konnte, war die Tatsache, dass er mit seinem angeblich »schlimmen Schicksal« haderte.

»Wenn es nicht eine große Sünde wäre, hätte ich mich längst umgebracht«, hörte Mona den Torabi mal wieder klagen, während sie in ein Handtuch gehüllt mit schnellen Schritten zum elterlichen Schlafzimmer lief. Während Nassra dem korpulenten Mann Tee servierte, musste Mona nebenan dessen längst bekannte Litanei mit anhören. Jeder hier kannte diese Geschichten bereits in allen Einzelheiten, aber keiner vermochte zu verstehen, worin deren Tragik bestehen sollte.

»Ich war der Erste, der hier draußen in Imam Al-Shafi'i aufwuchs und Jura studierte«, begann Tarek.

Er hatte sich in dem alten Sessel neben dem Eingang zurückgelehnt und seine Hände über dem mächtigen Bauch gefaltet. Trotz der kühlen Witterung hatte er mit gewaltigen Schweißströmen zu kämpfen.

Mona band sich vor dem Spiegel im Durchgang zum Hof einen Hijab um, wofür sie in den eigenen vier Wänden normalerweise keine Veranlassung sah. Doch da sie Tarek gegenüber Distanz demonstrieren wollte, versteckte sie Hals und Haare unter einem farbenfrohen Kopftuch, während sie ihn aus dem Augenwinkel beobachtete.

»Ich bin der Sohn eines Grabmeisters, wie ihr wisst«, setzte Tarek schließlich seine Ausführungen fort, während er seinen bulligen Kopf unter einem riesigen Taschentuch vergrub, um sich den Schweiß abzuwischen.

»Mein Vater war kein Tagelöhner wie du Hamdi, sondern ein vom Staat eingesetzter Grabmeister, wie ich es bin. Er war bei allen Grabbesitzern ein angesehener Mann. Aber wir wohnten hier oben, gleich hinter dem Mausoleum des hoch verehrten Imam Al-Shafi'i, und deshalb war man nicht angesehen bei den hohen Herren in der Universität. Die Kommilitonen, meine Mitstudenten aus den besseren Schichten, rümpften die Nase, wenn sie erfuhren, woher ich stammte. Alles was ich geworden bin, bin ich aus eigener Kraft geworden.«

Grabmeister Tarek verzog das fleischige Gesicht zu einer Grimasse. »Aber was bin ich denn geworden? Ein Grabmeister wie mein Vater und dessen Vater ...« Hektisch kramte er abermals das weiße Baumwolltuch aus der Tasche und vergrub wieder seinen ganzen Kopf darunter.

Der Mann tat ihrem Vater leid, das wusste Mona, auch wenn der ihn schlecht bezahlte. Aber wenn ein so großer und mächtiger Mann vor einem seiner Arbeiter weine, dann habe er Mitleid verdient, sagte Hamdi oft. Und das Zucken der breiten Schultern des Torabi wies darauf hin, dass der sentimentale Mann in diesem Moment wieder weinte. Dabei trauerte Tarek einer Vergangenheit nach, die Hamdi weniger heroisch fand, als ein von allen respektierter Grabmeister zu sein. Doch der Torabi schien das anders zu sehen. Gleich würde er wieder erzählen, dass er einst ein angesehener Rechtsanwalt gewesen sei, mit einer Kanzlei am Midan Talaat Harb in der Stadtmitte von Kairo. Bis ihn sein Neffe Moustaffa, der »unwürdige Sohn« seiner Schwester Samira, überredet habe, geschäftlich in ein Bauunternehmen einzusteigen. Damit habe der Abstieg begonnen. Schuld seien die Arbeiter gewesen, die unpünktlich erschienen waren und schlampig gearbeitet hätten. Reklamation hätte sich auf Reklamation gehäuft. Das Unternehmen sei schließlich ruiniert gewesen, was ihn veranlasst habe, ins Ausland zu gehen. In Libyen habe er eine Supermarktkette geleitet und später sogar eine Weile in London gelebt. Dort habe er angeblich einen reichen saudischen Scheich kennengelernt, der ihn auf Lebenszeit als seine »rechte Hand« habe einstellen wollen. Das wäre für ihn die große Chance gewesen, wenn nicht das Heimweh zugeschlagen hätte. Nicht das Heimweh nach Imam Al-Shafi'i, nach jenem »dreckigen Viertel hier am Ende der Welt«, sondern das Heimweh nach seinen alten Eltern. So sei er hierher zurückgekehrt und habe von seinem Vater die Stelle des Grabmeisters übernommen, auf der er nun bis zum Ende seiner Tage ausharren müsse.

So sehr sich Tarek auch gegen Kismet auflehnte – die Familie, aus der er stammte, genießt in der Torabi-Vereinigung ein hohes Ansehen, wird von vielen sogar ehrfurchtsvoll eine »Dynastie« genannt. Immerhin leben und arbeiten sie nachweislich bereits seit zweihundertfünfzig Jahren in Imam Al-Shafi'i. Damals, vor zweieinhalb Jahrhunderten, waren Grabhöfe rund um die Moschee nahezu ausschließlich Mitgliedern der königlichen Familie, den noch immer einflussreichen Mamelucken, Paschas und hohen Regierungsangestellten, als Begräbnisstätten vorbehalten. Mit dem aufkommenden Bürgertum wurden bald auch Industrielle, reich gewordene Händler und bekannte Künstler in der Nähe des »heiligen Ortes« bestattet. Zudem wurden in den letzten Jahren aufgrund einer zunehmenden Hinwendung zum Islam bei Teilen der vermögenderen Kreise die Grabstätten in der Nähe der Moschee immer beliebter und daher schnell zum Gegenstand illegaler Immobiliengeschäfte. Illegal deshalb, weil Gräber vom Staat zugewiesen, von deren Besitzern aber nicht weiterveräußert werden dürfen. Findige Torabi haben hierfür manchen Kniff und für sich selbst lukrative Nebeneinkünfte entwickelt. Das ist auch notwendig, denn obgleich sie vom Staat angestellte Grabmeister sind, werden sie für ihre Tätigkeit nicht bezahlt. Allerdings haben sie in dem ihnen zugewiesenen Gebiet das Bestattermonopol. Für die Pflege der Grabanlagen, wofür sie Grabhofbewohner als Tagelöhner beschäftigen, bekommen sie von ihren Auftraggebern am Fest des Großen Bairam meist einen höheren Geldbetrag. Und wenn sie einmal im Jahr bei jenen die Kosten für Strom und Wasser kassieren, werden die Summen seitens der Grabbesitzer in aller Regel aufgerundet.

Seit jeher war die Tätigkeit des Torabi ein begehrter Job, weshalb er auch von Generation zu Generation weitervererbt wurde. Er ist krisensicher (»Alle Menschen müssen sterben!«) und mit einer mietfreien Dienstwohnung verbunden – nicht auf einem Grabhof, sondern in einem der Häuser dazwischen oder am Rande der Totenstadt. Tarek aber hadert schon seit Langem mit dem Umstand, dass ihm der Traum einer bürgerlichen Existenz jenseits derselben nicht dauerhaft vergönnt war. Obgleich er ein strenger Muslim ist und die vorgeschriebenen fünf Gebete penibel einhält, mag er nichts von Kismet hören. Es drängt sich der Verdacht auf, als habe er an der Klage über das eigene Schicksal mittlerweile Gefallen gefunden.

Als sich die Tür schließlich hinter Tarek und Hamdi schloss, atmete Mona auf, ja, sie freute sich geradezu. Und das aus zweierlei Gründen: zum einen, weil der ihr nicht sympathische Torabi endlich gegangen war – zum anderen, weil Tarek ihren Vater mitgenommen hatte. Und dies bedeutete, dass der am Abend ein paar Pfundnoten extra nach Hause bringen würde. Das war umso wichtiger, als sie selbst derzeit nichts zum Familieneinkommen beitrug. Dieser Umstand belastete sie sehr. Doch was konnte sie anderes tun, als abzuwarten und ihr Schicksal in die Hände Allahs zu legen? Als in diesem Moment das Telefon klingelte, war sich Mona sicher, dass dies ein Signal von Kismet war. Deshalb reagierte sie auch überhaupt nicht überrascht, als sie die Stimme von Said erkannte: »Gute Nachricht, Mona! Mein Freund will sich für dich in der Bank verwenden. Du müsstest nur dein Abgangszeugnis von der Handelsschule kopieren. Das braucht er nämlich, und ein Passbild braucht er auch. Ich komme morgen vorbei, um alles abzuholen.«

Die Aufregung kam erst, als ich wieder aufgelegt hatte. Wo war nur mein Zeugnis? Und wo die Passbilder? Auf denen sah ich zwar jünger aus, weil sie aufgenommen worden waren, als ich an der Mittelschule war. Damals hat einer unserer Lehrer dafür gesorgt, dass auch wir Grabhofkinder alle einen richtigen Personalausweis bekamen. Aber es war sicher nicht so schlimm, denn ich sah ja nicht so viel älter aus als damals. Als ich beides endlich gefunden hatte, fuhr ich mit dem Bus Nr. 150 zu meiner alten Handelsschule. Dort nämlich, in der Nähe des Krankenhauses, gab es auf der anderen Straßenseite einen Kopierladen. Ich war zuvor mal mit Safaa und Rania dort gewesen. Während der Busfahrt tauchten dann die ganzen Fragen auf. Würden meine Zensuren überhaupt ausreichen, um eine Arbeit in der Staatsbank zu bekommen? Sie waren schließlich nicht die besten. Und welche Arbeit würde ich dort machen können? Zahra, die dicke Streberin an der Handelsschule, hatte gesagt, dass ein Aufstieg immer ganz unten beginnen würde. Egal, ob sie in einem Unternehmen oder einer Bank eine Anstellung finden würde, sie wäre bereit, Tee in die Büros zu tragen und die Papierkörbe zu leeren, am Ende aber wolle sie dort die Chefin sein. Aber sie hatte es nur gesagt, weil die Lehrer genau das hören wollten. Denn sie erklärten uns immer, dass man auf einer Leiter von der untersten Sprosse an nach oben steigt. Ich hatte jedenfalls keine Ahnung, was in der Staatsbank auf mich warten würde. Immerhin aber hatte der Freund von Said gesagt, er würde sich für mich »verwenden«. Auch wenn ich damals nicht genau wusste, was das bedeutete, so war ich sicher, dass es etwas Gutes war. Alles andere überließ ich – Kismet!

Hochzeitsfest in Imam Al-Shafi'i

Als sie Samah zum ersten Mal sah, war ihr ein seltsamer Gedanke durch den Kopf geschossen. Jedenfalls empfand Mona jenen Gedanken in diesem Augenblick als seltsam. Vor allem, weil das Ereignis, welches ihn ausgelöst hatte, so überraschend gekommen war. Ihre Mutter hatte die Schwangerschaft unter weiten Gewändern verborgen, und eines Tages war dieses schreiende kleine Balg da. Der Familie war mitgeteilt worden, dass es ein Mädchen sei und Samah heißen würde. Mona überlegte, dass auch sie schon solch eine Tochter haben könnte, wenn sie nach einer kurzen Verlobungsfrist seinerzeit Wael geheiratet hätte. Dann würde heute eine Großmutter ein Kind bekommen haben. Aus diesem »seltsamen Gedanken« zog Mona den Schluss, dass ihre Mutter nun endgültig zu alt sei, um etwa noch weitere Kinder zu bekommen. Doch sie wusste, niemand würde es Nassra sagen. Natürlich nicht! Es blieb nur zu hoffen, dass sie es selbst bemerkte und nicht nur Kismet für den Kindersegen verantwortlich machte. Vielleicht würde sie ja die Überlegungen ihrer Tochter teilen, wenn Mona sie tatsächlich zur Großmutter machen würde. Nur stand derzeit nicht einmal ein Bräutigam zur Verfügung. Mona wollte in diesem Moment auch gar keinen, und daran waren ihre Aufgeregtheit schuld und eine schier grenzenlose Neugier auf das, was das Schicksal ab nächsten Monat für sie bereithalten würde.

In der Woche zuvor war der Anruf gekommen, mit dem niemand mehr gerechnet hatte. Nachdem Said vor einer kleinen Ewigkeit das kopierte Zeugnis abgeholt hatte, war Mona tagelang angespannt, rannte jedes Mal ans Telefon, wenn es läutete. Das geschah selten, und wenn dies passierte, war nicht Said am anderen Ende. Nach einer Weile hatte sie ihn dann am Abend selbst angerufen, dabei aber nur erfahren, dass er das Zeugnis an seinen Freund weitergegeben habe. Man müsse eben abwarten. Und Mona wartete. Mit jedem Tag, der ergebnislos zu Ende ging, wurden die Zweifel stärker, wenn sie sich nächtens vor dem Spiegel in ihren Augen auf die Suche begab. Anfangs dachte sie noch, Saids Freund müsse womöglich einen günstigen Augenblick abpassen, um sie einem der verantwortlichen Vorgesetzten als Mitarbeiterin zu empfehlen. Dies nämlich bedeutete, sich für jemanden zu »verwenden«. Das hat sie von Herrn Gamal erfahren, ihrem einstigen Lehrer, den sie vor einiger Zeit auf dem Freitagsmarkt in Tonsy getroffen hatte. Danach waren ihr Zweifel gekommen, ob Saids Freund angesichts ihrer schlechten Zensuren überhaupt bereit war, das kopierte Abgangszeugnis weiterzugeben. Wahrscheinlich war es ihm unangenehm, sich für ein fremdes Mädchen mit derart schlecht bewerteten schulischen Leistungen zu »verwenden«. Ein anderes Mal war ihr ein Gedanke gekommen, der Mona schon im nächsten Moment ungeheuerlich peinlich war. Der Gedanke nämlich, sie könne jenen fremden Mann in eine für ihn unmögliche Situation gebracht haben. Womöglich hatte er das Dokument ohne einen Blick darauf zu werfen an einen Vorgesetzten weitergereicht und es von diesem mit einem höhnischen Lachen zurückerhalten. Bald war aus den Zweifeln die Gewissheit geworden, dass ihr niemals eine Tätigkeit in der Staatsbank angeboten würde. Wie hatte sie das auch nur in Erwägung ziehen können? Selbst wenn sie bessere Zensuren gehabt hätte, so hatte sie sich in jenen von Zweifeln und Depressionen durchlittenen Nächten gesagt, würde man unabhängig davon Erkundigungen über die Bewerberin einholen. Wo wohnt sie? Aus welcher Familie kommt sie? Immerhin handelte es sich bei dem Arbeitgeber um die Staatsbank Ägyptens. Daher musste es ihr wie ein Traum erscheinen, als Said schließlich anrief, um ihr mitzuteilen, dass sie ab dem kommenden Monat an jenem Geldinstitut eine Arbeitsstelle haben würde.

Wenige Minuten später hatte die Al-Sebou-Zeremonie für Samah begonnen, und die überglückliche Mona sang für ihre kleine Schwester fröhlich: »Halaka dahab fi wedanatak« (»Ein goldener Ohrring in deinen Ohren«).

Eine Al-Sebou-Feier ist immer etwas Schönes. Ich mag es sehr, wenn die Dosen oder kleinen Tüten mit Erdnüssen, Popcorn oder Bonbons gefüllt werden. Bei Samah hatte ich es wieder mal übernommen, die kleinen Schildchen mit dem Namen des Kindes zu schreiben und dem Geburtsdatum und einen kleinen Vers dazu. Wer hätte es sonst schreiben sollen? Sabrin? Die macht in drei Wörtern fünf Fehler. Höchstens noch Hoda. Aber schließlich habe ich den Vers geschrieben, der für Samah ausgesucht worden war: »Ich bin jetzt da und fülle das Haus mit Sonnenschein.« Schade ist nur, dass man nach der Geburt eines Kindes immer eine ganze Woche warten muss, bis die Al-Sebou-Feier stattfinden darf. Niemand kann mir sagen, warum man so lange warten muss. Ich habe mir mal überlegt, dass es vielleicht deshalb ist, weil die Mutter in den ersten Tagen noch ganz schwach ist und sich erst erholen muss …

Der siebte Lebenstag des Neugeborenen wurde nicht willkürlich für jene Feier gewählt, welche – auch wenn sie ohne einen religiösen Vertreter stattfindet – von der Bedeutung her mit der christlichen Taufe vergleichbar ist. Denn schon der Begriff »Al-Sebou« leitet sich von dem arabischen »Sabaa« ab, dem Wort für die Zahl Sieben. Wie in vielen Religionen, vor allem aber in den drei Weltreligionen, hat die Zahl Sieben eine mystische Bedeutung. Schließlich berufen sich Juden, Christen und Muslime gleichermaßen auf die alttestamentarische Schöpfungsgeschichte, demzufolge Gott die Welt in sieben Tagen erschaffen hat. Die Zahl Sieben hat aber nicht nur in der biblischen Mythologie eine herausragende Bedeutung. Man kennt die sieben Weltwunder und die sieben Weltmeere. Schon Kinder werden in den Märchen unterschiedlicher Kulturkreise mit dieser geheimnisvollen Zahl konfrontiert. In der Märchensammlung der Gebrüder Grimm begegnen sich Schneewittchen und die sieben Zwerge, die hinter den sieben Bergen wohnen, und in der arabischen Fabel *Tausendundeine Nacht* musste Sindbad der Seefahrer seine Abenteuer auf sieben Reisen bestehen. Darüber hinaus wird die Zahl Sieben häufig als Synonym für die Unendlichkeit interpretiert, und so verweist der »siebte Himmel« die Gemeinschaft der Muslime auf den Ort der letzten Verklärung, welchen der Prophet Mohammed bereits erreicht habe.

Schon vor der am siebten Tag nach der Geburt zu zelebrierenden Al-Sebou-Feier werden sieben Kornarten zum Sprießen in Wasser eingelegt. Die ursprüngliche Bedeutung dieser Tradition ist umstritten, und so gibt es verschiedene Deutungen. Manche definieren diesen Brauch als Symbol des allgemeinen Wohlergehens, andere als das der Fruchtbarkeit oder schlicht für ein langes, wenn nicht gar ewiges Leben.

Die Hebamme, die vor Samah auch schon Mahmoud, Aya und Karim zur Welt gebracht hatte, war mit Weihrauch und Kerzen vorbeigekommen. Sie hat das Kind in ein großes seidenes Sieb gelegt, in dem es hin und her rollen konnte. Dann wurde es in einer Prozession durch das ganze Haus getragen. Dahinter liefen die Frauen und die Kinder. Nicht die Männer, die müssen abseits warten. Denn nur die Frauen und die Kinder tragen während der Prozession die Kerzen. Weil unser Haus nicht groß ist, haben wir auch den ganzen Hof in die Prozession mit einbezogen. Trotzdem waren wir schon dreimal im Kreis gegangen, ehe das Lied vom goldenen Ohrring zu Ende war.

Mir tun die Säuglinge immer leid, wenn sie danach auf den Boden gelegt werden und die Hebamme diesen fürchterlichen Lärm macht, weil sie in den Mörser stößt. Wenn das Baby vorher noch nicht geschrien hat, so fängt es jetzt damit an. Aber schon im nächsten Moment muss ich jedes Mal lachen, wenn dem kleinen Kind die spaßigen Anweisungen ins Ohr geflüstert werden: »Höre auf deine Mutter, höre nicht auf deinen Vater, höre auf deine Oma väterlicherseits und nicht auf deine Oma mütterlicherseits, höre auf deinen Onkel mütterlicherseits und nicht auf deinen Onkel väterlicherseits …« Und ich muss immer weinen, wenn die Kinder plötzlich ganz ruhig werden, weil ihnen der Anfang des Aufrufs zum Gebet »Allah Akbar, Allah Akbar« (»Gott ist groß, Gott ist groß«) *zugeflüstert wird. Denn ich spüre, dass dies ein heiliger Moment ist, weil sich das Kind in diesem Augenblick unserer Religion zuwendet.*

Das Al-Sebou-Lied »Ya rab ya rabena tekbar wa teb'a zayena« (»O Gott, unser Gott – hoffentlich wird sie bald groß und wird so wie wir«) animierte Mona zu der Frage, wer genau mit »wir« eigentlich gemeint war. Ihre Familie, welche diese melodischen Strophen gemeinsam sang, hatte schließlich alles andere als einen homogenen Charakter. Die Antwort glaubte Mona schon im ersten Blick ihrer kleinen Schwester erkannt zu haben, nachdem man ihr Samah nach deren Geburt in den Arm gelegt hatte. Dieses kleine Wesen würde einmal nicht so sein wie Sabrin, sondern eher wie Hoda. Geschwisterliche Liebe, wie sie sie in diesem Moment empfand, das wusste Mona, war keine Selbstverständlichkeit. Zu der lauten, kreischenden Sabrin hatte sie bisher eine solche nicht entwickeln können. Im Gegensatz zu der sentimentalen und eher introvertierten Hoda, für die sie von Anfang an eine ganz besonders emotionale Verbindung empfunden hatte. Oftmals reichte ein Blick zwischen ihnen, um sich der Übereinstimmung zu versichern, während Mona mit Sabrin stundenlang reden konnte, ohne von ihr auch nur ansatzweise verstanden zu werden. Auch Emad gehörte eher zur innerfamiliären Fraktion von Mona und Hoda, aber er verhielt sich natürlich meist wie ein Mann. Oder so, wie man es einen Jungen gelehrt hatte, sich zu verhalten. Da er aber seiner älteren Schwester ohnehin nichts zu sagen hatte, konnte Mona ihrem großen, wenngleich jüngeren Bruder vieles von dem anvertrauen, was ihr durch den Kopf ging. Oft sitzen sie zusammen, wenn er spät von der Arbeit nach Hause kommt und sie ihm das Abendessen warm gemacht hat.

Wenn der Rest der Familie bereits schläft, breitet sie unter dem ägyptischen Sternenhimmel im hinteren Teil des Grabhofes ihre Gefühlswelt vor ihm aus. Es genügt ihr, in Emad einen geduldigen Zuhörer zu haben. In Mahmoud wird sie einen solchen nie haben, weil er dafür viel zu unkonzentriert ist. Die freche Aya wiederum bewundert ihre große Schwester nahezu grenzenlos, doch beruht diese Bewunderung nicht auf Gegenseitigkeit. Mona kann zwar oft über die kleine pfiffige Schwester lachen, aber eine vergleichbar gefühlsbetonte Bindung, wie sie zu Hoda besteht, hat es zu Aya nie gegeben. Der kleine Karim gibt allen ein Rätsel auf, weil er selbst im Alter von drei Jahren noch kein einziges Wort spricht. Damit setzt er auf eine ziemlich konsequente Weise die männliche Familientradition fort. Denn obgleich die Männer auch in dieser Familie letztlich das Sagen haben – die Jungen gegenüber den jüngeren Schwestern und Hamdi gegenüber allen –, sprechen sie generell weitaus weniger als die Frauen und Mädchen. Die neugeborene Samah, das eben glaubte Mona deren Blick entnehmen zu können, würde zu der Fraktion von ihr und Hoda gehören, zu der sie insgeheim eben auch Emad zählte.

Am Tag nach Samahs Al-Sebou-Feier war Shaimaa in den Grabhof gekommen, und Mona hat die frühere Spielkameradin zunächst gar nicht erkannt. Es waren immerhin einige Jahre vergangen, seit sie Shaimaa zuletzt gesehen hatte. Das war in der Zeit, als Monas Großeltern noch jenen Grabhof viele Querstraßen weiter oben bewohnten, auf dem einst ihre Mutter aufgewachsen war. Als Mona noch Grundschülerin gewesen ist, war sie manchmal an den Nachmittagen dort hingegangen und hatte mit Shaimaa, ihrem Bruder Ramy und deren Cousin Shady Verstecken gespielt oder Oula, worunter Steinspiele wie zum Beispiel »Himmel und Hölle« zu verstehen sind. Manchmal auch eine Art Volleyball, nachdem sie quer über die Gasse ein Seil gespannt hatten. Als Shaimaa nun überraschend bei ihr auftauchte, erinnerte sich Mona, dass die Freundin in jenen Kindertagen fast immer das Spiel »Kika ala el Aali« gewonnen hatte. Es war ein Fangspiel, bei dem man sich vor dem Zugriff retten konnte, indem man schnell auf irgendeine erhöhte Position sprang. Shaimaa hatte schon damals den

Vorteil, etwas größer zu sein als die anderen. So konnte sie einerseits schneller laufen, andererseits gelang es ihr mühelos, mit einem Satz zwischen die Stelen der erhöhten Einzelgräber zu springen. Einmal aber war eine der Grabplatten, die wohl vorher schon beschädigt war, eingebrochen. Neben der urplötzlich in einem Grab stehenden Shaimaa ragte ein skelettierter Arm hervor. Laut schreiend liefen die Kinder davon und ließen die weinende Freundin zurück, die sich zudem noch am Schienbein verletzt hatte. An diese und andere Begebenheiten erinnerten sich die beiden jungen Frauen, nachdem Mona zunächst überrascht festgestellt hatte, »wie wunderschön« Shaimaa inzwischen geworden sei. Der dunkelgrüne Hijab mit dem gelben Muster unterstrich deren klassische Gesichtszüge noch. Die junge Ägypterin genoss sichtlich das Kompliment, ohne es der keineswegs weniger attraktiven Mona zurückzugeben. Shaimaa zog es vor zu erzählen, dass Ramy, jener einst so wilde Junge und Spaßmacher, inzwischen eine leitende Beamtenstellung im staatlichen Telefonamt bekleide – »mit Pensionsberechtigung und eigener Krankenversicherung«. Der Cousin Shady, seinerzeit der Phantasievollste beim Versteckspiel, habe nach der Fachoberschule für Elektrotechnik eine »verantwortliche Tätigkeit in einem traditionsreichen und angesehenen Familienunternehmen in Tonsy« gefunden. Mona verschwieg der einstigen Spielkameradin, dass sie deren Cousin dort einige Male gesehen hatte – in einer engen, dunklen Werkstatt. In der Zeit, als sie noch im Laden von Essam arbeitete, hatte sie ihn sogar mal eine Weile beim Reparieren eines alten Radiogeräts beobachtet, ohne von ihm bemerkt zu werden. Angesichts von Shaimaas Übertreibungen musste Mona schmunzeln, fiel ihr doch in diesem Moment wieder ein, dass schon die einstige Spielkameradin zur Angeberei geneigt hatte. Was aber hatte Shaimaa nun eigentlich nach all den Jahren hierhergeführt? Doch sicher nicht nur das Bedürfnis, mit den angeblichen Karrieren von Bruder und Cousin zu protzen.

Sie war gekommen, um mir zu sagen, dass sie in einigen Tagen heiraten wird. Schon am nächsten Tag würde der Matratzenmacher bei ihr zu Hause das ganze Bettzeug herstellen. Da hätte sie gern alle Freundinnen dabei, die sie in ihrem bisherigen Leben gehabt habe. Ich kannte dieses Ritual von anderen, die geheiratet haben. Erst kurz zuvor war ich bei Safaa, meiner Freundin aus der Handelsschule, dabei, als der Matratzenmacher da war, und ich half ihr, das Muster für die Steppdecke auszusuchen.

Als ich am nächsten Tag zu Shaimaa kam, arbeitete der Matratzenmacher schon mit seinen Handwerkern vor dem Haus. Er hatte die gleiche Maschine wie sein Kollege bei Safaa, mit der große Mengen Baumwolle in die Matratzen gefüllt werden. Danach machte er zwei kleine Kissen, dann zwei lange Kissen, und schließlich kam die Steppdecke dran. Als ich dort vor dem Haus mit den anderen Mädchen saß, die auch eingeladen worden waren und von denen ich einige nur flüchtig kannte, wusste ich, warum Shaimaa uns hergebeten hatte. Plötzlich sah ich wieder die kleine Shaimaa von einst vor mir, die immer bockig wurde, wenn Ramy und Shady mit mir spielten. Und die damit angab, wie gut sie in der Schule sei. Angeblich war sie sogar die Beste von allen. Auch diesmal hatte sie uns nur deshalb eingeladen, um uns zu erzählen, was für einen tollen Bräutigam man für sie ausgesucht habe. Längst schon hätten sie geheiratet, wenn nicht dessen Großmutter gestorben wäre und sie das Trauerjahr hätten abwarten müssen. Dadurch sei die Verlobungszeit aber länger gewesen, und sie habe nun die absolute Gewissheit, dass ihr Bräutigam der richtige Mann für sie sei. Er habe auch eine tolle Wohnung gekauft.

Als Shaimaa diese Wohnung »unser künftiges Nest« nannte, musste ich mir ein Lachen verkneifen. Den edlen Charakter, den man Shaimaas Namensgeberin – der Stillschwester des Propheten – nachsagt, hatte sie jedenfalls nicht. Doch die anderen Mädchen waren beeindruckt. Sie übertrafen sich gegenseitig, ihrer Freundin zu sagen, welch ein großes Glück sie doch habe. Und sie bedankten sich immer wieder, dass sie zur Hochzeit kommen dürften. Dabei kann doch jeder zu dem Fest gehen. Schließlich wird es ja auf der Straße gefeiert.

Nach einer Weile bemerkte ich, dass Shaimaa immer zu mir hersah und ihre Erzählungen noch ein wenig mehr ausschmückte. Dann hielt sie es nicht mehr aus. Weil ich ganz still in der Ecke saß und nichts sagte, sprach sie mich direkt an. Sie fragte mich, ob ich auch schon einen Bräutigam gefunden hätte. Das war gemein, denn am Tag zuvor hatte ich ihr erzählt, dass zwei meiner Verlobungen gescheitert waren. Deshalb sagte ich: »Auch ich werde eines Tages heiraten. Aber vorerst hat Kismet mit mir etwas anderes vor, denn ich werde ab kommenden Monat in der Staatsbank arbeiten.« Nun war ich es, denen die anderen Mädchen gratulierten. Shaimaa aber wurde wieder genauso rot im Gesicht wie früher, wenn ihr Bruder lieber mit mir als mit ihr spielen wollte. »Was wirst du denn da für eine Arbeit machen?«, fragte sie. »Was kannst du denn, was man dort können muss?« Ich blieb ganz ruhig und antwortete: »Es gibt dort viele interessante Tätigkeiten für ehemalige Handelsschülerinnen.« Ich wusste ja damals noch nicht, was mich eine Woche später erwartete. Shaimaa aber war zu mir nicht mehr so freundlich wie zuvor. Deshalb bin ich nicht mitgefahren, als die fertigen Matratzen und das Bettzeug auf den Lastwagen geladen und zu der Wohnung gebracht wurden, die Shaimaas Bräutigam angeblich gekauft hatte. Ich hatte keine Lust, mir noch einmal anzuhören, was für ein tolles »Nest« das sei. Hinterher habe ich erfahren, dass es ein ziemlich kleines Nest wäre. Außerdem sei das Haus ganz nah an die Grabhöfe gebaut, der Balkon schwebe direkt über einem Grab. Was macht es denn da für einen Unterschied, ob man dort in einer Wohnung wohnt oder direkt darunter auf einem Grabhof? Ich wollte eigentlich gar nicht zu ihrem Hochzeitsfest gehen. Aber es fand statt, zwei Tage bevor ich in der Staatsbank zu arbeiten anfangen würde. Da hielt ich es zu Hause kaum noch aus. So nutzte ich die Ablenkung. Außerdem hatten mich Sabrin und Hoda gebeten, dass ich mit ihnen hingehe. Denn natürlich würde sie unser Vater niemals allein gehen lassen, denn die Feier würde bis zum späten Abend dauern. Deshalb habe ich meinen beiden jüngeren Schwestern schließlich versprochen, mit ihnen dorthin zu gehen, denn allzu viel Abwechslung gibt es ja sonst in unserer Gegend nicht. Zuvor aber mussten wir ein Geschenk für Shaimaa besorgen.

Eine ganze Weile war Sabrin neben Hoda und Mona hergetrottet. So hatte sie erst spät bemerkt, in welche Richtung sie ihre beiden Schwestern führten. Dann war sie abrupt stehen geblieben.

»Was willst du am Midan Sayeda Aisha?«, fragte sie. »Deiner Freundin einen Papagei kaufen?«

Mona und Hoda mussten lachen. Manchmal konnte Sabrin auch witzig sein. Noch mehr aber lachten sie über das verdutzte Gesicht ihrer vorlauten Schwester, als Mona schließlich mit todernster Miene erklärte:

»Nein, eine kleine Schildkröte.«

Natürlich wusste Mona selbst, dass sie in diesem Teil von Tonsy kein Hochzeitsgeschenk für Shaimaa finden würden. Hier haben die großen Steinmetze ihre Werkstätten und die Skulpteure, die sich auf Marmorbildhauerei verstehen, die Polsterer sind da in der Nähe und die Mechaniker, die Teile für Autos und Motorräder reparieren oder neu herstellen.

Und eben – an jedem Freitag und an jedem Sonntag – der Vogel- und Kleintiermarkt, worauf Sabrin mit ihrer Bemerkung anspielte.

Mona wusste, dass sie danach die Sharei-el-Tonsy bis zum Flohmarkt hinauflaufen mussten. Obgleich es zweifelhaft war, dass selbst dort ein bezahlbares Geschenk zu finden sein würde. Vermutlich würden sie erst in der Sharei-el-Madaress, die Straße jenseits des Gebäudes der Mittelschule, erfolgreich sein. Zwischen den hier beginnenden Grabhöfen befand sich nämlich ein eigentlich illegaler, gleichwohl geduldeter Markt. Um dorthin zu gelangen, wäre es in der Tat besser gewesen, von zu Hause aus gleich in die entgegensetzte Richtung zu gehen. Sicher wären sie dann schon einige Gassen hinter der Moschee von Imam Al-Shafi'i fündig geworden und hätten gleich danach zurückkehren können. Das aber wollte Mona gar nicht. Sie hatte keine Lust, schon wieder ein Baby zu baden und Windeln zu waschen. In wenigen Tagen würde sie ihre Arbeit in der Staatsbank beginnen und deshalb gar nicht erst damit anfangen. Eigentlich sollte jetzt Sabrin mal diese Aufgabe übernehmen. Aber da sie ja zu Shaimaas Hochzeit mitkommen würde, wollte sie auch dabei sein, wenn das Geschenk ausgesucht wurde. So trottete Sabrin auch weiterhin neben Mona und Hoda her.

Der Schwenk in Richtung Midan Sayeda Aisha hatte einen ganz profanen Grund. Mona wollte einfach mal wieder den Tiermarkt besuchen. Nicht die hässlichen Schildkröten und nicht die langweiligen Fische in den Aquarien, sondern die lebhaften bunten Vögel, die in hoch übereinandergestapelten Käfigen zum Kauf angeboten werden. Hier hatte Emad einst jenes Taubenpärchen gekauft, für das er dann zu Hause über der Toilette eine Behausung gebaut hat. Aus jenem Taubenschlag war dann schnell ein Liebesnest geworden, jedenfalls hatte Monas Bruder bald zehn Tauben, welche ihr beim Sauberhalten des Grabhofes eine Menge Arbeit bereiteten.

Sie selbst war zuletzt als Kind mit ihrer Mutter auf dem Vogelmarkt gewesen. Aber seit die Schar der zu beaufsichtigenden Geschwister immer größer geworden war, musste Mona zu Hause bleiben, wenn Nassra in dieser Gegend einkaufen ging. In der Zeit, als sie in Essams Laden arbeitete, hätte für einen solchen Besuch nur der arbeitsfreie Freitag zur Verfügung gestanden. Da aber verbot ihr der Vater dorthin zu gehen. Er mochte dafür nachvollziehbare Gründe haben, genannt aber hat er sie nicht. Dabei hätte er nur den folgenschweren Unfall anführen müssen, der sich dort ereignet hatte, und seine Sorge vor einer Wiederholung. Oberhalb des Midan Sayeda Aisha nämlich führt über eine hohe Brücke die viel befahrene Salah-Salem-Avenue. Die Hauptstraße, welche die Kairoer Innenstadt sowohl mit dem Flughafen als auch mit dem modernen Wohngebiet und den Vergnügungsparks von Heliopolis verbindet, verläuft gerade hier in einer gewaltigen Linkskurve. In den seltenen Zeiten, in denen sich der Verkehr auf der Brücke nicht gerade im Schneckentempo eines Dauerstaus vollzieht, nutzen viele Autofahrer den modernen Highway, um die Spitzengeschwindigkeit ihrer Autos zu testen. Einem LKW-Fahrer ist dieser Versuch nicht gut bekommen. Und leider nicht nur ihm nicht, denn als er in jener Kurve das Geländer durchbrach, war er auf den stark bevölkerten Platz hinuntergestürzt und hatte etliche Menschen mit in den Tod gerissen. Vermutlich aber hatte Hamdi nicht mal an diesen Unfall gedacht, als er Mona verbot, dort hinüber zu gehen. Er wollte wahrscheinlich seine hübsche Tochter einfach nicht den Blicken der zahlreichen Kleintierzüchter aussetzen, die direkt an der Straße oder vor dem Khawa ihre lebende Ware feilboten. Mona hingegen konnte nicht verstehen, dass sie an sechs Tagen in der Woche allein zu ihrer Arbeitsstelle nach Tonsy laufen, an ihrem arbeitsfreien Tag denselben Weg aber nicht zurücklegen durfte. Deshalb nutzte sie die Gelegenheit, die Suche nach einem Hochzeitsgeschenk mit jenem kleinen Abstecher zu verbinden. Da sie schon bald Tag für Tag bis in die Innenstadt von Kairo fahren würde, sah sie überhaupt keinen Grund mehr, sich den Besuch des Vogelmarkts verbieten zu lassen. Erwähnt aber hat sie diesen Abstecher gegenüber dem Vater nicht – das würde später schon Sabrin besorgen.

Die Papageien und Wellensittiche vom Midan Sayeda Aisha wirkten sich auf die sonst so unterschiedlichen Schwestern harmonisierend aus. Alle drei Mädchen fanden die gefiederten Tiere gleichermaßen süß oder putzig, und bei der Favorisierung eines Vogels gegenüber einem anderen waren sie sich nahezu immer einig. Selbst Sabrins sonst so schrille Stimme bekam einen weichen, fast melodischen Klang. Der gemeinsam schnell gefasste Plan, Shaimaa einen kleinen Vogel zur Hochzeit zu schenken, scheiterte aber daran, dass allein der Preis des Käfigs die finanziellen Möglichkeiten der drei Schwestern überstieg.

Der Flohmarkt am anderen Ende der Sharei-el-Tonsy ist schon lange kein Flohmarkt mehr. Professionelle Händler, die von Textilimporteuren ganze Lagerbestände aufkaufen, werfen hier ihre Billigware auf riesige Wühltische neben provisorisch eingerichteten Fleischertheken, über die ganze Hammelköpfe verkauft werden. In Plastik eingeschweißtes Spielzeug mit dem Hinweis »Made in China« wird neben kopierten Sonnenbrillen namhafter internationaler Hersteller angeboten. Weiter oben gibt es einen Computermarkt mit Bergen von gebrauchten und vom Straßenstaub bedeckten Rechnern, Monitoren und Druckern. Wie sollten Mona und ihre Schwestern hier ein Hochzeitsgeschenk für Shaimaa finden, welches keinen Piaster teurer als acht Pfund sein durfte? Also bogen sie an jener Mittelschule ab, die Mona einst mit mäßigen und Sabrin vorzeitig mit mangelhaften Zensuren verlassen hatte. Hoda hingegen war dort noch immer eine keineswegs schlechte Schülerin.

Kurz hinter der Schule, auf den staubigen Wegen zwischen den Gräbern, bauen an jedem Freitag Flohmarkthändler ihre bescheidenen Stände auf. Aber auch viele Gelegenheitshändler versuchen etwas Geld zu verdienen, indem sie eine Plastikplane auf dem Fußboden ausbreiten und gebrauchte Waren aus dem eigenen Haushalt anbieten. Hier hatte Nassra oft nach hartem Feilschen Schuhe für ihre Kinder erstanden oder Kochtöpfe für die Aussteuer einer ihrer Töchter. Nun durchstreiften Mona, Hoda und Sabrin dieses Gebiet unweit ihres Zuhauses und fanden schließlich eine Vase. Der Händler wollte fünfzehn Pfund dafür haben und behauptete immer wieder, es handle sich um eine Kristallvase. Endlich einmal erwies sich Sabrins schrille, keifende Stimme als Vorteil. Als sie nämlich dem eingeschüchterten Verkäufer klar machte, dass sie sich nicht anlügen lasse – die Vase sei nicht aus Kristall, sondern aus Glas. Den vorsichtigen Versuch jenes Mannes, ihr einen Preis von zwölf Pfund vorzuschlagen, ignorierte Sabrin, knallte acht Pfund auf den Holztisch, schnappte sich die Vase und zog mit ihren beiden lachenden Schwestern davon.

Natürlich hatte sich Sabrin mit diesem kühnen Streich auch das Recht erworben, Shaimaa dieses Geschenk zu überreichen. Das bedeutete, dass sie nicht nur als Monas

Anhängsel zum Fest mitkommen würde, sondern auch zur Gratulationscour, die üblicherweise erst am nächsten Tag stattfand. Mona hatte nichts dagegen, denn sie wusste, dass man dann unter Umständen lange in einer Schlange von Gratulanten wartete, und da war es ihr nur recht, wenn Sabrin die nicht ganz leichte Vase hielt.

Vor fünf Jahren war es ihr so ergangen, als ihre Tante Fatheya – Nassras jüngste Schwester – geheiratet hatte. Am Tag nach deren Hochzeit musste sie lange ein mit einer roten Schleife verpacktes Geschenkpaket in den Händen halten, dessen auch nicht ganz leichten Inhalt sie längst vergessen hat. Sie erinnerte sich nur noch an die geflüsterten Kommentare der Nachbarn. Hinter vorgehaltener Hand wurde damals mehrfach erklärt, wie gut es sei, dass Fatheya endlich einen Mann gefunden habe. Vor allem für deren Eltern, die das kleine Zimmer, welches sie bis dahin mit der Tochter gemeinsam bewohnten, nun für sich allein haben würden.

Das letzte Hochzeitsfest in ihrem Viertel hatte erst einen knappen Monat zuvor stattgefunden. Eine typische Arme-Leute-Hochzeit, über deren Spärlichkeit hinterher viele Nachbarn lästerten. Weil es keine Musiker gegeben habe, sondern nur einen Kassettenrecorder. Weil man kein Zelt gemietet, sondern stattdessen den Gardinenstoff aus der Aussteuer der Braut für einen Baldachin zweckentfremdet habe. Monas Mutter beteiligte sich an diesen Lästereien nicht, sondern nannte dieses Fest vielmehr eine »ehrliche Hochzeit«. Die Nachbarn hätten gar nicht erst versucht, einen Wohlstand vorzutäuschen, von dem doch ohnehin jeder wusste, dass er nicht existierte. Manches junge Ehepaar müsse jahrelang auf alten Matratzen auf dem Fußboden schlafen, schimpfte sie, weil nach einer aufwendigen Hochzeitsfeier kein Geld mehr für Betten vorhanden sei.

Vielleicht hatte Nassra dabei die Hochzeit ihrer jüngsten Schwester mit einem Polizisten im Hinterkopf, die tatsächlich mit großem Aufwand gefeiert worden war – wobei das Brautpaar hinterher trotzdem ein Ehebett hatte.

Nassras Vater wollte sich das Fest seiner Lieblingstochter etwas kosten lassen. Alle seine Kinder haben sich gefragt, wie er das finanziert hatte. Nassras Mutter ließ später mal durchblicken, dass er ein Sparbuch bei der Post habe, mit Ersparnissen, die noch aus der Zeit herrührten, als er auf den Schiffen der englischen Besatzer den Nil bereiste. Niemand weiß, was genau er dort gearbeitet hat, jedenfalls hatte er wohl damals jenes Sparbuch angelegt. In den letzten fünfzig Jahren dürfte die allgemeine Geldentwertung die Kaufkraft des einstigen Spargroschens ziemlich vermindert haben. Doch Monas Großvater gibt darüber keine Auskunft, bestätigt nicht einmal die Existenz dieses Sparbuchs. Wenn man ihn nach jener Zeit bei den Engländern fragt, fängt er immer an, von jener »blonden Misses« zu erzählen, die ihn angeblich habe heiraten wollen. Dann fährt ihm regelmäßig Monas Großmutter über den Mund: »Niemand will diese Geschichte hören!«

Kurz vor der Hochzeit von Tante Fatheya hatte Mona das Sparbuch des Großvaters gesehen. Auf einem Postamt in der Nähe der Mohammed-Ali-Straße in Kairo. Doch der alte Herr nahm seiner Enkelin das Versprechen ab, mit niemandem darüber zu sprechen. Daran hat sich Mona selbst dann gehalten, als in ihrer Familie später über die Existenz jenes ominösen Dokuments spekuliert worden war. Eigentlich hätte Emad seinerzeit dem Großvater bei den diversen Hochzeitsvorbereitungen behilflich sein und ihn auch bei der Auswahl des »Kulturprogramms« diskret beraten sollen. Da Monas jüngerer Bruder aber mal wieder aus irgendeinem Grund Hausarrest hatte, durfte Mona ihren Gedi, ihren Opa, begleiten.

Die Mohammed-Ali-Straße kennt in Kairo fast jedes Kind. Nur Mona kannte sie bis zu jenem Tag vor fünf Jahren nicht. Ihr Großvater hat ihr die Musikgeschäfte gezeigt, in denen neben Gitarren, Tablas, Darabukkas und Bendirs – verschiedene Trommeln und Tamburine – verkauft wurden. Vor allem aber Ouds, jene typischen Kurzhalslauten, die hier noch immer in zur Straße hin offenen Werkstätten hergestellt werden. Dann hat Monas Großvater den Besitzer eines Khawa angesprochen, vor dem er mit seiner Enkelin Platz genommen hatte. Der ältere, unrasierte Mann nickte zustimmend und wies mit dem Kopf in Richtung eines Herrn, der gerade an einem der anderen Tische aus einem dicken Bündel einige Geldscheine zog und an junge Burschen verteilte. Zwischenzeitlich wurde der damals vierzehnjährigen Mona von jenem Khawa-Besitzer mit einem Augenzwinkern das leckerste Getränk serviert, das sie jemals getrunken hatte. Es war eine warme, sämige Milch mit vielen Zutaten. Der Großvater erklärte ihr, dass der tolle Geschmack jenes Getränks, welches Sahlab heiße, von der Vanille komme und von einem Gemisch aus Sesam, Kokosraspeln und gehobelten Nüssen. Dann zog er am Mundstück seiner Shisha, auf deren mit Tabak gefüllten Tonkopf mit langen Zangen glühende Holzkohlenstücke gelegt worden waren. Und weil Monas Großvater immer wieder zu jenem Mann hinüberblickte, der nun in ein tragbares Telefon sprach, wurde dieser Augenblick von Mona als geheimnisvoll empfunden.

Endlich erhob sich der Fremde und kam an ihren Tisch. Ohne Mona eines Blickes zu würdigen, setzte er sich auf einen freien Stuhl dem Großvater gegenüber.

»Ihr wollt Hochzeit feiern, und meine Leute sollen für die

Stimmung sorgen«, sagte er und präsentierte lachend seine zahlreichen Zahnlücken.

»Ja … äh … meine jüngste Tochter … sie ist die Letzte …«, begann Monas Großvater verlegen, und seine Enkelin hatte Verständnis für diese Verlegenheit.

Wie würde dieser Mann mit den Geldbündeln in der Tasche und dem tragbaren Telefon reagieren, wenn er erfahren wird, dass sie Grabhofbewohner waren? Offenbar waren ihrem Großvater die gleichen Gedanken durch den Kopf gegangen, als er vorsichtig formulierend darauf verwies, dass sie »einfache Leute« seien.

»Wo kommt ihr her? Imam Al-Shafi'i oder Bassatin?«, fragte der fremde Mann. Und weil er dabei ein freundliches Gesicht machte, antwortete der Großvater erleichtert:

»Imam Al-Shafi'i!«

»Da sind wir immer wieder gern. Ihr seid freundliche Leute und wisst gut zu feiern«, rief der Mann und gab seinem Gegenüber einen leichten Klaps auf das Knie.

Das Eis war gebrochen – und Monas Großvater offenbar in Geberlaune.

»Wozu darf ich Sie einladen, mein Herr?«

Der Mann aber wehrte höflich ab.

»Ich bestehe darauf!«, rief Monas Großvater und bekam vom anderen zur Antwort:

»Im Gegenteil, ihr seid meine Gäste! Ich heiße übrigens Ekrami …«

Nun erst wandte er sich der kleinen Mona zu.

»Ich nehme nicht an, dass es sich um deine Hochzeit handelt, wie?«

Dabei zeigte er wieder seine Zahnlücken, und Mona musste lachen. Unaufgefordert war dem Mann ein Shay sukkar zeyada, ein sehr süßer Tee, und eine Shisha gebracht worden. Während er genüsslich den Rauch in die Luft blies, machte er ein geschäftsmäßiges Gesicht.

»Ich muss nur wissen, was ihr haben wollt. Eine Bauchtänzerin mit einem Musikensemble oder nur Kassettenmusik? Wollt ihr auch einen Entertainer, der das Programm moderiert? Und vor allem, auf welchem Untergrund wird sie tanzen? Auf Brettern, auf Stein oder auf Teppichen? Davon hängt ab, ob sie mit Schuhen tanzt oder barfuß ...«

Überrascht hatte Mona zwischen den beiden Männern hin- und hergeblickt. War ihr Großvater tatsächlich hierhergekommen, um eine leibhaftige Bauchtänzerin für das Hochzeitsfest ihrer Tante Fatheya zu engagieren? Niemals zuvor hatte sie eine solche Darbietung live gesehen, nur im Fernsehen. Auf den letzten Hochzeitsfesten in ihrem Viertel gab es jedenfalls keinen Bauchtanz. Sie hoffte sehr, dass ihr Gedi wirklich eine solche Tänzerin aussuchen würde. Immerhin begann der alte Mann zaghaft in dem Aktenordner zu blättern, in welchem die Farbfotos der Künstler jenes Ekrami in Plastikhüllen steckten. Offenbar wollte der Agent der Unsicherheit seines Klienten angesichts der ungewohnten Situation etwas entgegensetzen und begann zu erzählen – mit großen Gesten und so laut, als wolle er es dem Musikalienhändler auf der anderen Straßenseite mitteilen:

»Sie finden in diesem Katalog fünfzehn Bauchtänzerinnen, sechsundvierzig Tänzer und vierundzwanzig Musiker. Das ist das Ensemble von Ekrami, welches Abend für Abend von hier aus in fast alle Teile von Kairo und Giza gefahren wird. Ich bin in diesem Viertel hier aufgewachsen, und heute sind das alles meine Kinder. Wenn es nach meinem Vater gegangen wäre, hätte ich mein Technologiestudium an der Helwan-Universität abgeschlossen und wäre ganz woanders hingezogen. Aber ich habe schon als kleiner Junge hier gesessen, da war ich jünger als Ihre Enkeltochter ... Ich kannte sie alle, die großen Agenten aus der Blütezeit des ›Kairoer Stils‹, die von den alten Diven des orientalischen Tanzes schwärmten, die sie aber nie unter Vertrag hatten. Haben Sie von Nagwa Fuad gehört? Oder von Naima Akif oder Samia Gamal? Ich wollte besser sein als diese Agenten. Weniger Sprüche, mehr Initiative, verstehen Sie ...!?«

»Heute nennen wir ihn den ›König der Mohammed-Ali-Straße‹!«, warf der Kaffeehausbesitzer ein – nicht ohne Stolz angesichts seines vielleicht bedeutendsten Stammgastes. Der aber winkte ab:

»Hör damit auf und bring mir noch einen Shay sukkar zeyada. Als ich meine erste Lizenz erworben habe ... jeder Agent hat eine Lizenz für bestimmte Gebiete oder Hotels, wissen Sie ... Als ich also meine erste Lizenz von einem alten Agenten erworben habe, der sich zur Ruhe setzte, begann gerade die Karriere von Lucy. Kennen Sie Lucy?«

Monas Großvater schüttelte den Kopf, während seine Enkeltochter hellwach zuhörte. Natürlich kannte sie Lucy aus dem Fernsehen. Schließlich war sie nicht nur eine der berühmtesten Tänzerinnen, sondern auch als Schauspielerin in ägyptischen TV-Serien zu sehen.

Ekrami tippte auf den Katalog und erklärte mit deutlich gedämpfter Stimme:

»Lucy ist das große Vorbild für alle diese Tänzerinnen hier. Aber Lucy ist ein Ausnahmetalent, im Moment ist keine Nachfolgerin in Sicht.«

Ekrami lehnte sich auf dem knarrenden Holzstuhl zurück, streckte Arme und Beine von sich und klagte wieder in der alten Lautstärke:

»Welch ein Jammer, dass Lucy sich nicht von mir managen lässt. Aber ihr Mann hat das Parisianna – drüben an der Pyramidenstraße in Giza ... Glauben Sie mir, dass ist der exklusivste Club in ganz Ägypten. Dort tritt sie auf. Warum sollte sie mir da eine Provision bezahlen?«

Der Kaffeehausbesitzer brachte den Tee und flüsterte Mona zu:

»Ekrami ist früher selbst aufgetreten. Ich habe ihn noch gesehen, er war ein sehr guter Tänzer ...«

»Was erzählst du da für einen Unsinn?«, wird er von dem Agenten unterbrochen. »Ich habe mir als Student ein bisschen was dazuverdient – als Gruppentänzer. Ich war der zweite von links«, sagte er und zeigte lachend sein schadhaftes Gebiss.

Als mein Gedi in dem Buch mit den Bildern der Tänzerinnen blätterte, wusste ich sofort, warum er lieber Emad mitgenommen hätte. Die Frauen auf diesen Fotos hatten fast nichts an. Sie zeigten ihre Beine und den Bauch, und auch sonst war ihr Körper nur wenig bedeckt. Natürlich hatte ich schon vorher Bilder von Tänzerinnen gesehen. Auf einem Plakat oder auf einer Zeitschrift. Aber hier konnte man blättern und blättern, und auf jeder Seite war eine andere. Mir war die Situation ebenso peinlich wie sonst bei uns zu Hause, wenn sich mein Vater und Emad im Fernsehen einen amerikanischen Film ansahen, in welchem Frauen in zweiteiligen Badeanzügen am Strand liegen oder von Männern geküsst werden. Ich gehe dann immer weg und tue so, als ob ich mit irgendetwas beschäftigt sei. Dort, in der Mohammed-Ali-Straße, konnte ich aber nicht weggehen. Mit was sollte ich denn beschäftigt sein? Aber auch meinem Gedi war es peinlich, dass ich neben ihm saß und diese Fotos sehen konnte. Das habe ich gemerkt. Und Ekrami, der diese Tänzerinnen vermittelte, bemerkte

Die Grundlage dieses Buches:
Mona notiert regelmäßig ihre Gedanken.

Das Leben in der Totenstadt findet weitgehend hinter den Grabhofmauern statt.

An jedem Freitag bauen Händler zwischen den Grabhöfen der Totenstadt einen nicht legalen Flohmarkt auf – von den Behörden toleriert.

Vor dem Khawa (Kaffeehaus) am Midan Sayeda-Aisha feilschen Vogelhändler und ihre Kunden um den Preis.

Zwischen den Stelen der einfachen Gräber spielen die Grabhofkinder.

Monas Eltern mit ihren zwei Jüngsten in ihrem Grabhof.

Nassra mit ihren acht Kindern: auf dem Arm Töchterchen Samah, hinten (v. re.) Sabrin, Hoda und Emad, davor Aya, Mahmoud und Mona, ganz vorn: Karim.

An den Grabhofwänden sind Platten mit den Namen der Bestatteten angebracht – auf dieser hier in Monas Zuhause der des Sohns der Grabhofbesitzer.

Am Rande der Totenstadt haben sich viele kleine Handwerksbetriebe angesiedelt, unter anderem Steinmetze.

Hamdi und Nassra, Monas Eltern, in ihrem Grabhof.

Einer der drei winzigen Räume des Grabhofs ist das Schlafzimmer von Monas Eltern.

Schwarzweißfernseher sind für viele Bewohner der Totenstadt
die einzige Verbindung zur Außenwelt.

Mona mit ihrer Großmutter väterlicherseits
im elterlichen Grabhof.

Monas Bruder Mahmoud vor dem Taubenschlag
über der Toilette im Grabhof.

Ein Klassenraum in der Mittelschule von Tonsy.

Vor dem Spiegel stehend denkt Mona viel über ihr Leben nach.

Sie streiten und sie lieben sich – Monas Geschwister Aya und Mahmoud mal wieder harmonisch vereint.

Die Handelsschülerin Mona (links) mit ihren beiden Freundinnen Safaa und Rania.

Mona tanzt in einer der Nilboot-Discos –
wie einst an ihrem 18. Geburtstag.

Ein Hochzeitsfest zwischen Grabhofmauern.

Mona vor dem Gebäude der ägyptischen Zentralbank.

Nach wie vor betrachtet Mona die Auslagen der Modegeschäfte in Downtown Kairo mit Skepsis.

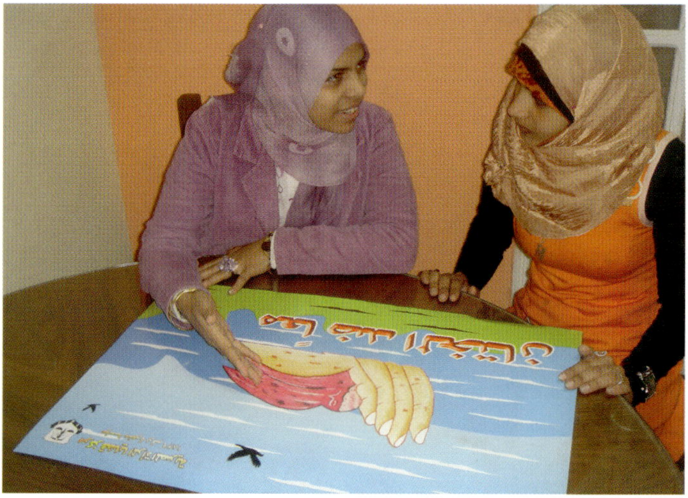

Die ägyptische Frauenrechtsaktivistin Khadija Gaber im Gespräch mit Mona. Vor ihnen das Plakat zur Theateraufführung gegen Beschneidung.

Im Salon des Baders am Rande der Totenstadt werden nicht nur Männer rasiert, sondern auch Mädchen beschnitten.

Mona und Gerhard Haase-Hindenberg bei der Recherche in der Totenstadt.

Der Fotograf Torsten Warmuth fotografiert Mona für das Cover des Buches.

Der Torabi (Grabmeister) Tarek mit der Grabhofbesitzerin Hoda Zaghloul, die für Mona und Gerhard Haase-Hindenberg dolmetschte.

Mona unmittelbar nachdem sie der Zusammenarbeit für dieses Buch zugestimmt hat.

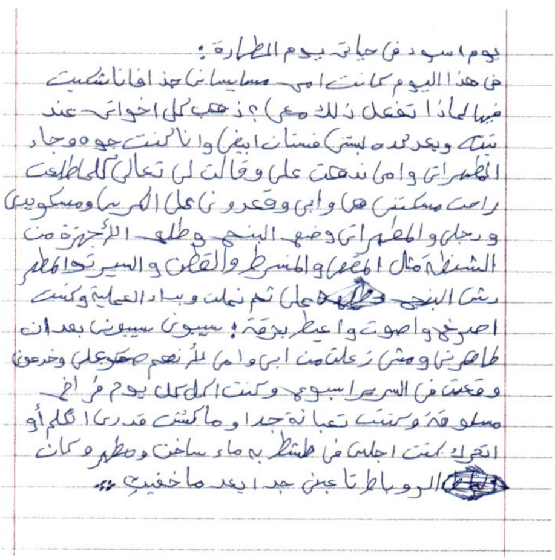

يوم اسود في حياتي يوم الطهارة :
في هذا اليوم كانت امي مسايسانى جدا فانا شكيت
فيها لماذا تفعل ذلك معي ؟ ذهبت كل اخواتي عند
بيته وبعدين لبستني فستان ابيض وانا كنت جوه وجاد
المطهراتي وامي نندهت علي وقالت لي تعالي كلمك طلعت
راحت مسكتني هي وابي وقعدوني على السرير ومسكوني
ورجلي والمطهراتي وضع البنج وطلع الاجهزة من
الشنطة مثل المقص والمشرط والقطن والسرنجة والمطهر
رش البنج [illegible] علي ثم نملت وبدا العملية وكنت
اصرخ واصوت واعيط بحرقة ! سيبوني سيبوني بعد ان
طاهروني ومش زعلت من ابي وامي لانهم ضحكوا علي وخدعوني
وقعدت في السرير اسبوع وكنت الاكل كل يوم فراخ
مسلوقة وكنت تعبانة جدا وماكنش قدرتي اتكلم أو
اتحرك كنت اجلس في طشط به ماء ساخن ومطهر وكان
[illegible] الرباط تاعبني جدا بعد ماخفيت !!

Mona beschreibt in ihrem Heft detailliert den schrecklichen Tag ihrer Beschneidung.

Die Grabhöfe der Totenstadt Imam Al-Shafi'i reichen bis an die Wohnhäuser von Tonsy heran.

das auch und fing zu lachen an. Er sagte: »Wenn unsere Tänzerin zu eurer Hochzeit kommt, sieht sie nicht anders aus als auf dem Foto da. Und dann ist die Kleine doch auch dabei, oder?« Meinem Gedi fiel es schwer, sich für eine dieser Frauen zu entscheiden. Ich weiß nicht, ob es ihm schwerfiel, weil er so etwas noch nie gemacht hatte oder weil ich neben ihm saß. Er hat sich dann gar nicht entschieden, sondern hatte auf eine Empfehlung dieses Mannes gehört. Eine dieser Tänzerinnen war nämlich seine Frau, und deshalb war sie ja wohl eine ehrbare Person. Mit mir hat mein Gedi auf dem Heimweg überhaupt nicht darüber gesprochen und auch später nicht. Deshalb machte ich mir meine eigenen Gedanken. Ich habe mich gefragt, warum eine Frau sich so zeigt? Warum zeigt sie ihre Beine und den Bauch wildfremden Männern, die doch bestimmt ganz verrückt werden? Es kann doch nicht Allahs Wille sein, dass man diese Männer verrückt macht! Dieser Anblick muss doch dem eigenen Ehemann vorbehalten bleiben. Doch warum macht es diesem Mann in der Mohammed-Ali-Straße nichts aus, dass seine Frau so vor diesen fremden Männern tanzt? Darüber habe ich nachgedacht, als ich mit meinem Gedi im Bus nach Hause fuhr und auch in den Tagen danach. Aber als ich dann die Tänzerin auf der Hochzeit meiner Tante Fatheya erlebte, habe ich dann anders darüber gedacht. Schon als sie zur Musik der drei Musiker leicht tänzelnd auf die Bühne kam, war ich überrascht über ihre Anmut. Und als sie dann elegant ihren Körper kreisen ließ und sich die Musik steigerte und ihre Bewegungen immer geschmeidiger wurden, habe ich sie bewundert. Ich habe verstanden, dass diese Tänzerin eine Künstlerin ist, die nicht etwa tanzt, um die Männer verrückt zu machen, sondern weil ihr das Tanzen Spaß macht. Mir hat es doch auch immer Spaß gemacht, wenn ich auf irgendeinem Fest tanzen konnte. Ich würde mich zwar nicht so anziehen wie diese Tänzerin, aber ich habe verstanden, warum sie tanzen wollte. Sie war eben eine Künstlerin.

Am Hochzeitsabend seiner jüngsten Tochter hatte Monas Großvater schon nicht mehr überlegt, ob er die richtige Entscheidung getroffen hatte. Das hatte er in den Wochen zuvor getan – und ihm waren Zweifel gekommen. Nicht, was die grundsätzliche Entscheidung anging, jene Bibo, die Frau des Agenten Ekrami, zu engagieren, sondern bezüglich der geschäftlichen Vereinbarung. Mit freundlichen Worten hatte ihm der Agent erläutert, dass er mit »flexiblen Honorarsätzen« das Spektrum seiner Kundschaft erweitert habe. Mit vielen seiner zufriedenen Kunden, die sich früher solche künstlerischen Darbietungen niemals hätten leisten können, habe er statt eines Pauschalhonorars ein verhältnismäßig geringes Grundhonorar vereinbart – plus eine Teilung der »Abendeinnahmen«. Diese bestünden beispielsweise darin, dass Gäste zehn oder fünfzehn Pfund bezahlen, damit die Musiker ein bestimmtes Lied spielen, oder es einzelnen Besuchern gestattet wird, auf die Bühne zu kommen, um Geldscheine über die Bauchtänzerin regnen zu lassen. Je nach Höhe des Grundhonorars behielten die Künstler entweder diese Einnahmen vollständig oder sie würden dem Brautpaar davon ein Viertel bis zu einem Drittel abgeben. Solcher »Geldregen« – das wussten beide – habe auch bei den Festen in den Totenstädten inzwischen durchaus Tradition.

Üblicherweise beobachtet dann der Brautvater oder ein anderer aus dessen Familie diesen Vorgang und notiert, wer welchen Betrag hatte regnen lassen, um sich bei ähnlichen Anlässen entsprechend revanchieren zu können.

Monas Gedi hatte sich letztlich für das geringste Grundhonorar entschieden, demzufolge die Künstler die gesamten »Abendeinnahmen« bekommen würden. Das erschien ihm als ein verführerisches Angebot, weil so der weitaus größere Teil des Honorars von den Besuchern des Hochzeitsfestes bezahlt würde. Dann aber waren ihm ständig das Für und Wider durch den Kopf gegangen. Spendeten die Hochzeitsgäste nämlich wenig Geld, würde er als Brautvater vor den Künstlern das Gesicht verlieren. Käme hingegen viel Geld zusammen, wäre es sinnvoller gewesen, ein höheres Grundhonorar zu bezahlen und stattdessen ein Drittel dieser Summe für das Brautpaar behalten zu können. Und er hatte die widerstreitenden Gedanken nicht für sich behalten. Ständig sprach der alte Mann mit seiner Frau darüber, mit seiner Tochter Nassra, seinen anderen Kindern und Schwiegerkindern. Schließlich war es die vierzehnjährige Mona, die den Grübeleien ihres Großvaters ein Ende setzte. Sie legte ihm eine Hand auf die Schulter und sagte:

»Willst du wissen, warum du dich so entschieden hast?« Und nach einem kurzen Blickwechsel erklärte sie lachend: »Kismet!«

Fortan hatte der strenggläubige Mann seine Umgebung nicht mehr mit seinen Zweifeln belästigt. Und als Bibo schließlich mit ihrem ekstatischen Tanz das Hochzeitsfest von Monas Tante Fatheya zu seinem Höhepunkt geführt hatte und deren Gäste große Mengen Geldscheine über sie regnen ließen, war der Brautvater hoch erfreut – über den Tanz und über das Honorar für die Künstler.

Fünf Jahre nach Tante Fatheya hat Shaimaa geheiratet, und es war dieselbe Tänzerin gekommen. Ich habe sie sofort erkannt. Sie war etwas fülliger als damals. Vielleicht habe ich das aber nur so empfunden, weil ich mittlerweile so dünn geworden war, dass ich mir selbst nicht mehr gefiel. Und in der Mitte vom blauen Zelt entdeckte ich Shaimaa in ihrem schönen Hochzeitskleid und mit ihrem Bräutigam. Sie waren von Musikern umringt und von tanzenden Leuten, die in die Hände klatschten. Ich habe keinen Hijab getragen, weil ich meine Haare zeigen wollte. Zum ersten Mal wieder nach längerer Zeit. Auch Hoda hat sich keinen Hijab gebunden, obgleich es Emad zunächst von ihr verlangt hatte und natürlich sofort von Sabrin unterstützt wurde. Als dann aber Hoda auf mich zeigte, wie ich gerade meine Locken mit kleinen Klammern hochsteckte, wurde Emad rot und sagte nichts mehr. So ging auch Hoda mit offenen Haaren zu Shaimaas Hochzeit. Sie hatte auch meine Schminksachen benutzt, obwohl sie erst vierzehn Jahre alt war. Aber wir waren natürlich nicht so stark geschminkt wie die Tänzerin, die bei unserem Eintreffen noch in der Ecke schräg hinter der Kosha (Hochzeitsthron) *saß und Tee trank. Ich freute mich schon darauf, sie wieder tanzen zu sehen.*

Noch nahm kaum jemand von der auffällig geschminkten Frau Notiz, die in einer Ecke der aus zusammengeschobenen Tischen bestehenden Bühne saß. Sie hatte sich einen Umhang über die Schultern geworfen, der ihr spärliches Kostüm verdeckte. In der einen Hand hielt sie ein Glas mit heißem Tee und in der anderen einen Fächer, mit dem sie sich Luft zuwedelte. In diesem Moment umringten die Familienmitglieder sowie die Nachbarn aus den angrenzenden und den weiter entfernten Grabhöfen noch das Brautpaar. Ein alter Mann zauberte aus einer Nai, jener typisch arabischen Langflöte aus einem dicken Schilfrohr, erstaunliche Melodienfolgen. Er wurde dabei von einem jüngeren Musiker auf der Riqq, einer mit Ziegenhaut bespannten Schellentrommel, rhythmisch begleitet. Die Menschen bewegten sich im Takt der Musik und klatschten dabei in die Hände. Die stolzen Brauteltern nahmen die Segenswünsche der geladenen und nicht geladenen Gäste entgegen. »Mabrouk« (»Glückwunsch«) rief man ihnen zu, und sie antworteten den Männern strahlend »Allah yebarek fik« (»Allah segne dich«) – und den Frauen »Allah yebarek fiki« (was dasselbe bedeutet). Langsam näherte sich die Hochzeitsgesellschaft der Mitte des blauen Festzeltes, welches die Familie der Braut gemietet und auf einen freien Platz zwischen zwei Grabhöfe gestellt hat. Die Jungen sprangen ständig hoch, versuchten sich dabei gegenseitig in der Höhe zu übertrumpfen und damit den Mädchen zu imponieren. Diese wiederum hatten sich fast alle für das Fest geschminkt. Schon den Zwölfjährigen war von den Eltern erlaubt worden, mit Kajal und Lippenstift verschwenderisch umzugehen. Keine dieser halbwüchsigen Grabhofbewohnerinnen hatte je gehört, dass man sich erstmalig am Verlobungstag schminken dürfe, so wie es Mona vor einiger Zeit von dem Friseur erfahren hatte.

Endlich erklomm das Brautpaar die Bühne und nahm auf der Kosha mit den roten Samtsitzen Platz. Es war keine ganz neue Kosha mehr, was man daran erkennen konnte, dass sich noch Reste jener Plastikhülle daran befanden, in welche dieser Thronsessel einst verpackt und vom Vermieter nicht entfernt worden war. Hier draußen aber störte es niemanden, dass von dem goldfarbenen Gestänge der Rückenlehnen die inzwischen angestaubten Plastikfetzen herunterhingen. Man bewunderte die Braut, die an diesem Tag zum letzten Mal in ihrem Leben die Haare zu einer prachtvollen Hochfrisur herrichten ließ. Vom nächsten Tag an wird sie ihre für dieses Fest blond gefärbten Locken für immer unter einem Hijab verstecken. Ihr soeben angetrauter Gatte hatte sich für diesen Tag einen schwarzen Anzug geliehen. Ein Vorgang, der sich nur wiederholen würde, sollte er irgendwann eine weitere Frau heiraten, was in den ärmeren Bevölkerungsschichten aber schon aus Kostengründen eher unüblich ist. Denn zwei oder mehr Ehefrauen, die nach ägyptischem Recht ohnehin nur mit Zustimmung der ersten Gattin geheiratet werden dürfen, übersteigen in aller Regel nicht nur die finanziellen, sondern auch die räumlichen Möglichkeiten der Grabhofbewohner. Deshalb gibt es sowohl in Imam Al-Shafi'i als auch in der nördlicher liegenden Totenstadt Bassatin so gut wie keine Bigamie, die allerdings auch sonst in der ägyptischen Gesellschaft nur noch vereinzelt vorkommt. Scheidungen hingegen sind durchaus üblich, wenngleich nicht unbedingt auf den Grabhöfen.

Sicher dachte Shaimaa nicht schon am Tag ihrer Hochzeit an ein mögliches Ende ihrer Ehe. Dabei wäre dies genau der richtige Zeitpunkt. Denn eine Eheschließung im islamischen Sinn ist zunächst nichts weiter als der Vollzug eines Zivilvertrags, dessen Gültigkeit keiner religiösen Zeremonie bedarf. Die Ehe also ist eine Vertragsgemeinschaft, die selbstredend auch jederzeit wieder gekündigt werden kann. Die Regel ist in der zweiten Koran-Sure »Al-Baqara« (»Die Kuh«) im Vers 229 folgendermaßen beschrieben: »Die Scheidung darf zweimal ausgesprochen werden. / Dann sollen die Männer die Frauen in angemessener Weise behalten / oder im Guten entlassen. / Und es ist euch nicht erlaubt / irgendetwas von dem zurückzunehmen, was ihr ihnen – als Brautgabe – gegeben habt ...« Insofern erlaubt der Islam seinen Gläubigen, was die römisch-katholische Kirche den ihren strikt verwehrt. Dort gilt die Ehe bekanntlich als heiliges Sakrament. Wenngleich auch ein Wort des Propheten Mohammed überliefert ist, welches nicht gerade zur Ehescheidung ermuntert: »Von allem was erlaubt ist, ist die Scheidung das Anstößigste in der Wertschätzung Allahs.« Dennoch ist im Islam die Ehe kein Sakrament und folglich die Scheidung kein Sakrileg. In einem Ehevertrag kann vom Verbot der Bigamie bis zur Höhe der Abfindung der Frau im

Falle einer Scheidung alles geregelt werden – vor allem eine für die Frauen günstigere Trennungsvariante als jene, die für den Fall eintritt, dass keine Scheidungsversion vereinbart worden ist.

Es ist nicht anzunehmen, dass jemand Shaimaa vor der Hochzeit über das islamische Recht aufgeklärt hat, welches für Frauen eben verschiedene Trennungsvarianten kennt. So zum Beispiel Tatliq, welche ihre Rechte wie das Behalten des Brautgelds und eine finanzielle Abfindung regelt. Eine andere Variante heißt Khoulá und wird im »Ernstfall« von den trennungswilligen Frauen wesentlich häufiger gewählt, obgleich ihnen dabei kaum Rechte zugestanden werden. Sieht man vom Verbleib in der ehelichen Wohnung ab, solange Kinder unter fünfzehn Jahre bei ihr leben. Das aber wird ohnehin vom ägyptischen Zivilrecht garantiert. Wenn hingegen der Ehemann zuvor für das »Nest« als alleiniger Eigentümer eingetragen worden war, so mag die verschmähte Frau samt ihrer Kinder zwar das islamische Recht auf ihrer Seite haben, die ägyptischen Familiengerichte haben es dann jedoch ungleich schwerer, dieses Recht durchzusetzen. Dabei waren diese Institutionen nach einem Beschluss des Kairoer Parlaments vom März 2004 die große Hoffnung für Frauen, die sich aus vielerlei nachvollziehbaren Gründen von ihren Männern trennen wollen. Die Möglichkeit einer außergerichtlichen Trennung, wie sie Männern automatisch zugestanden wird, muss für Frauen zuvor im Ehevertrag speziell vereinbart werden. An all diese unterschiedlichen Rechte, Scheidungsvereinbarungen und diversen Formen einer Trennung aber wollte und konnte die junge Shaimaa an jenem Tag des scheinbar ungeteilten Glücks nicht denken. Undenkbar war für sie demnach auch, dass ihr jemals das Schicksal jener verstoßenen und zum Betteln gezwungenen Frauen mit halbwüchsigen Kindern widerfahren könnte, wie man sie nach wie vor gelegentlich in Kairos Innenstadt antrifft. Sie genoss es, im Mittelpunkt der Aufmerksamkeit zu stehen und von dem für sie ausgewählten Bräutigam angehimmelt zu werden – in jenem blauen Festzelt zwischen den Grabhöfen von Imam Al-Shafi'i.

Die Zeremonie des Mabrouk – des formellen Beglückwünschens der Brautleute – wird üblicherweise in einer Art Audienz abgehalten. So haben sich auch Mona und ihre Schwestern schließlich in die lange Schlange der Hochzeitsgäste am Fuße der Kosha eingereiht. Die Frauen küssten die Braut, und sofern es sich um Familienmitglieder handelte, taten dies auch die männlichen Gratulanten. Die übrigen Männer küssten den Bräutigam. Kurz bevor die Reihe an die drei Schwestern kam, scherte Hoda aus. Ihr würde es peinlich sein, sagte sie, eine Frau zu küssen, die sie gar nicht kennt. Sabrin tat sich damit weniger schwer, und sie freute sich, als die ihr bis dahin unbekannte Shaimaa auch zu ihr sagte, was sie in der letzten Stunde schon einige Dutzend Mal gesagt hatte:

»Ich freue mich sehr, dass du da bist, und hoffe, dass dir unser Fest gefallen wird.«

Dann wurde das Essen an die Hochzeitsgäste verteilt. Üblicherweise reichte man den Familien der Brautleute und einigen ausgewählten Gästen gekochtes Fleisch mit Gemüse und Reis. Bei der Hochzeit ihrer Tante Fatheya waren auch Mona und ihre Geschwister in den Genuss eines solchen Mahls gekommen. Nun aber bekamen sie, wie die restlichen Hochzeitsgäste auch, eine kleine Pappschachtel, in der sich ein Sandwich, ein Stück Kuchen und eine Dose Cola befanden. Solche Hochzeitsschachteln konnte man bei dem Verleiher des Zeltes und der Kosha gleich mitbestellen.

Sabrin schien großen Appetit zu haben. Jedenfalls holte sie sich, kaum dass sie den Inhalt ihrer Schachtel verschlungen hatte, noch eine zweite Portion, was Mona und Hoda zu einem genervten Austausch von Blicken veranlasste. Die beiden standen am Eingang des blauen Zeltes, und als einige Jungen auffällig ihre Nähe suchten, wandten sie ihnen unisono die Rücken zu und sahen auf die nahezu menschenleere Straße zwischen den Grabhöfen hinaus. Welch ein Widerspruch zwischen dieser Leere, wie sie dort auch an gewöhnlichen Tagen herrscht, da sich das Leben fast ausschließlich hinter den Türen der Höfe abspielt, und jenem festlichen Treiben innerhalb des Zeltes.

Hochzeitsfeste sind einige der seltenen Gelegenheiten, an denen sich die Nachbarn der Gräberstadt begegnen. Abgesehen von den Freitagsgebeten in den zahlreichen Moscheen, wenn sich die männlichen Bewohner in langen Reihen nebeneinander in Richtung der heiligen Stadt Mekka vor Allah verneigen. Die den Frauen vorbehaltenen Nebenräume werden in den Totenstädten nicht in gleichem Maße besucht, wie dies in den innerstädtischen Moscheen der Fall ist. Denn die meist kinderreichen Familien ermöglichen es den Müttern nur selten, ihren Nachwuchs zu Hause allein zu lassen. Von Monas Familie geht ohnehin kaum jemand in die Moschee, obgleich eine solche doch ihrem Grabhof genau gegenüberliegt. Auch werden die täglich vorgeschriebenen fünf Gebete selbst von Hamdi nicht eingehalten. Wie in vielen aus Oberägypten zugezogenen Familien haben Hamdi, Nassra und folglich auch deren Kinder eher eine anerzogene Ehrfurcht vor der Religion als eine fundierte Kenntnis über sie.

Aus einiger Entfernung näherte sich jener Mann dem Festplatz, der von allen hier in Imam Al-Shafi'i der »Professor« genannt wird. Noch nie hat Mona ihn ohne Anzug und Krawatte und auch nur selten ohne Zigarette in der Hand gesehen. Undenkbar, dass jener würdig dahinschreitende Herr eine Galabeya trug, wie es die Alltagskleidung ihres Vaters war, oder eine staubige Hose mit löchrigem Pullover wie die von Tarek. Dennoch ist der dickleibige Torabi der Einzige weit und breit, der von jenem Professor bei jeder Begegnung mit Küssen begrüßt wird.

Die besondere Beziehung zwischen Mokhtar El-Kassabany und dem Torabi Tarek, welche Mona nicht entgangen war, hat ihre Wurzel in einer Kindheits- und Jugendfreundschaft. Die beiden gleichaltrigen Akademiker sind in unmittelbarer Nachbarschaft aufgewachsen, haben dieselben Schulklassen besucht und leisteten einander als Studenten in der für sie damals ungewohnten Welt des Kairoer Universitätscampus moralische Unterstützung. Noch immer sitzen sie oft in dem dunklen Torabi-Büro neben dem Postamt beim Tee zusammen und erinnern sich an alte Zeiten. Dann lachen die beiden über ihre Jungenstreiche, wie zum Beispiel den, als sie sich an hohen Feiertagen vor der Moschee des Imam Al-Shafi'i als Bewacher der Schuhe ausgaben und von den vielen fremden Besuchern ein nicht unerhebliches Bakshish einheimsten. Und die besondere Beziehung, wie sie zwischen den beiden besteht, existierte bereits zwischen deren Vätern und Vorvätern, denn auch die Familie des Universitätsprofessoren Mokhtar El-Kassabany gehört zum »Uradel« der Torabi in diesem Gebiet. Bereits in der osmanischen Zeit (1517–1805) hatte einer der Vorfahren mütterlicherseits die Lizenz erworben, seinerzeit noch brachliegende Flächen für Grabhöfe zu parzellieren und zuzuteilen. Somit war dieser Urahn einer der ersten Grabverwalter und damit ein Vorläufer der späteren Torabi. Und weil er in die bald entstandenen Mausoleen und Grabhöfe wiederum Wächter einquartierte, kann dieser Vorfahre als Pionier der Besiedelung gelten. Auch wenn die Familie von Professor El-Kassabany zu keiner Zeit zur sozialen Schicht der Grabhofbewohner gezählt wurde, gehört dessen berufliche Karriere dennoch zu einer der bemerkenswertesten. Keinem anderen aus dem Gebiet von Imam Al-Shafi'i war jemals zuvor ein vergleichbarer Aufstieg innerhalb des wissenschaftlichen Establishments Ägyptens gelungen. Noch bemerkenswerter aber ist der Umstand, dass jener Mittfünfziger, der am renommierten Institut für Archäologie der Kairoer Universität über islamische Architektur lehrt, noch immer dort wohnt, wo seine Vorfahren seit dreieinhalb Jahrhunderten lebten. Nicht erst seit seiner wissenschaftlichen Tätigkeit kennt er deshalb jene berühmten Mausoleen, welche zu den ältesten erhaltenen islamischen Bauten des Landes gehören. Schon als Schüler hat er sich für die Geschichte jener Orte interessiert, welche er heute seinen Studenten in Vorlesungen und Seminaren vermittelt – und bei Exkursionen in die beiden Totenstädte. Und im Gegensatz zu Tarek hatte er auch nie Ambitionen, von hier wegzuziehen.

Als ich noch kleiner war, hatte ich vor dem Professor immer ein wenig Angst. Weil er so anders aussah und ihn viele Leute in unserem Viertel fast unterwürfig grüßten. Außer Tarek, der ihn küsste. Aber als ich dann größer wurde, hat er mich manchmal auf der Straße freundlich gegrüßt und sogar angelächelt. Auch als ich ihn einmal vor dem Khawa sitzen sah. Da hatte ich keine Angst mehr. Warum sollte ich vor einem solch freundlichen Herrn Angst haben? Und ebenso freundlich grüßte er mich und Hoda und auch Sabrin, als er an Shaimaas Hochzeitstag neben uns in das blaue Zelt trat. Sofort war Shaimaas Vater auf ihn zugeeilt, und natür-

lich bekam der Professor von den warmen Speisen zu essen. Man konnte einem solchen vornehmen Herrn ja nicht eine Schachtel mit einem Sandwich und einer Cola in die Hand drücken.

Mona kannte jenen scharfen Geruch nur zu gut, der ihr plötzlich in die Nase stieg. Sie hatte ihn manchmal in dem Gebiet hinter der Mittelschule gerochen, wo sich junge Männer auf einsamen Gassen oder in den Nischen verlassener Grabhöfe treffen. Aber auch auf Festen wie diesen ist er fast immer in irgendeiner Ecke wahrnehmbar. Sie wusste, dass jene Männer, die schräg hinter ihr die Shisha schmauchten, zuvor kleine Haschischblättchen auf den Tabak gelegt hatten. Und deren glasige Augen, mit denen sie und ihre beiden Schwestern von ihnen angestiert wurden, waren ein Beweis dafür, dass die Droge bereits ihre Wirkung entfaltete. Zudem hatten einige dieser Männer eine Bierflasche in der Hand, wie es auf solchen Festen – entgegen dem islamischen Alkoholverbot – immer wieder geschieht. Mona wusste, dass dies eine gefährliche Mischung war. Oft schon hatten die schönen Feste einen unangenehmen Ausklang genommen, wenn diese Männer miteinander in Streit gerieten, gelegentlich sogar gegenüber den Frauen übergriffig wurden. Auch Bibo, die Bauchtänzerin, die noch immer in der hinteren Bühnenecke auf ihren Auftritt wartete, hatte jene Gruppe im Auge. So sehr sie die Herzlichkeit und die Begeisterungsfähigkeit des Publikums in den Totenstädten schätzte, so sehr fürchtete sie den »betrunkenen und bekifften Pöbel«, über den sie oft noch schimpfte, wenn sie längst in die Mohammed-Ali-Straße zurückgekehrt war. Erst zwei Monate zuvor war auf einem Hochzeitfest in der nördlichen Totenstadt Bassatin ein verwahrlost aussehender Mann während ihres Tanzes mit verhangenem Blick an die Rampe getreten. Zunächst hatte Bibo versucht, den unrasierten Kerl mit dem struppigen Haar und der fleckigen Jacke zu ignorieren. Nur aus dem Augenwinkel beobachtete sie, wie er auf ihre Beine stierte. Dann aber glaubte sie ihren Augen nicht zu trauen, als sie entdeckte, wie er lautlos das Wort »Sharmouta« formulierte. Hatte dieser primitive, ungepflegte Idiot sie tatsächlich als Hure bezeichnet? Schließlich war sie vor ihm stehen geblieben. Die irritierten Musiker hatten zu spielen aufgehört. Provozierend blickte Bibo dem Mann ins Gesicht. Nun konnte sie es auch hören. Nicht allzu laut, doch auch die in der Nähe Stehenden konnten deutlich vernehmen, wie dieser Mann das Wort »Sharmouta« wiederholte. Doch niemand rührte sich. Betroffen, aber tatenlos sahen die Männer zu ihr hinauf. Auch die Frauen warteten das weitere Geschehen ab, einige von ihnen mit dem Blick einer nicht zu übersehenden Schadenfreude. Blitzschnell schnappte sich Bibo von einem der in der Nähe stehenden Besucher dessen Glas mit heißem Tee und kippte sie ihrem Beleidiger ins Gesicht. Mit schmerzverzerrter Miene schrie der Mann laut auf. Jetzt erst schien sich die Erstarrung der Anwesenden zu lösen. Die Musiker legten die Instrumente zur Seite und eilten herbei. Da aber hatten schon mehrere der mit einem Mal empörten männlichen Festgäste ihren noch immer schreienden Geschlechtsgenossen umringt und ihn unter lauten Verwünschungen des Zeltes verwiesen. Aufgebracht war Bibo schließlich in die Mohammed-Ali-Straße zurückgekehrt, wo es an jenem Abend sogar noch einen lautstarken Krach mit einer anderen Tänzerin gegeben hatte. Während des gemeinsamen Abschminkens in dem engen von Ekrami angemieteten Raum wollte diese ihre noch immer erregte Kollegin Bibo mit der Schilderung eines eigenen Missgeschicks ablenken:

»Bei mir gab's heute auch ein Problem. Ich musste auf Marmorboden tanzen. Er war viel zu kalt, als dass ich darauf hätte barfuß tanzen können, und viel zu glatt für die Schuhe. Es war ein Tanz wie auf Eiern. Grauenhaft!«

Da dieser »Eiertanz« aber in einem der großen internationalen Hotels unten am Nil stattgefunden hatte und zudem auch noch mit einem reichen Geldregen honoriert worden war, musste Bibo die Schilderung der Kollegin in diesem Moment als völlig unangebracht empfinden.

Nachdem sich die unangenehmen Zwischenfälle mit meist nur vereinzelten, leider aber renitent auftretenden Besuchern häuften, verlangte Bibo schließlich von Ekrami, künftig von einem Bodyguard zu den Auftritten in den Totenstädten begleitet zu werden. Und einen solchen machte sie in Shaimaas Hochzeitszelt auf die Bier trinkenden Haschischraucher aufmerksam, ehe sie den Musikern ein Zeichen gab und den Umhang abwarf.

Schon während der ersten Takte, die der spindeldünne Oud-Spieler seinem Instrument entlockte, wurde es still in dem blauen Hochzeitszelt, und der Begleiter des Ensembles rief dem Publikum zu:

»Verehrte Herrschaften, hier ist der Höhepunkt des Abends – neben dem Brautpaar, versteht sich – hier ist Bibo!!!«

Nun setzten die Melodie der Mizmar, der arabischen Oboe, und der Rhythmus des Darabukka-Trommlers ein. Bibo sprang auf und lief mit tänzelndem Schritt zur Bühnenmitte. Aufgeregt forderte Mona nun ihre beiden Schwestern auf, ihr zu folgen. Sie wusste, dass sich gleich vor der Bühne ein Pulk von Leuten versammeln würde. Es war höchste Zeit, sich einen guten Platz zu sichern, um die Kunst der Bauchtänzerin bewundern zu können. Eine

Kunst, die Bibo ihrerseits schon als Kind auf den Dorffesten im Nildelta bewundert hatte, als sie noch Mervet hieß. Es war ihr damals unverständlich, wie die eigene Familie einerseits deren Tanz bejubeln konnte, um andererseits hinterher die Künstlerin als »schmutzig und verdorben« zu brandmarken. Die angeblich um moralische Reinheit bemühten Eltern hatten aber kein Problem, ihre hübsche dreizehnjährige Tochter einem reichen älteren Mann aus Saudi-Arabien zur Heirat anzubieten. Fluchtartig hatte Mervet das Elternhaus verlassen und beim Bruder ihrer Mutter in Kairo Unterschlupf gefunden. Der Onkel nahm sie zwar bei sich auf, überließ das Mädchen aber ansonsten seinem Schicksal. Sie lernte schnell auf eigenen Beinen zu stehen, schlug sich mit mehreren Jobs in der ägyptischen Metropole durch, ehe sie fünfzehnjährig in einem Friseursalon eine Tänzerin kennenlernte. Die junge Frau bot ihr an, in ihrer Tanztruppe mitzuarbeiten. Schon kurz darauf tanzte sie deren Agenten vor und trat wenig später in den Ferienclubs von Hurghada am Roten Meer auf. Bald setzte der Agent Mervet als Solotänzerin ein. Es schmeichelte ihr, wenn die Urlauber aus Europa sie bewunderten und anfeuerten. Mit dem erwachten Selbstbewusstsein aber kamen auch die ersten Schwierigkeiten mit dem sehr dominant auftretenden Agenten, der sie wie sein persönliches Eigentum behandelte. Schließlich kehrte sie nach Kairo zurück und tanzte dem »König der Mohammed-Ali-Straße« vor, der sie sofort engagierte. Es hatte sie nicht gestört, dass sie hier nicht so saubere Garderoben und Schminkräume vorfand wie in Hurghada. Irgendwann fragte sie sich, warum sie sogar ausgesprochen gern in jenen engen, dunklen Maskenraum in einem heruntergekommenen Wohnhaus ging. Oder weshalb es ihr nichts ausmachte, neben den Auftritten im Mövenpick-Hotel am Kairoer Flughafen auch auf den Bretterbühnen der Totenstädte zu tanzen. Die Antwort, die sie sich irgendwann selbst auf diese Fragen gab, war das Eingeständnis, dass sie Ekrami liebte. Und als sie ihm diese Liebe signalisierte, wurde sie erwidert. Die Ehefrau des Agenten stimmte schließlich einer Zweitehe zu – vorausgesetzt, sie konnte mit dem gemeinsamen Sohn in der ehelichen Wohnung bleiben. Bibo erzählt jedem, der es hören will, dass sie sich nur ein einziges Mal in ihrem Leben verliebt habe. Mit diesem Mann aber wolle sie nun alt werden. Und wenn sie einmal nicht mehr selbst tanzen könne, werde sie für dessen künstlerischen Nachwuchs die Choreografien entwickeln. Vielleicht würde sich ja irgendwann daraus entwickeln, was ihr als Tänzerin verwehrt geblieben war – eine ganz große Karriere. Das war und ist noch immer der heimliche Wunsch von Mervet, die von ihren Kollegen – nach einem ägyptischen Fußballstar – eben Bibo genannt wird.

Als Mona die schönen anmutigen Bewegungen der Tänzerin lobte, war es mal wieder Hoda, von der sie sich verstanden fühlte. Sabrin hingegen hatte sofort zu giften begonnen: »Aber muss sie deshalb fast nackt sein? So etwas schickt sich doch nicht. Schaut euch nur mal die Männer an.«

Tatsächlich ließ Bibos erotischer Tanz das männliche Publikum nicht unbeeindruckt. Manche stierten ungeniert und mit halb geöffnetem Mund auf deren unbedeckte Körperteile. Andere wiederum blickten demonstrativ in eine andere Richtung, wenngleich die kräftige Farbe ihres Teints und der heftig pulsierende Adamsapfel verrieten, dass sie keineswegs weniger erregt waren. Beim weiblichen Publikum ließen sowohl anerkennende Mienen als auch feindselige Blicke darauf schließen, dass deren Meinungen ebenso auseinandergingen wie die zwischen Mona und Sabrin.

Bibos Tanz entwickelte sich zunehmend zu einer ekstatischen Performance, bei der sie offenbar die Welt um sich herum vergaß. Sie schien kaum wahrzunehmen, dass es ihr mittlerweile gelungen war, die meisten der anfänglichen Skeptiker beiderlei Geschlechts zu begeisterten Bewunderern zu machen. Und schon gar nicht, dass ihr selbstbewusster Bewacher mit den imposanten Muskeln den Männern mit den glasigen Augen klar machen konnte, dass es für sie besser sein würde, neben ihren Shishas sitzen zu bleiben.

Erst als Bibo schließlich erschöpft auf den kleinen Hocker in der Ecke niedersank, sich mit einem Tuch die verschwitzten Haare von der nassen Stirn wischte, war Mona und ihren Schwestern aufgefallen, dass das Brautpaar verschwunden war. Natürlich wusste Mona, was das zu bedeuten hatte. Wie aber sollte sie es Hoda beibringen? Ihre kleine Schwester war nun exakt in dem Alter, in dem sie selbst vor fünf Jahren auf dem Hochzeitsfest ihrer Tante Fatheya jenes bald einsetzende Ritual erstmalig beobachtete. Aber auch ihr hatte damals niemand erklären wollen, was es mit dem blutverschmierten weißen Tuch auf sich hatte, welches sicher gleich wieder unter allgemeinem Jubel den Hochzeitsgästen vorgeführt würde. Erst zwei Jahre nach der Heirat ihrer Tante Fatheya und nachdem sie diese Zeremonie auf einem anderen Hochzeitsfest noch einmal beobachtet hatte, wurden sie und Sabrin von Tante Samira über die Bedeutung dieses »Brauchs« aufgeklärt. Der Tante fiel es nicht ganz leicht, den Mädchen zu erklären, dass sich auf den Hochzeitsfesten die jeweilige Braut mit Mutter und Schwiegermutter in das Schlafzimmer zurückzog, während der Bräutigam vor der Tür warten müsse. Es obliege nämlich den beiden Müttern, die Jungfräulichkeit der Neuvermählten festzustellen, wobei die Ehe nur bei einem positiven Ergebnis als gültig anzusehen sei. Jedenfalls halte die Brautmutter ihrer Tochter die Beine auseinander, während die Mutter des Bräutigams ein weißes Baumwolltuch zur Hand nähme und … na ja, bei einer Jungfrau müsse es eben danach blutig sein.

Natürlich wollte nun Hoda wissen, was es mit dem blutigen Tuch auf sich habe, als auch diesmal unter großem Jubel das Beweisstück jungfräulicher Reinheit von der Brautmutter in die Höhe gehalten wurde. Diesmal war Mona über Sabrins Lust zur Tratscherei sehr froh und überließ es der jüngeren Schwester, die vierzehnjährige Hoda aufzuklären. Mit großen Augen und offenem Mund suchte die Kleine schließlich bei Mona eine Bestätigung für jene Ungeheuerlichkeit, die Sabrin ihr so laut ins Ohr »flüsterte«, dass einige der umstehenden Jungen verlegen zu lachen anfingen. Mona blieb nichts anders übrig, als zustimmend zu nicken. Dann aber wollte Hoda wissen:

»Und wo sind Shaimaa und der Bräutigam jetzt?«

Das verlegene Lachen der Jungen verwandelte sich in schallendes Gelächter.

»Wir müssen jetzt nach Hause!«, entschied Mona und strebte energischen Schrittes dem Ausgang des Zeltes zu. Das Hochzeitsfest war für die Mädchen nun endgültig zu Ende. In zwei Tagen, so war es Mona auf dem Heimweg durch den Kopf gegangen, würde sie bereits den ersten Arbeitstag bei der ägyptischen Staatsbank hinter sich haben. Sofort hatte ihr Herz wieder zu rasen begonnen. Sie wusste, es würde mal wieder eine schlaflose Nacht werden. Diesmal aber nicht verursacht durch schwarze Gedanken, sondern einer freudigen Erwartung wegen. Das hoffte sie zumindest.

Was ist das denn – Prestige?

Sollte Mona sich in ihrer Schwester so getäuscht haben? Von jeher hielt sie Sabrin für eine vorlaute, ständig keifende und intrigante Person. In Monas Charakterisierung klang das bis dahin so: »Sabrin ist eine blöde Gans!« Überraschend sah sie sich einer vollkommen anderen, ihr bislang weitgehend unbekannten Sabrin gegenüber.

Es war der Abend vor ihrem ersten Arbeitstag in der ägyptischen Staatsbank. Mona wusste noch immer nicht, was dort auf sie zukommen würde, und war voller Vertrauen auf Kismet. Sie hatte sich schon früh auf das Bett gelegt und ihre Gedanken zu ordnen versucht. War ihr wirklich eine berufliche Laufbahn bei der Staatsbank auf die Stirn geschrieben, und hatte Said, der Freund ihres Vaters, es dort lesen können?

Überraschend saß Sabrin auf der Bettkante und suchte fast schüchtern das Gespräch mit der großen Schwester. Sie hielt irgendetwas in der Hand, was Mona wegen der Dämmerung in dem fensterlosen Raum nicht gleich erkennen konnte. Es sah aus wie eines dieser kleinen gestrickten Muster, die Sabrin immer in ein Heft klebte. Seit wenigen Wochen machte Monas jüngere Schwester an einem staatlichen Institut eine Ausbildung an einer Strickmaschine, aber offenbar keinerlei Fortschritte. Denn bislang hatte sie nur selbst hergestellte, handflächengroße Wollmuster mit nach Hause gebracht, welche sich lediglich farblich voneinander unterschieden. Nun aber hatte sie augenscheinlich ein deutlich größeres Stück in der Hand.

»Es sollte eigentlich ein Pullover für dich werden, aber … ich bin noch nicht so weit …«, begann sie mit sanfter Stimme.

»Ein Pullover? Für mich?«, fragte Mona ungläubig.

Sabrin nickte stumm, und nach einer kleinen Pause hielt sie ihrer großen Schwester das gestrickte Stück Wollstoff hin. Offensichtlich um eine Verlegenheit zu überspielen, fragte sie:

»Gefällt dir die Farbe?«

»Sie ist sehr schön!«, sagte Mona, ohne sie überhaupt erkennen zu können. Und nach einer Weile:

»Aber warum wolltest du mir einen Pullover stricken?«

Zaghaft begann Sabrin zu flüstern:

»Ich wollte dir … für deinen großen Tag ein Geschenk machen?«

»Für meinen großen Tag?«

»Na ja, für deinen ersten Arbeitstag bei dieser … Staatsbank. Ich habe den anderen Mädchen in unserem Kurs davon erzählt … sie bewundern dich alle. Und unsere Kursleiterin, Madame Madbouly, sagt, dass eine Arbeit dort ›Prestige‹ bedeutet … und ich glaube, dass ›Prestige‹ etwas … etwas sehr Gutes ist.«

Dann beugte sich Sabrin zu Mona hinunter und flüsterte ihr ins Ohr:

»Ich bin sehr stolz, dass meine große Schwester dieses ›Prestige‹ bekommt. Nur schade, dass mein Pullover nicht fertig ist.«

Mona legte ihre Arme um den Hals der sonst so wenig

geliebten Schwester und drückte sie ganz fest an sich. Nach einer Weile fragte sie leise:

»Was ist das denn – Prestige?«

»Keine Ahnung«, sagte Sabrin, und die beiden ungleichen Schwestern begannen zu lachen, bis ihnen die Tränen über das Gesicht liefen.

Oft habe ich gedacht, dass Sabrin eine dumme Gans ist. Aber nun wusste ich, dass sie auch ganz anders sein konnte. War das bei mir nicht ganz genauso? Viele Menschen kennen mich als eine fröhliche Person, doch sie wissen nicht, dass ich oft traurig bin. Denn dann ziehe ich mich ja meist zurück. So bin ich manchmal eine fröhliche und oft eine traurige Person. Nur nie zur gleichen Zeit. Die fröhliche Person, das ist das Gesicht, welches ich nach außen hin trage. Ich weiß nicht, warum Sabrin nach außen dieses laute Mädchen mit der schrillen Stimme ist, aber ich weiß, dass es diese andere Sabrin auch gibt. Und als ich sie so erlebte, am Abend bevor ich am nächsten Morgen zur Staatsbank fuhr, dachte ich noch lange darüber nach. Dann fielen mir auch Momente ein, in denen ich diese andere Sabrin erlebt hatte. Damals zum Beispiel, als meine Teta gestorben war und ich nicht mitfahren durfte nach Kafr Abou Tesht, da hat sie mich getröstet. Das hatte ich vergessen. Und jetzt fiel mir auch wieder ein, dass sie geweint hatte, als ich zusammengebrochen war und mein Vater mich auf dem Arm trug bis zum Tabarak-Kinderkrankenhaus. Es gab also eine Sabrin, die ich lieb haben konnte, und eine, die mir auf die Nerven ging. An jenem Abend hatte ich sie lieb. Das war ein schönes Gefühl. Doch als ich mitten in der Nacht aufwachte, war die fröhliche Mona verschwunden.

Plötzlich war diese Beklemmung wieder da, als ob ein Eisenring das Herz umklammern und sich immer enger zusammenziehen würde. Mona kannte diese Beklemmung seit vielen Jahren. Unerklärlicherweise trat sie immer nur nachts auf. Während der Rest der Familie schlief, suchte sie vor dem Spiegel stehend in ihren Augen nach dem Grund für diese Beklemmung. Früher lag dieser oft in der Angst vor dem Versagen in der Schule oder der Furcht vor dem strengen Vater, und fast immer war dieses Gefühl mit einer tiefen Traurigkeit verbunden. Weil manche Mitschülerinnen sie wie eine Aussätzige behandelten oder weil sie sich von den Eltern nicht geliebt fühlte. Und sie tauchte auch auf, nachdem ihre wunderschöne romantische Verlobung schon zwei Tage später geplatzt war. Warum aber in dieser Nacht? Mona suchte die Antwort in jenem matten, traurigen Blick, den sie an sich selbst nicht mochte.

Eigentlich gab es keinen Grund traurig zu sein, und schon gar keinen für jenes beklemmende Gefühl in der Herzgegend. Als sie am Abend neben Hoda und Sabrin im Bett gelegen hatte, war sie fröhlich, ja geradezu hoffnungsvoll und glücklich. Sie hatte die ungewohnte Harmonie genossen, die sie in diesem Moment mit beiden Schwestern verband.

Am nächsten Morgen würde sie unterhalb der Brücke am Midan Sayeda Aisha in das schwarze Auto von Saids Freund steigen und mit ihm nach Kairo fahren. Dorthin, wo sie fortan arbeiten wird – in der ägyptischen Staatsbank. Das bedeutete angeblich »Prestige«! Was immer damit gemeint war, es musste etwas ganz Besonderes sein. Warum also verspürte sie diese Beklemmung? Wenn man sie dort in der Staatsbank nicht hätte haben wollen, weil ihre Zensuren zu schlecht waren oder weil Said erzählt haben würde, dass sie ein Grabhofmädchen ist, dann hätte man sie gar nicht erst eingestellt. Es sprach doch alles dafür, dass ihr ein freudiger Tag bevorstand. Dennoch gab es diesen Eisenring um das Herz.

Ich hatte mir die schönste Hose herausgesucht, die ich besaß, und dazu eine weiße Bluse. Es war eine schwarze Hose, die ich auf dem Großmarkt am Midan el-Attaba in der Nähe der Feuerwache von dem Geld gekauft hatte, das ich nach Saids Anruf von meiner Mutter dafür bekam. Und ich hatte mich geschminkt, bevor ich mir den orangegelben Hijab umband. Weil es kalt war, zog ich den wunderschönen beigefarbenen Mantel an, den mir meine Tante Samira im Jahr zuvor geschenkt hatte. Vielleicht hat das alles etwas zu lange gedauert, denn als ich mit meinem Vater unter der Brücke am Midan Sayeda Aisha auf das schwarze Auto von Saids Freund wartete, kam es nicht. Natürlich gab es viele schwarze Autos, und die meisten hielten auch an, als wir winkten. Nur war Saids Freund nicht darunter. Er hieß Mohammed, wie viele von denen, die wir angehalten haben. Einige sahen auch so ähnlich aus, wie Said seinen Freund beschrieben hatte. Aber keiner von denen kannte unseren Said aus Shibin, und sie fuhren auch nicht zur Staatsbank. Langsam wurde uns klar, dass der Mohammed, auf den wir warteten, nicht mehr kommen würde. Wir waren etwas später als verabredet dort an der Brücke eingetroffen. Vielleicht ein paar Minuten oder eine halbe Stunde, aber wie sich hinterher herausstellte, hatte er nicht auf uns gewartet.

Wir kannten die Adresse der Staatsbank, und ein Busfahrer sagte uns, dass wir bei seinem Kollegen im anderen Bus einsteigen müssten, um dorthin in die Nähe zu kommen. Wir sollten ihm sagen, dass wir am Midan el-Falaki aussteigen wollen. Ich weiß gar nicht, ob mein Vater auch mitgefahren wäre, wenn wir Saids Freund Mohammed getroffen hätten. Nun aber stieg er mit in den Bus ein, und mir war es peinlich, dass er mich in seiner alten Galabeya begleitete. Sie schaute unter seiner warmen Jacke hervor. Es sah scheußlich aus. Je näher wir der Stadt kamen, umso weniger Fahrgäste trugen eine Galabeya, und draußen auf der Straße überhaupt keiner. Ob er so womöglich mit mir in die Staatsbank gehen wolle, habe ich überlegt, aber mich nicht getraut, ihm diese Frage zu stellen. Als wir dann am Midan el-Falaki ausstiegen, erklärte uns der Busfahrer noch, dass wir nur um zwei Straßenecken biegen müssten, dann würden wir schon das große Gebäude der Staatsbank sehen. Ich war sehr froh, dass wir keine der großen Straßen überqueren mussten, denn es herrschte schon zu dieser frühen Stunde viel Verkehr.

Die adrett wirkende Mona in dem beigefarbenen Mantel, der schwarzen Hose und dem vorschriftsmäßig gebundenem Hijab ging unsicher neben dem Vater her, der sich deutlich von den anderen Passanten im Geschäftsviertel von Downtown Kairo abhob. Noch an der Bushaltestelle hatte Mona den zaghaften Versuch unternommen, ihn nach Hause zu schicken. Sie käme jetzt allein zurecht. Hamdi aber bestand darauf, sich den Ort genau anzusehen, wohin seine Tochter von nun an Tag für Tag gehen würde.

Das imposante dreigeschossige Gebäude aus sandfarbenem Naturstein, vor dem die beiden schließlich standen, beeindruckte selbst Menschen, die nicht in der Totenstadt weit außerhalb der City lebten. Hamdi und seine Tochter waren regelrecht eingeschüchtert, als sie auf den meterhohen Eingang jenes pompösen Bauwerks blickten. Wie sollte es ihnen gelingen, die schwere Tür zu öffnen? Hamdi versuchte es dennoch – und musste nach mehrfachem kräftigen Drücken und Ziehen feststellen, dass sie definitiv geschlossen war. Inzwischen hatte Mona oberhalb des Eingangs etwas entdeckt, das sie verwirrte. Hatte Said nicht gesagt, sie würde bei der Staatsbank arbeiten?

»Die Tür ist geschlossen«, stellte Hamdi fest und seine Tochter rief:

»Das ist auch gar nicht die Staatsbank!«

Mona wies mit der Hand auf eine Inschrift über der geschlossenen Tür:

»Das ist die ägyptische Zentralbank!«

Irritiert blickte Hamdi, der Analphabet, auf die arabischen und lateinischen Buchstaben, als wolle er diese entziffern. Dann drehte er sich um und blickte hilflos seine Tochter an. Inzwischen war rechts vom Eingang ein Polizist aus einem kleinen Wachhäuschen getreten.

»Kann ich dir behilflich sein?«

Erleichtert ging Hamdi auf den uniformierten Herrn zu.

»Wir suchen die ägyptische Staatsbank!«

»Du stehst direkt davor«, erklärte er freundlich. »Sie öffnet allerdings erst in einer Viertelstunde.«

»Was?«, rief Mona aufgeregt. »Es hieß doch, dass ich um acht Uhr hier mit der Arbeit beginnen soll …«

»Nun, wenn du hier arbeitest, dann musst du den Personaleingang benutzen. Dort hinten, auf der Rückseite des Gebäudes«, sagte der Polizist und wies mit dem Arm an der Seitenfront der ägyptischen Zentralbank entlang.

Merkwürdig, wie anders dieses Gebäude von hinten aussah. Der Personaleingang in dieser engen dunklen Gasse und die grauen Stahltore wirkten nicht so elegant wie die Tür auf der anderen Seite. Im Hof standen viele Motorroller und auch ein Fahrrad. Der alte Mann hinter der Scheibe, der mich freundlich ansah, blickte meinen Vater in seiner armseligen Kleidung von oben bis unten an. Er wollte meinen Personalausweis sehen. Es war das erste Mal, dass ich jemandem den Personalausweis zeigen musste, den ich damals an der Mittelschule erhalten hatte. Während der alte Mann telefonierte, wollte ich meinen Vater zur Tür hinausschieben. Wenn man mich mit ihm in seiner Galabeya sehen würde, könnte es doch sein, dass man fragt, aus welcher Familie ich komme und wo ich wohne. Wahrscheinlich wäre es dann schon wieder vorbei mit der Arbeit bei der Staatsbank und dem »Prestige«. Aber mein Vater wollte unbedingt mit dem zuständigen Herrn sprechen, der für mich verantwortlich sei. Und der erschien auch gerade in diesem Moment. Es war Mohammed, der Freund von Said mit dem schwarzen Auto, den wir nicht gefunden hatten. Er war nicht sehr freundlich, weil wir nicht pünktlich gewesen waren. Mein Vater verneigte sich vor Mohammed und entschuldigte sich. Seine Uhr sei falsch gegangen, sagte er, und ich musste mich beherrschen, um nicht zu lachen. Mein Vater besaß gar keine Uhr, aber er hätte sie auch gar nicht lesen können. Er steht mit dem Morgenruf des Muezzin auf und kommt nach dem Abendruf nach Hause. Und wenn es nichts zu tun gibt, auch mal zwischendurch. Die Torabi sagen ihm, wann und wohin er gehen muss und was er dort tun soll. Er braucht also gar keine Uhr. Ich war froh, als sich dieser Mohammed nun freundlich von meinem Vater verabschiedete und mit mir in das Gebäude hineinging. Ich war gespannt, was nun als Nächstes passieren würde.

Die Flure, in denen Mona stumm neben dem stattlichen Mohammed entlanglief, wirkten endlos. Die neugierigen Blicke der männlichen Angestellten machten sie verlegen und die der weiblichen stolz. Ab heute würde sie dazugehören, und das empfand sie trotz aller Unsicherheit als angenehm.

Ganz am Ende des Flures in der zweiten Etage stand eine der Türen offen. Diese steuerte Mohammed nun an. Er blieb im Türrahmen stehen und rief hinein:

»Guten Morgen, meine Damen. Hier ist eure neue Kollegin!«

Mona spürte Mohammeds Hand auf ihrer Schulter, die sie sanft heranführte. Scheu blickte sie durch die geöffnete Tür und traute ihren Augen nicht. Obgleich sie ja eigentlich überhaupt nichts Konkretes erwartet hatte, so hätte sie es doch vollkommen ausgeschlossen, dass ihre neuen Kolleginnen ein solches Bild abgäben wie jene beiden Frauen, deren gelangweilten und skeptischen Blicken sie sich jetzt ausgesetzt sah. Die ältere von den beiden war sehr korpulent und ihr wirres Haar strebte unter dem nicht vorschriftsmäßig gebundenen Kopftuch hervor. Auch die jüngere ließ ihr schulterlanges Haar seitlich aus dem Kopftuch heraushängen, was den religiösen Sinn dieser Kopfbedeckung unfreiwillig ad absurdum führte. Obgleich sie möglicherweise sogar jünger als Mona war, wirkte sie älter, da sie augenscheinlich versuchte, mit einem hellen Make-up ihre dunkle Hautfarbe zu überschminken. Sie sah geradezu kalkig aus. Zudem gaben der hellblaue Lidschatten und vor allem der knallrote Lippenstift ihrem Gesicht etwas Ordinäres. Es schien, als wären Monas neue Kolleginnen inmitten einer Arbeitspause gestört worden, denn die jüngere Frau, welche ihr mit dem Namen Gehad vorgestellt wurde, hielt noch immer eine Teekanne in der Hand, während sie ihre neue Arbeitskollegin musterte. Zunächst war Mona nur aufgefallen, dass die beiden Frauen den gleichen dunkelblauen Kittel trugen, auf dem sich jenes aufgestickte Abzeichen befand, welches sie eben auch schon auf dem Jackett von Mohammed entdeckt hatte. Zaghaft blickte sich Mona in dem kleinen fensterlosen Raum um. Im Hintergrund entdeckte sie ein hohes Regal mit diversen Putzmitteln, Tüchern und Schwämmen, davor drei große Geräte, die sie schon bald als Staubsauger kennenlernen sollte. Nachdem Mohammed Mona in der Tür hatte stehen lassen, war Gehad mit betont langsamen Bewegungen zu einem Schrank gegangen, dem sie einen dieser dunkelblauen Kittel entnahm und vor sich auf den Tisch warf.

»Bitte! Deine neue Uniform!«

In diesem Moment streckte die ältere der beiden Frauen Mona ihre Hand entgegen und brüllte:

»Ich bin Om Ahmed und sorge in diesen Hallen schon seit fünfzehn Jahren für Sauberkeit. Wenn's Fragen gibt, bin ich deine Ansprechpartnerin. Aber ... erstmal willkommen!«

Ohne die Frau anzusehen, war Mona langsam herangetreten und hatte ihr mit gesenktem Kopf die Hand gereicht. Im nächsten Moment schüttelte die korpulente Frau diese so heftig, dass Mona befürchten musste, ihr werde der Arm ausgerissen. Dabei lachte Om Ahmed mit einer lauten, satten Altstimme. Nur mit Mühe konnte Mona ihr die Hand entwinden.

»Und wie heißt du, junge Frau?«, brüllte sie im nächsten Moment.

»Mona«, bekam sie leise zur Antwort.

»Wo kommst du her?«, hörte Mona nun die jüngere Frau fragen.

»Wie?«

»Na, wo du wohnst, will ich wissen.«

Mona hatte nicht damit gerechnet, dass man ihr diese Frage so schnell stellen würde. Dennoch fiel es ihr nicht schwer, spontan die zuvor überlegte Antwort zu geben:

»Am Midan Sayeda Aisha.«

»Wo ist das denn?«, wollte Gehad wissen.

Unsicher griff Mona zu dem auf dem Tisch liegenden zusammengefalteten Kittel. Was sollte sie antworten? Sie kannte sich ja in der Stadt nicht aus, hätte nicht mal gewusst, in welche Richtung sie zeigen musste.

»Na, ist das nicht in der Nähe einer dieser Totenstädte, wo die Leute mit den Ratten auf den Gräbern hausen?«, hörte sie Om Ahmed fragen.

Sollte ich auf der Stelle die Bank wieder verlassen und nach Hause fahren? Aber wem hatten ich und meine Familie nicht schon alles von meiner neuen Arbeitsstelle bei der Staatsbank erzählt? Herrn Gamal aus der Grundschule und den Nachbarn, und Sabrin hatte es ihrer Kursleiterin mitgeteilt. Außerdem fielen mir die Lehrer an der Handelsschule ein, die genau das immer gesagt hatten, was ihnen die dicke Zahra nachplapperte: Der Weg auf der Leiter nach oben beginnt immer ganz unten auf der ersten Sprosse. Auch wenn man wie die fette Om Ahmed darauf fünfzehn Jahre lang stehen bleiben konnte. Ich jedenfalls war an diesem Morgen davon überzeugt, dass Kismet mich dazu bestimmt hatte, hier zu putzen, weil es noch etwas anderes mit mir vorhatte. Also zog ich den Mantel von meiner Tante Samira aus und den blauen Kittel an.

Während Mona sich in das scheinbar vorbestimmte Los fügte, irrte ihr Vater verzweifelt durch Kairos erwachende Geschäftswelt. Er war wohl beim Rückweg vom Personaleingang der Bank irgendwo falsch abgebogen. Anfangs glaubte er noch, jede Straßenecke wiederzuerkennen. Dann aber sah plötzlich alles fremd aus. Denn inzwischen hatten viele Geschäfte ihre Rollläden geöffnet, immer mehr Menschen bevölkerten die Trottoirs und auch der Autoverkehr nahm rapide zu. Kairos Innenstadt veränderte sich von Minute zu Minute, und bald hatte Hamdi die Orientierung komplett verloren. Er musste unbedingt jemanden nach dem Weg zu diesem Platz fragen, an dem er mit Mona aus dem Bus ausgestiegen war. Von dort aus würde sicher auch wieder ein solcher zurückfahren. Wie aber hieß nur dieser Platz? Hamdi konnte sich nicht entschließen, einen wildfremden Passanten nach einem Platz zu fragen, dessen Namen er vergessen hatte und von wo aus ein Bus zum Midan

Sayeda Aisha fahren würde. Alle Menschen schienen sehr in Eile zu sein, strebten schnellen Schrittes irgendwohin. Hinzu kam, dass auch er sich mittlerweile des Unterschieds seines Äußeren im Vergleich zu dem der anderen bewusst geworden war. Womöglich würden sie ihn für einen Bettler halten und beschimpfen, ja, vielleicht sogar nach der Polizei rufen. Wie aber würde es sein, wenn er in einem der Läden nach dem Weg fragte? Man würde ihn dann zunächst für einen Kunden halten und ihm Gelegenheit geben, sein Anliegen in Ruhe vorzutragen. Es durfte natürlich keines der sehr exklusiven Geschäfte sein. Da würde man ihn seiner Galabeya wegen bestimmt schon an der Tür zurückweisen. Doch es war für ihn gar nicht leicht, die einfacheren Läden von den teureren zu unterscheiden. Obgleich er die Zahlen auf den Preisschildern lesen konnte, empfand er die Waren hier in Downtown Kairo allesamt als teuer.

Endlich hatte Hamdi eines jener Schuhgeschäfte aufgesucht, bei denen der Betrachter des vollgestopften Schaufensters den Eindruck gewinnen musste, dessen gesamten Warenbestand vor sich zu haben. Er aber würdigte die Auslage mit keinem Blick, trat durch die geöffnete Tür und ging direkt auf den Mann zu, der an der Kasse sitzend eine Zeitung las. Dieser Mann aber konnte Hamdi nicht helfen. So erging es Monas Vater auch in einem Laden für Kinderbekleidung, einem Süßwarengeschäft und bei einem Händler für High-Tech-Produkte. Niemand kannte jenen Platz mit der Bushaltestelle, welcher eigentlich – wie Hamdi nach einigem Nachdenken fand – gar kein richtiger Platz war. Jedenfalls kein so imposanter wie jener, in dessen Mitte eine große Figur auf einer Säule stand und von dem sternförmig sechs Straßen abgingen. Immer wieder war er während seiner Irrgänge an diesem Morgen dorthin gelangt. Der Bus aber hatte an einer Art Parkplatz gehalten. War da nicht auch eine Tankstelle? Hamdi hatte die Idee, fortan nicht mehr nach jenem Platz zu fragen, sondern nach der ägyptischen Zentralbank. Dort gab es diesen netten Polizisten in seinem Häuschen, der ihm sicher weiterhelfen würde. Er überlegte erneut, in welchem Geschäft er nun diese Auskunft erbitten sollte. Schließlich entschloss er sich, den Verkäufer in einem Straßenkiosk zu fragen. Der von Zeitungen und Zigarettenpackungen eingerahmte Mann sah Hamdi einen Moment verdutzt an, ehe sich sein Gesicht aufhellte und er ihn aufforderte:

»Bleib so stehen wie du jetzt stehst. Und nun richte den Kopf leicht nach links … nein, das ist rechts … zur anderen Seite … ja, und nun schaue mal quer über die Straße …!«

Diagonal auf der anderen Seite der Kreuzung erhob sich imposant jenes Gebäude aus sandfarbenem Naturstein, über dessen inzwischen geöffneter Tür in riesigen Schriftzeichen »Ägyptische Zentralbank« stand, wie Hamdi von seiner Tochter wusste.

In einem kleinen fensterlosen Raum in der zweiten Etage jenes Gebäudes saß Mona im blauen Arbeitskittel in der Ecke und wartete. Auch Om Ahmed und Gehad warteten. Aber worauf? Niemand hatte es ihr gesagt, und die beiden Frauen nahmen sie kaum noch wahr. Lediglich als Om Ahmed einen neuen Tee gebrüht hatte, drehte sie sich kurz zu Mona um, die aber dankend ablehnte. Dann wandte sich die korpulente Frau wieder ihrer kalkweiß geschminkten Kollegin zu und erzählte ihr ungeheuerliche Dinge. Jedenfalls empfand Mona es als ungeheuerlich, wie diese ordinäre Person ihrer kaum vornehmeren Gesprächspartnerin detailliert von diversen Liebeserlebnissen mit einem sechsundzwanzigjährigen Mann berichtete. Sie, die verheiratete

Frau und – wie der Namenszusatz Om verrät – Mutter eines Sohnes, vergnügte sich angeblich heimlich mit einem Mann, der mindestens fünfzehn Jahre jünger war als sie selbst. Aber welcher junge Mann ließ sich wohl mit einer solch dicken und hässlichen Frau ein? Mona beschloss, die Schilderungen von Om Ahmed für Angeberei zu halten. Das aber machten diese in ihren Augen keineswegs weniger verwerflich, empfand sie doch allein schon die Gedanken an ein derart irreguläres Liebeserlebnis als sündhaft.

Es war sicher schon mehr als eine Stunde vergangen, ohne dass irgendetwas passiert war – sah man davon ab, dass mittlerweile auch Gehad ihre diversen Flirts ausgebreitet und gelegentliche Liebeserlebnisse angedeutet hatte. Endlich meldete sich Mona zaghaft zu Wort. Man werde doch sicher nicht dafür bezahlt, dass man hier tatenlos zusammensitze.

»Wir werden im Moment noch überhaupt nicht bezahlt«, erklärte Gehad der überraschten Mona. »Unser Dienst beginnt pünktlich um fünfzehn Uhr. Von da an rollt der Piaster!«

Dann wandten sich die beiden Frauen wieder einander zu und ließen ihre neue Kollegin mit all den Fragen allein, die eine solche Auskunft zwangsläufig aufwerfen musste.

In der großen Schalterhalle der ägyptischen Zentralbank wurde der Mann in der Galabeya und einer mehrfach ausgebesserten Winterjacke von allen Seiten misstrauisch beäugt. Der dunkelhäutige nubische Wachmann neben dem Eingang ließ ihn nicht aus dem Blick, einige der Angestellten hinter den hölzernen Schaltern sahen unauffällig zu ihm herüber, während sie mit ihren Kunden jenseits der Glasscheibe sprachen. Diese wiederum drehten sich nach ihm um, ehe sie das Bankgebäude verließen. All das aber nahm

Hamdi nur nebenbei wahr, ohne sich weitere Gedanken zu machen. Er war viel zu sehr von der Größe des Raumes und dessen imponierender Pracht beeindruckt. Die Neugierde, den neuen Arbeitsplatz seiner ältesten Tochter kennenzulernen, hatte ihn durch die riesige Eingangstür treten lassen. Zunächst hatte er sich umgesehen, ob er Mona irgendwo in diesem Gewühl entdecken würde. Dann aber war er abgelenkt von dem mit schwarzem Stein umrandeten Marmorfußboden, in welchen kleine schwarze Quadrate eingesetzt waren. Er betrachtete die überreiche Deckenverzierung hoch über seinem Kopf. Sein Blick fiel auf die dicken dunkelroten Kordeln, die zwischen Messingständern hingen, deren Material er für Gold hielt. Schließlich setzte sich Hamdi auf eine der Holzbänke, die in der Mitte des Ganges parallel zu den Schaltern standen, und beobachtete die Bankboten, die auf Tabletts Kaffee oder Tee zu jenen Angestellten hinter den Scheiben trugen. Hamdi war dem Schicksal dankbar, dass es seine Tochter von einem Grabhof in Imam Al-Shafi'i an einen solch beeindruckenden Ort geführt hat.

Ein Mann im dunkelblauen Anzug des Sicherheitsdienstes bemühte sich auffallend um Freundlichkeit:

»Verzeihen Sie, mein Herr, womit können wir Ihnen behilflich sein?«

Nun erst nahm Hamdi all die Menschen wahr, die in Schlangen vor den dunkelroten Kordeln standen oder neben ihm auf den Bänken saßen. Offenbar gab es hier irgendein System, wonach sie sich richteten. Deshalb war er wohl auch diesem höflichen Herrn aufgefallen.

»Entschuldigen Sie bitte, aber ich wollte mir nur den neuen Arbeitsplatz meiner ältesten Tochter ansehen«, sagte Hamdi und stand auf.

»Oh, Ihre Tochter arbeitet in unserem Haus. Das freut mich sehr«, bekam er zur Antwort.

Wortlos verbeugte sich Hamdi vor dem eleganten Herrn und ging in Richtung Ausgang, wo er den dunkelhäutigen Wachmann entdeckte. Und weil er seit seiner Jugend in Oberägypten die Nubier als sehr freundliche Menschen kannte, wandte er sich vertrauensvoll an den uniformierten Mann. Mit Erfolg, denn der Wachmann wusste, was all die Geschäftsleute zuvor nicht gewusst hatten – dass die Bushaltestelle sich am Midan el-Falaki befand. Und er kannte auch den schnellsten Weg dorthin.

Vor dem Haus drehte sich Hamdi noch einmal um und blickte an dem Gebäude der ägyptischen Zentralbank hoch. Auch wenn er Mona nirgendwo hatte entdecken können, so genügte es ihm zu wissen, dass sie in diesem Moment irgendwo dort drinnen einer beruflichen Tätigkeit nachging – und das machte ihn stolz.

In dem Lagerraum für Putzmittel im zweiten Stockwerk dachte Mona noch immer über jenes zweifelhafte Abwarten nach, welches sie mit den beiden merkwürdigen Frauen verband. Aber es dauerte noch eine Weile, ehe sie endlich den Mut aufbrachte, die nahe liegende Frage zu stellen:

»Warum kommen wir denn dann nicht erst um fünfzehn Uhr?«

Schwer atmend erhob sich Om Ahmed und ging auf ihre neue Kollegin in der Ecke zu. Keineswegs unfreundlich, begann sie sachlich zu erklären:

»Tja, warum kommen wir nicht erst um fünfzehn Uhr? Das ist eine gute Frage! Früher kamen wir um fünfzehn Uhr. Nicht alle, manche … na ja, so zwei oder drei auf allen Etagen zusammen … waren auch schon früh da. Sie waren die Notbesatzung. Wenn einer der Direktoren seinen Tee verschüttete oder …«, sie hob geheimnisvoll die Augenbrauen, ehe sie fortfuhr, »… man ihm die Lippenstiftspuren seiner Sekretärin vom Kragen entfernen musste.« Nun schrie sie fast vor Lachen, als ob sie einen Witz erzählt hätte. Auch Gehad wieherte los. Mona aber konnte keinen Witz erkennen, sondern fragte sich vielmehr, wie denn die Lippenstiftspuren dorthin gelangt sein sollten. Nachdem sich Om Ahmed einigermaßen gefangen hatte, fuhr sie in ihrer Erklärung fort:

»Auch heute werden wir erst um fünfzehn Uhr die volle Mannschaftsstärke erreichen, dann kommen unsere tollen Jungs … O lala … Die putzen wie die Teufel, sag ich dir. Na ja, leider nicht immer. Deshalb müssen wir schon um acht Uhr da sein. Denn wenn die Inspektoren irgendetwas sehen, was am Tag zuvor nach fünfzehn Uhr nicht richtig geputzt wurde, dann müssen wir das machen.«

Nun kam auch Gehad heran und erläuterte, wie es zu jener unheilvollen innerbetrieblichen Regelung gekommen war:

»Früher gab's morgens nur die Notbesatzung, und die hat sich manchmal geweigert, die Schlampigkeit der Kollegen auszubaden, die am Tag zuvor … Jedenfalls gab es ständig Diskussionen. Nun müssen wir also schon morgens da sein, denn wenn es eine Reklamation vom Vortag gibt, dann sind es ja auch wir gewesen. Verstehst du?«

Mona verstand nicht, und das sagte sie auch:

»Wir müssen jetzt von acht Uhr bis fünfzehn Uhr hier herumsitzen, ohne Bezahlung, nur weil der Inspektor was finden könnte, was am Vortag …«

»… verschlampt wurde. Ja, genau – so ist das System!«, sagte Om Ahmed und machte Anstalten, sich wieder in Richtung ihres Stuhles zu bewegen. Auf dem Weg dorthin sagte sie noch: »Unsere Jungs kommen natürlich immer erst am Nachmittag. Schließlich haben sie ja jetzt noch einen anderen Job!«

Mona war fassungslos. Sie fand gar keine Worte angesichts der Aussicht, dass sie künftig von morgens früh bis abends spät hier in diesem Gebäude würde zubringen müssen. Davon die Hälfte der Zeit mit diesen beiden merkwürdigen Frauen in diesem fensterlosen muffigen Raum und ohne dafür bezahlt zu werden. Aber Om Ahmed und Gehad schienen das völlig in Ordnung zu finden. Jedenfalls machten sie keineswegs einen unzufriedenen Eindruck, als sie wieder auf den Stühlen gegenüber der Tür Platz genommen hatten und nun damit begannen, über einzelne weibliche Bankangestellte herzuziehen und die körperlichen Vorzüge von deren männlichen Kollegen zu rühmen. In Monas Kopf herrschte hingegen ein heilloses Chaos an wirren Gedanken, schierer Verzweiflung, aber auch tröstendem Fatalismus. Denn sie begann zu ahnen, dass diese Situation für sie so eine Art Prüfung sein musste, die ihr von Kismet auferlegt wurde.

Es war kurz nach zweiundzwanzig Uhr, als Mona das Bankgebäude durch den Personaleingang wieder verließ. Natürlich war die Sonne längst untergegangen.

»Der schnellste Weg zum Midan el-Falaki führt hier entlang«, brüllte ihr Om Ahmed ins Ohr. Dabei wies sie mit energischer Geste nach links in eine ziemlich dunkle Gasse, in der in einiger Entfernung eine Gruppe Männer vor einem spärlich beleuchteten Khawa saß. Unwillkürlich wandte Mona den Kopf nach der anderen Seite, in jene Richtung, aus der sie am Morgen mit ihrem Vater gekommen war. Dort erlaubte ein Spalt zwischen dem gewaltigen Bankgebäude und dem kaum weniger imposanten Nachbarhaus den Blick auf einen schmalen Ausschnitt einer hell erleuchteten Geschäftsstraße. Trotz der späten Stunde waren dort die breiten Bürgersteige bevölkert. Die Geschäfte schienen noch geöffnet zu sein, und das Hupen Hunderter von Autos war akustischer Beleg für verkehrsreiches Treiben. Om Ahmed wartete darauf, ihre neue Kollegin durch die dunkle Gasse zu begleiten. Mona aber fühlte sich von jener flirrenden Straßenkulisse angezogen, von der sie nur wenige Meter entfernt war. Außerdem war ihr klar, dass sie auch dort nur um drei rechte Ecken gehen musste, um exakt am gleichen Ort anzukommen, wohin die dunkle Gasse links auf direktem Wege führte.

Die ihr hinterher rufende Om Ahmed ignorierend, ging Mona auf den schmalen Durchgang zu, der ihr Einlass gewähren würde in die Glitzerwelt des nächtlichen Kairo. Dort angekommen, war sie überwältigt. Tatsächlich waren viele der hell erleuchteten Geschäfte noch geöffnet. Dazwischen flanierten so viele Menschen, dass die breiten Bürgersteige nicht ausreichten und einige von ihnen auf der Straße liefen. Es waren Menschen unterschiedlichen Alters. Nur wenige Frauen blickten auf diese Welt durch die schmalen Sehschlitze eines Niqab (islamische Gesichtsverschleierung), aber fast alle hatten den Hijab umgebunden. Manche Männer trugen Jeans zu ihren warmen Lederjacken, andere waren elegant mit Mantel und Schal gekleidet. Niemand aber trug – wie ihr Vater an diesem Morgen – eine Galabeya. Auch Ausländer befanden sich unter den Passanten. Mona konnte sie daran erkennen, dass sie entweder eine Kamera bei sich hatten oder ein aufgeschlagenes Buch, in welchem sie während des Laufens lasen – oder beides. In ihr Wohngebiet verirrten sich ja nur selten Touristen, aber wenn sie dort aufkreuzten, sahen sie genauso aus.

Mona war froh, dass sie keine dieser verkehrsreichen Hauptstraßen überqueren musste, um zur Bushaltestelle zu kommen. Sie schlich an den Mauern der ägyptischen Zentralbank entlang und blickte fasziniert hinüber zu den geöffneten Ladengeschäften auf der anderen Straßenseite. Wann würde sie das alles wiedersehen? Seit dem Nachmittag war sie entschlossen, nicht zu dieser Arbeitsstelle zurückzukehren. Obgleich sie vom Charme der männlichen Kollegen der Putzkolonne durchaus angetan war, hatte sie sich dazu durchgerungen, allen Bekannten und Verwandten zu sagen, dass man in der Staatsbank für sie keine angemessene Arbeit habe. Denn kaum hatte sie begonnen sich einzuleben, wurde ihre Arbeit von Om Ahmed lautstark kritisiert – und niemand hatte Mona beigestanden. Einige der leitenden Angestellten, die auch am Nachmittag noch in ihren Büros saßen, begrüßten »die Neue« ausgesprochen freundlich. Aber schon im nächsten Augenblick erschauderte sie bei der Vorstellung, Tag für Tag sehr früh aufstehen zu müssen, um dann einige Stunden mit Om Ahmed und Gehad im Putzmittellager herumsitzen zu müssen. Nun aber machte ihr dieses Flanieren so viel Spaß, dass es ihr andererseits schwerfallen würde, schon morgen wieder darauf verzichten zu müssen.

Am Ende jener Straße, an der sie nach rechts in Richtung der Bushaltestelle abbiegen musste, stand eine Gruppe von jungen Leuten vor einem Geschäft, in dem ein Fernseher lief. Mona kannte das Lied, das ihr von dort entgegenschallte, und sie summte die musikalische Einleitung leise mit. Zum ersten Mal aber hörte sie nicht nur die seit einiger Zeit populäre Melodie, sondern sah auch das Video der Interpretin – auf dem ägyptischen Musikkanal »Melody ARABIA«, der nur über Kabel zu empfangen und daher für die Bewohner von Imam Al-Shafi'i unerreichbar war. Gebannt beobachtete Mona auf dem Fernsehschirm, wie die Sängerin Haifa Wahbi im bauchfreien Outfit und mit langem offenem Haar von einem Boot stieg und es ganz offenbar genoss, angestarrt zu werden. Mit geschmeidigen Bewegungen näherte sich die Sängerin den männlichen Gästen eines Khawa, die entgeistert ihre Teegläser abstellten.

Haifa Wahbi hatte während dieses Liedes ständig etwas anderes an und war auch dauernd woanders. Erst räkelte sie sich auf diesem Boot, das sie doch eben verlassen hatte, und zeigte ihre langen Beine. Aber schon im nächsten Moment tanzte sie in einer hochgekrempelten Galabeya, mit offenem Haar und nackten Schultern zwischen den Tischen des Khawa hindurch. Im nächsten Moment hatte sie einen Rock an und ein orangefarbenes schulterfreies Oberteil, als sie einen dicken Mann mit einem komischen Hut, der ihr zu nah kam, zurückstieß. Immer neue Bilder, die verschiedenen Orte und die ganzen Kostüme, die sie schneller wechselte als dies doch eigentlich möglich war – das alles machte mich ganz verrückt. Trotzdem gefiel es mir, wie sie sich so geschmeidig bewegte. Aber ich wagte gar nicht, die Jungen anzusehen, die vor dem Fernseher standen und dort hinaufblickten auf die schöne Haifa Wahbi.

Als die Sängerin den Refrain des Hits »Ragab« anstimmte, sangen die Mädchen auf der Straße vor dem Fernsehgerät laut mit, während die Jungen verunsichert lachten. Und als diese fremden Mädchen einander unterhakten und dabei Mona wie selbstverständlich mit einbezogen, sang auch sie: »Ragab, housh sahbak a'anni / Ragab sahbak ganneni« (»Ragab, halte deinen Freund fern von mir / Ragab, dein Freund hat mich verrückt gemacht«). In diesem Augenblick, als ihr diese wildfremden Mädchen das Gefühl vermittelten dazuzugehören, war der Entschluss gefallen, den sie noch in der folgenden Nacht ihrem Heft anvertraute:

Morgen früh fahre ich wieder zu dieser Bank. Ich weiß nicht, was mit mir geschehen wird, aber ich spüre, dass ich nicht sehr lange von morgens bis nachmittags mit Om Ahmed und Gehad in diesem Raum mit den Putzmitteln herumsitzen werde. Denn ich glaube, dass dort drüben in Kairo der Platz ist, wo ich hingehöre.

Der Aufstieg beginnt immer ganz unten

Niemand aus der Putztruppe in der zweiten Etage wollte Mona glauben, dass es ein Stockwerk höher ein Büro gab, in dem zwölf Fernsehgeräte in drei Reihen übereinanderstehen. Die Arbeitskollegen waren schon zuvor skeptisch gewesen, als sie erzählt hatte, dass dieser Raum dort oben mindestens so groß sei wie drei oder vier Büros hier unten und der Schreibtisch in keines dieser Büros passen würde, so riesig sei er. Aber das mit den Fernsehern nahm ihr keiner ab. Niemand könne sich zwölf Filme gleichzeitig ansehen, auch die Bosse nicht, sagte Om Ahmed, und die anderen nickten. Und als sie kreischte: »Es ist unserer kleinen Mona wohl zu Kopf gestiegen, dass sie gestern ausnahmsweise in der Chefetage putzen durfte«, lachten fast alle. Nur Ibrahim lachte nicht. Er war sehr schüchtern und sah Mona immer mit einem *romantischen Blick* an – wie sie es in ihrem Heft formulierte. Dieser Blick war auch anderen schon aufgefallen. Om Ahmed hat dem Jungen sogar unterstellt, Mona als Aushilfe für die erkrankte Kollegin in der dritten Etage vorgeschlagen zu haben, weil er in sie verliebt sei. Aber sie tat es hinter Ibrahims Rücken, denn Herr Saad, der Aufseher, war sein Vater. Eine andere Erklärung konnte es für Om Ahmed nicht geben, denn eigentlich, so hatte sie argumentiert, hätte ihr diese Aufgabe zugestanden. Schließlich sei sie ja die »Dienstälteste«.

Schlagartig hörten alle zu lachen auf. Die Männer gingen nach nebenan in ihren Aufenthaltsraum, Gehad blickte betreten zu Boden und Om Ahmed wandte sich dem Regal mit den Putzmitteln zu. Nun erst entdeckte auch Mona die kleine gedrungene Gestalt des Aufsehers, der überraschend im Türrahmen aufgetaucht war:

»Man möchte dich in der Chefetage sprechen, Mona. Komm bitte mit«, sagte er.

Was hatte das zu bedeuten? Beim Verlassen des Raumes hörte sie Om Ahmeds schrille Stimme:

»Hat wohl dort oben ein ziemliches Chaos angerichtet, unsere Kleine. In ihrer Haut möchte ich nicht stecken.«

Wahrscheinlich hat Om Ahmed das gesagt, damit ich mir Sorgen mache. Aber das war ihr nicht gelungen. Ich wusste ja, dass ich kein Chaos angerichtet habe. Ich hatte meine Arbeit genauso gut gemacht wie immer. Schon als ich an meinem zweiten Arbeitstag zur Bank fuhr, hatte ich mir vorgenommen, dass ich mich auf dieser Arbeitsstelle wohlfühlen will. Nicht nur die Bankangestellten, deren Büros ich putzte, sollten zufrieden sein, sondern auch ich selbst. Immer wieder habe ich das leise vor mich hin gesprochen, als ich mit dem Bus in die Stadt fuhr. Ich hätte ein schlechtes Gewissen, wenn ich Geld bekam, obwohl ich schlampig arbeitete. Das Putzen war für mich nicht die idealste Arbeit, aber wenn ich sie schon machte, wollte ich sie richtig machen. Deshalb leerte ich die Aschenbecher nicht nur aus, sondern wischte sie auch feucht sauber. Und ich ließ auch nicht die alten Plastiktüten in den Papierkörben, sondern nahm immer neue. Obwohl Om Ahmed sagte, dass das Verschwendung sei. Ich habe auch nie die Schreibtischstühle achtlos an der Seite stehen lassen, wie Gehad, sondern sie hinterher wieder korrekt hingestellt. Deshalb wusste ich, dass ich dort oben in der dritten Etage kein Chaos hinterlassen habe.

Niemals zuvor ist jemand aus der zweiten Etage zum Putzen in die dritte Etage beordert worden. Das hat Gehad jedenfalls zu mir gesagt. Ich wusste im ersten Moment auch nicht, wie man auf mich gekommen war. Aber ich habe nicht geglaubt, dass Ibrahim dahintersteckte. Sein Vater, der Aufseher, nahm ihn nämlich gar nicht richtig ernst. Jedenfalls war Om Ahmed sehr verärgert, das habe ich bemerkt. Deshalb wollte sie mich verunsichern, als mich Herr Saad abholte, aber sie hat das Gegenteil bewirkt. Ich war ganz ruhig, als ich hinter unserem Aufseher die Treppe hinaufstieg. Und als er dann freundlich mit mir sprach, mir sogar riet, mich von Om Ahmed und Gehad fernzuhalten, weil sie einen schlechten Einfluss auf mich haben könnten, wusste ich, dass nichts Unangenehmes auf mich zukommen würde.

Alle ihre Kollegen arbeiteten schon viel länger in der Putztruppe auf der zweiten Etage. Om Ahmed und Gehad sowieso, aber auch Azza – ein junges Mädchen, welches sich während der Stunden des Wartens meist in den Fluren aufhielt. Bald würde Mona, dem Rat des Aufsehers folgend, deren Nähe suchen. Aber keine dieser Kolleginnen war tags zuvor ausgewählt worden, auf der Chefetage einzuspringen, sondern Mona. Es hätte auch einen der fünf männlichen Kollegen treffen können, die vormittags alle noch einen anderen Job hatten und sich hier etwas dazuverdienten. Keiner von ihnen war verheiratet. Nur Sayed hatte sich bereits verlobt, wie er Mona schon am zweiten Tag ungefragt erzählte. Diese Männer arbeiteten hier, um das Geld für eine Wohnung zu verdienen und eine Familie gründen zu können. Das würde deren nächste Sprosse auf der Lebensleiter sein. Deshalb hatte von ihnen auch keiner missgünstig darauf reagiert, als Mona – wenngleich nur für einen Tag – in die Chefetage beordert worden war.

Der Aufseher verlangsamte den Schritt. Dann blickten sie durch die offene Tür in jenes riesige Büro, welches Mona tags zuvor gereinigt hatte. Am Schreibtisch, der parallel zur Fensterfront stand, saß ein weißhaariger Herr in Papiere vertieft. Zaghaft klopfte Herr Saad an. Im nächsten Moment trat eine sehr schlanke Dame um die Ecke, während der Herr im Hintergrund ungerührt weiterlas.

»Ich bin Sanaa«, sagte sie und reichte Mona die Hand.

Mona erkannte sie sofort wieder – an dem dicken Kajalstrich, der die großen braunen Augen betonte, der auffallend langen Nase, vor allem aber daran, dass sie einen Anzug trug. Bereits am zweiten oder dritten Arbeitstag war diese männlich gekleidete Dame ihr erstmalig auf der Treppe begegnet. Mona war gerade mit dem Abwischen des Handlaufs beschäftigt, als sie plötzlich vor ihr stehen blieb und stumm anblickte. Die fremde Frau hatte überrascht gewirkt, als ob sie nach langer Zeit eine alte Bekannte zufällig treffen würde. Ein kurzes Lächeln war ihr über das Gesicht gehuscht, dann war sie wortlos weitergegangen. Solche kurzen, zufällig erscheinenden Begegnungen haben danach noch zweimal stattgefunden. Nie wurde ein Wort zwischen ihnen gesprochen. Mona war nur aufgefallen, dass diese unbekannte Dame immer so gekleidet war wie jene Frauen, die in den amerikanischen Filmen immer Business Ladies genannt werden. Auch in diesem Moment fielen Mona der dunkelblaue Anzug auf und die schmale goldene Kette mit den türkisfarbenen Steinen. Und natürlich der farblich zum Anzug passende Hijab – vor allem aber das freundliche, schon vertraut wirkende Lächeln.

»Und wie heißt du?«

»Mein Name ist Mona, Madame Sanaa.«

»Schön Mona, dann komme herein. Das Büro kennst du ja schon.«

Sanaa hat Mona den Arm um die Schulter gelegt und sie in den riesigen Raum geführt. Während der Aufseher in der Tür stehen blieb, ging das Mädchen neben dieser eleganten Dame auf den gewaltigen Schreibtisch zu. Der weißhaarige Herr wurde erst auf die beiden Frauen aufmerksam, als Sanaa sagte:

»Hier habe ich unsere kleine Wunderfee, Herr Direktor. Das ist Mona!«

Der weißhaarige Mann sah mich durch eine Brille an, die nur aus Gläsern bestand. Sie hatte also keinen Rand, wie es Brillen sonst haben. Seine Augen waren kümmelfarbig, was ich noch nie zuvor bei jemandem gesehen hatte. Er trug eine Krawatte fast in derselben Farbe wie seine Augen. Als er aufstand, hörte er gar nicht mehr auf zu wachsen. Solange er saß, konnte man nicht sehen, was für ein großer Kerl das war. Auch er war sehr elegant, trug einen hellgrauen Anzug mit einer Weste. Dann streckte er mir die Hand entgegen. Da ahnte ich, dass die nächste Sprosse der Leiter des Lebens schon auf mich wartet. Obwohl ich ja noch gar nicht wusste, was das alles zu bedeuten hatte, sagte ich mir: »Der Aufstieg beginnt immer ganz unten!«

Sicher hatte Madame Sanaa diesen freundlichen Mann auf all das aufmerksam gemacht, was dieser nun lobte, ging es Mona durch den Kopf. Die sauberen Aschenbecher, die gereinigten Heizkörper und die sauber gewischten Fensterbänke – so etwas konnte nach Monas Überzeugung nur einer Frau auffallen. Männern fällt immer nur auf, wenn etwas nicht in Ordnung ist, so wie Herrn Saad, dem Aufseher. Vielleicht hat dieser Direktor selbst festgestellt, dass sie nach dem Reinigen der Glasplatte auf dem Schreibtisch alle Papiere wieder exakt dort hingelegt hatte, wo sie zuvor lagen.

Aber ein Mann, da war sie ganz sicher, bemerkte nicht, dass die Griffe der Wandschränke abgewischt wurden. Dieser große grauhaarige »Direktor« mit der randlosen Brille sprach sicher nur das aus, worauf ihn Madame Sanaa zuvor aufmerksam gemacht hatte. Dennoch freute sich Mona natürlich über ein Lob, wie es Om Ahmed wahrscheinlich in ihrem ganzen Leben noch nicht zu hören bekommen hatte. Und als der große Mann sich zu ihr hinunterbeugte, ihr die Hand auf die Schulter legte und lachend sagte: »Dann bist du ab heute meine ganz persönliche Raumpflegerin«, lachte auch sie. Denn sie fand den Begriff »Raumpflegerin« lustig.

Auf dem Weg zurück zu Herrn Saad, der noch immer in militärisch anmutender Haltung im Türrahmen wartete, rief ihm Sanaa zu:

»Sie haben ja gehört, dass Mona ab sofort für dieses Büro persönlich zuständig ist. Pünktlich um fünfzehn Uhr wird sie immer zuerst für diesen Raum eingeteilt. Erst danach kehrt sie in die zweite Etage zurück.«

Der Aufseher machte eine leichte Verbeugung und sagte:

»In Ordnung.«

Mona war wie angewurzelt stehen geblieben. Erst jetzt nämlich war ihr Blick rechts hinter der Tür auf die zwölf Fernsehgeräte gefallen, die sie schon am Vortag gesehen hatte. Nun aber waren sie alle eingeschaltet. Doch auf den Bildschirmen war nichts von dem zu sehen, was üblicherweise im Fernsehen gezeigt wird – also keine Filme oder Shows oder eines der sonst üblichen TV-Formate. Vielmehr erkannte Mona auf einigen der Monitore die Büros der zweiten Etage, in denen sie und ihre Kollegen an den Nachmittagen putzten. Nur – dass dort im Moment noch die Angestellten an ihren Schreibtischen saßen. Es waren auch Büros und Angestellte zu sehen, die sie nicht kannte, und ein großer Saal, von dem Mona annahm, dass es sich dabei um die Kassenhalle der Zentralbank handelte. Offenbar konnte der Direktor auf diesen Fernsehern nahezu jeden Winkel des Hauses sehen. Das würde ihr eine Etage tiefer bestimmt niemand glauben. Deshalb beschloss sie, es gar nicht erst zu erzählen. Vielleicht war dies ja auch ein Geheimnis und man ging selbstverständlich davon aus, dass sie als zuständige »Raumpflegerin« es für sich behielt. Also würde sie schweigen.

So wenig ängstlich Mona gewesen war, als sie Herrn Saad hinauf in die Chefetage folgte, so sehr war sie es nun während der Rückkehr ins zweite Stockwerk. Mit ihrer Beförderung zur persönlichen »Raumpflegerin« jenes grauhaarigen Chefs dort oben würde sie Om Ahmed endgültig zur Feindin bekommen – und Gehad dazu. Sie war geradezu gezwungen, Herrn Saads gut gemeinten Ratschlag zu befolgen und die Wartezeit am Vormittag nicht weiter mit den beiden zu verbringen. Sicher würde Om Ahmed nun noch mehr an ihrer Arbeit herummäkeln, als sie es ohnehin schon in den vergangenen zwei Wochen getan hatte. Mona nahm sich vor, sich das nicht länger gefallen zu lassen. Sie würde ihren ganzen Mut zusammennehmen und sie darauf hinweisen, dass der Aufseher immer nur sie, Om Ahmed, zur Nacharbeitung in die ihr zugewiesenen Büros schickte. Außerdem hatte Mona ein Argument auf ihrer Seite, dem die keifende ältere Kollegin nichts würde entgegensetzen können – kein geringerer als einer der Chefs der ägyptischen Zentralbank hatte sie zu seiner ganz persönlichen »Raumpflegerin« gemacht. Mona wusste, dass sie dann die Lacher der männlichen Kollegen auf ihrer Seite haben würde. Vielleicht würde sogar Ibrahim, der Junge mit dem *romantischen Blick*, darin einstimmen. Doch es kam ganz anders. Mit keiner Silbe erwähnte Om Ahmed die Beförderung der jungen Kollegin. Nicht an diesem Tag und auch nicht später. Sie kritisierte fortan auch nicht mehr deren Arbeit in der zweiten Etage. Die Vormittagsstunden aber mussten Om Ahmed und Gehad von nun an weitgehend allein miteinander in der düsteren Kammer mit den Putzmitteln verbringen. Mona nämlich suchte draußen auf den Fluren die Nähe zu Azza.

Azza war genauso alt wie ich. Sie gefiel mir sehr gut, weil sie eine sehr helle Haut hatte. Und ein kleines Gebiss, wodurch sie jünger aussah. Deshalb war ich erstaunt, dass sie kurz davor war, sich mit einem Jungen aus ihrer Nachbarschaft zu verloben. Aber natürlich war sie schon alt genug dafür. Jeden Vormittag standen wir irgendwo in den Fluren zusammen, unterhielten uns und grüßten die vorbeigehenden Angestellten. Die meisten grüßten freundlich zurück, aber manche nahmen uns gar nicht wahr. Ich sagte Azza, dass es richtig sei, sich von Om Ahmed und Gehad fernzuhalten, weil sie einen schlechten Einfluss auf sie haben könnten. Womöglich würde sie sonst in den schlechten Strudel hineingezogen und ihr Verlobter würde sich von ihr abwenden. Ich sagte ihr auch, dass sie aufpassen müsse, weil die Männer nämlich ihre Verlobten manchmal testen würden. Ich erzählte ihr von Wael, der damals nur deshalb mit mir ausgehen und romantische Gefühle zeigen wollte. Aber ich erzählte ihr nicht von Hossam, der eine Wohnung versprochen hatte und dann aber wollte, dass ich mit ihm in die Wohnung seines Vaters ziehe. Denn Azza hatte schon gesagt, dass sie mit ihrem Verlobten erst einmal ein Zimmer in der Wohnung seiner Eltern beziehen würde, und ich wollte sie mit meiner Geschichte nicht kränken.

Zwölf Tage nachdem Mona zur persönlichen »Raumpflegerin« jenes weißhaarigen Direktors avanciert war, hatte sie erfahren, dass die ägyptische Zentralbank zwar ihr Arbeitsplatz, keineswegs aber ihr Arbeitgeber war. Schon Tage zuvor hatte sie sich überlegt, welches ein guter Zeitpunkt sein würde, Madame Sanaa wegen dieser nutzlosen Warterei an den Vormittagen anzusprechen. Tag für Tag hielten sie und ihre Kolleginnen sich von morgens um acht Uhr bis abends kurz vor zweiundzwanzig Uhr in diesem Gebäude auf. Wenn sie dann ermattet nach Hause kam, musste sie für Emad noch das Essen warm machen, welches ihre Mutter Stunden zuvor für die Familie gekocht hatte. Natürlich unterhielten sich die Geschwister noch miteinander, und vor Mitternacht kam Mona nie ins Bett. Das Ergebnis war, dass sie morgens nur schwer aus dem Bett kam und an den Vormittagen, an denen sie mit Azza in den Fluren herumstand, immer todmüde war. Mittlerweile sehnte sie sich sogar manchmal nach den nächtlichen Blicken in den Spiegel im Durchgang zum Hof. Doch schlaflose Nächte gehörten der Vergangenheit an.

Eines Tages wurde sie von Madame Sanaa gefragt: »Na, Mona, wie geht's dir heute?«

Es war eine beiläufige Frage. Die elegante Chefsekretärin hatte bereits die Wagenschlüssel aus der Handtasche geholt und war im Begriff, das Büro zu verlassen. Dennoch hielt Mona die Gelegenheit für günstig. Und als sie zaghaft begann, die unerträgliche Arbeitssituation zu schildern, stellte Sanaa die Tasche wieder ab. Aufmerksam hörte sie zu, was ihr die junge Reinemachefrau berichtete. Mehrmals schüttelte sie ungläubig den Kopf. Doch als Mona mit ihrer Schilderung zu Ende war, hob Sanaa nur hilflos die Schultern:

»Ich fürchte, dass ich da nicht allzu viel ausrichten kann, denn ich bin eine Angestellte der Zentralbank. Die Reinigung des Gebäudes aber haben wir wie auch den Sicherheitsdienst einem privaten Unternehmen übertragen. Verstehst du?«

Mona verstand nicht.

»Sieh mal, es ist so. Dein Arbeitgeber, also die Firma, die dich angestellt hat und die dich auch bezahlt, ist nicht diese Bank. Weder ich noch der Direktor, in dessen Büro wir hier sitzen, ist dieser Firma gegenüber weisungsbefugt. Es existiert zwischen uns lediglich ein Servicevertrag. Solange dieser von der anderen Seite eingehalten wird, haben wir keinerlei Grund zur Beschwerde. Aber …«

Madame Sanaa schien einem Gedanken nachzuhängen, während sie Mona freundlich anblickte. »… lass mich mal ein oder zwei Tage nachdenken, ob ich für die Vormittagsstunden nicht für dich eine sinnvolle Beschäftigung finde, mit der du auch noch etwas verdienen kannst. Einverstanden?«

Mona bedankte sich strahlend bei jener Dame, die sie konsequent »Madame Sanaa« nannte und trotz der gegenteiligen Information insgeheim auch weiterhin als ihre Chefin betrachtete. Sie war zufrieden, es gewagt zu haben, Madame Sanaa anzusprechen, und sie war glücklich über das Ergebnis. Auch wenn sie zu diesem Zeitpunkt noch gar nicht wusste, welche Art von »sinnvoller Beschäftigung« das sein konnte.

Schon am nächsten Morgen wurde ich zu Madame Sanaa gerufen. Sie beauftragte mich, ihr aus der Apotheke einige Medikamente zu besorgen. Sie hatte alles auf einen Zettel geschrieben und wollte mir gerade erklären, wo ich diese Apotheke finden würde. Das aber war gar nicht nötig. Ganz in der Nähe der Bushaltestelle kam ich ja jeden Tag daran vorbei. Bevor ich losging, zwinkerte sie mir noch zu und sagte, ich solle mir Zeit lassen, sie brauche die Medi-

kamente nicht so dringend. Meinte sie damit, dass ich eine Weile durch die Straßen bummeln könne? Auf dem Weg nach unten sagte dann auch Herr Saad, dass es doch schöner sei, bei dem herrlichen Wetter draußen spazieren zu gehen als hier drinnen zu warten. Wenn es etwas zu tun gäbe, würde er eine der anderen Frauen damit beauftragen. So ging ich los und erlebte das Geschäftsviertel von Kairo zum ersten Mal bei Tageslicht.

Der Weg zur Apotheke und zurück dauerte kaum zehn Minuten. Aber weil Madame Sanaa ihr gesagt hatte, sie könne sich Zeit lassen, sah Mona keine Veranlassung, sofort in die Bank zurückzukehren. Schließlich würde es noch einige Stunden dauern, ehe die Angestellten ihre Büros verlassen und sie mit der Arbeit loslegen konnten. Es war kein Zufall, dass sie plötzlich gegenüber von jenem Geschäft stand, welches elegante Abendkleider ausstellte. An einigen Abenden schon hatte sie auf dem Weg zur Bushaltestelle hier an der Seitenfront der Zentralbank gestanden und hinübergeblickt. Mona überlegte nun, wie sie am besten durch den dichten Verkehr dorthin gelangen könnte, um endlich die Auslagen aus der Nähe zu betrachten. Doch sie traute sich nicht, wie viele andere Passanten einfach auf die Straße zu treten und manche Autofahrer sogar zum Bremsen zu veranlassen. Mehrfach hatte sie einen zaghaften Versuch unternommen, war aber beim Herannahen eines wild hupenden Fahrzeugs jedes Mal wieder zurückgesprungen. Dann spürte sie einen festen Griff am Oberarm. Eine fremde Frau führte Mona, den Verkehr aufmerksam beobachtend, durch die Autos hindurch. Wortlos, wie selbstverständlich. Auf der anderen Straßenseite ließ die Frau sie wieder los und ging ohne sich zu verabschieden davon. Überrascht blickte ihr Mona hinterher. Wer war das? Ganz sicher war sie eine Ägypterin.

Obgleich sich diese Frau von den meisten anderen Passantinnen dadurch unterschied, dass sie eine Hose trug und die modische Kurzhaarfrisur nicht unter einem Hijab versteckte. Wie aber konnte diese Unbekannte wissen, dass sie die Straße überqueren wollte? War ihr womöglich anzusehen, dass sie Angst vor dem Verkehr hatte? Konnte man in ihr etwa das Mädchen aus der Totenstadt erkennen? Das würde ihr peinlich sein. Deshalb wollte sie den Rückweg auf jeden Fall ohne fremde Hilfe bewältigen. Nun aber wandte sie sich erst einmal dem Schaufenster mit den Abendkleidern zu.

Ich habe die Kleider angesehen, die bis zum Boden gingen und mit goldenen Fäden verziert waren. Und ich habe mich gefragt, welche Frauen einen solchen tiefen Ausschnitt tragen. Zu welchem Anlass würden sie wohl passen? Wenn Frauen in Filmen solche Kleider tragen, dann gehen sie entweder in ein Theater oder sie sind irgendwo eingeladen, wo es etwas zu essen gibt. Es hätte mich interessiert, ob Frauen, denen man in diesem eleganten Kairoer Geschäft solche Kleider verkauft, arrogante oder bescheidene Menschen sind. Ich hätte gern gewusst, wie sie leben, ob sie große Wohnungen haben oder gar ein Haus. Aber obgleich ich gesehen habe, wie verführerisch diese schönen Kleider sind, habe ich nie daran gedacht, dass ich selbst eines haben möchte. Ob wohl Madame Sanaa manchmal ein solches Kleid anzieht? Ich konnte mir das nicht vorstellen, weil ich sie ja immer nur in Anzügen gesehen habe. Im Laden war keine Kundin, nur die Verkäufer, die dort genauso gelangweilt herumsaßen wie Om Ahmed und Gehad in dem Haus gegenüber – nur besser gekleidet. Dann habe ich mich umgeblickt, ob ich in der Nähe eine Frau entdecke, der ein solches Kleid stehen würde. Aber hier auf der Straße liefen fast nur Frauen mit dem Hijab herum, und ich fand, dass zu diesen eleganten

Kleidern kein Hijab passte. Die Puppen im Schaufenster hatten ja auch keinen. Viele junge Mädchen trugen nun kurz vor Einbruch der Dunkelheit das Kopftuch zu kürzeren Röcken und engen Blusen. Aber nicht den vorschriftsmäßig gebunden Hijab. Das hätte auch nicht zusammengepasst. Fast alle waren stark geschminkt, trotzdem sah es nicht schön aus. Und wem wollten sie eigentlich die nackten Beine und ihren Körper unter den engen Blusen zeigen? Warum waren denn diese Körperteile nicht dem Mann vorbehalten, den sie liebten? Vielleicht wollten sie dadurch ja erst einen Mann auf sich aufmerksam machen, damit er sich mit ihnen verloben soll. Aber welcher Mann will schon eine Frau heiraten, die ihren Körper präsentiert wie ein Metzger das Fleisch in seinem Laden? Trotzdem habe ich nicht geglaubt, dass diese Mädchen und jungen Frauen solche primitiven Gedanken haben wie Om Ahmed und Gehad. Sie sahen nämlich viel klüger aus – und sympathischer wirkten sie auch.

Die riesigen Kästen an den Häusern waren Klimaanlagen. Mona wusste das, aber sie erinnerte sich nicht, wer es ihr erklärt hatte. Sie war auch nicht sicher, ob sie diese Kästen schon zuvor bewusst im Straßenbild wahrgenommen hatte. Je länger sie auf diese großen klobigen Kästen blickte, die an den hohen Häusern klebten, umso merkwürdiger fand sie deren Existenz. Wie konnte man nur diese schönen alten Fassaden mit diesen Ungetümen verschandeln, nur weil man im Sommer kühle Luft haben wollte? Sicher, es wurde ziemlich heiß in dieser Jahreszeit, aber in ihrem Viertel gab es keine Klimaanlagen – und trotzdem war dort noch niemand an der Hitze gestorben.

Mona lief die lange Geschäftsstraße entlang, die parallel zum Bankgebäude verlief und die, wie sie an einer Straßenecke lesen konnte, Kasr-el-Nil hieß. Sie versuchte sich den

Namen einzuprägen und auch die der Nebenstraßen. Auf gar keinen Fall wollte sie sich verlaufen, so wie ihr Vater zwei Wochen zuvor. Außerdem ahnte sie, dass Madame Sanaa sie noch öfter losschicken würde, um Besorgungen zu erledigen. Es gefiel ihr der Gedanke, dass das Geschäftsviertel von Kairo künftig zu ihrem Arbeitsgebiet zählen würde. Sie ging aufmerksam durch die Straßen, sah sich interessiert um und hatte Mühe, all die neuen Eindrücke einzuordnen. Und zunehmend empfand Mona vieles von dem, was sie entdeckte, als absurd – auch wenn sie es in ihrem Heft als *komisch* bezeichnete.

Einer der Läden hieß »Roby« und war an der Ecke Kasr-el-Nil und Shawarby-Straße. Im Schaufenster standen Männerpuppen, die kaum größer waren als die Puppen, mit denen kleine Mädchen spielen. Eine dieser Männerpuppen trug eine Hose, ein Hemd mit Krawatte und darüber einen komischen Mantel, der keine Knöpfe hatte, sondern zugebunden werden musste. Auf dem kleinen Preisschild stand »Hausmantel/Seide«. Aber wer hatte schon im Haus einen Mantel an? In einem Schuhladen, der »Boston« hieß, waren im Schaufenster so viele Schuhe übereinandergestapelt, dass man gar nicht wusste, wo man zuerst hinschauen sollte. Hatten Sie womöglich alle ihre Schuhe in dieses Schaufenster gestellt? Ich sah dort rote Sportschuhe, die mir sehr gefielen. Sie sollten zweihundertneunzig ägyptische Pfund kosten. Herr Saad hatte mir gesagt, dass ich für meine Arbeit zweihundertfünfzig Pfund im Monat bekommen würde. Bedeutete das tatsächlich, dass ich einen ganzen Monat Tag für Tag zur Zentralbank fahren musste, um morgens mit Azza in den Fluren zu warten, danach das große Büro im dritten Stock zu putzen und anschließend die anderen eine Etage tiefer, und dann hätte ich noch immer nicht genug Geld verdient, um diese roten Schuhe zu kaufen?

An einer Straßenecke war ein Geschäft, darüber stand »Wäscherei«. Es gab neben der Tür eine Liste, auf der zu lesen war, dass man hier vier Pfund bezahlen musste, wenn man einen Pullover waschen ließ. Aber warum sollte man denn so viel Geld bezahlen, wenn man den Pullover in wenigen Minuten kostenlos in einer kleinen Wanne selbst waschen konnte? Trotzdem sah ich in diesem Geschäft einige Menschen, die ihre Kleidungsstücke dort abgaben. Ich überlegte, ob diese Menschen womöglich so viel arbeiten mussten, dass sie gar keine Zeit mehr hatten, ihre Kleidung zu waschen. Aber wenn sie ihre Kleidung selbst reinigen würden, könnten sie eine Menge Geld sparen und müssten gar nicht so viel arbeiten.

An einer Ecke war ein Stand, an dem auf einem großen Schild »Falafel« angepriesen wurden. Aber das, was dort verkauft wurde, sah genauso aus wie die Tameya-Brötchen bei dem Händler in Tonsy. Der Mann, der es hier verkaufte, tat nur noch etwas Salat und zwei Stückchen Tomate hinein. Ich spürte, dass ich Hunger hatte. Aber warum kostete das Brötchen mit dem Tameya anderthalb Pfund? In Tonsy musste ich immer nur fünfzig Piaster dafür bezahlen. In meinem kleinen Geldbeutel, den ich von Tante Samira geschenkt bekommen hatte, fand ich drei Pfund und fünfzig Piaster.

Die Entscheidung fiel Mona schwer. Was sollte sie machen, wenn am Abend der Expressbus eher kam als der andere? Sie hatte es sich zur Angewohnheit gemacht, immer den Bus zu nehmen, der zuerst da war. In den stieg sie einfach ein. Der alte, etwas klapprige Bus, der länger brauchte, weil er überall anhielt, kostete ein Pfund und fünfzig Piaster, der modernere Expressbus aber war doppelt so teuer. Würde sie nun ein Brötchen mit Tameya essen, blieben ihr nur noch zwei Pfund. Zu wenig für den Expressbus. Dennoch entschied sich Mona dafür, den Hunger zu stillen, und sie war bereit, notfalls auf den billigeren Bus zu warten.

Das Tameya-Brötchen schmeckte Mona hier besser als in Tonsy. Vielleicht aber auch nur deshalb, weil es teurer war. Es musste einfach besser schmecken. Außerdem fand sie, dass es eine gute Idee war, Salat in das Brötchen zu geben. Die anderen jungen Leute, die neben ihr auf dem kleinen Mäuerchen saßen, hatten beim Verzehr ihrer Brötchen insofern etwas Mühe, als Soße daraus tropfte. Als Mona genauer hinsah, stellte sie fest, dass es sich gar nicht um die Tameya-Brötchen des Händlers rechts an der Ecke handelte. Obgleich sie ziemlich ähnlich aussahen. Die jungen Leute aber kamen links aus einem Lokal, holten ihre Speisen aus einer Papiertüte und hatten große Becher dabei, die mit Plastikdeckeln abgedeckt waren, aus denen Trinkhalme ragten. Mona sah sich aufmerksam um und entdeckte im Schaufenster hinter sich diese Speisen auf großen Postern abgebildet. Daneben standen unaussprechliche Namen und Preise, die Mona fassungslos machten. In diesem Lokal sollte das Brötchen vierzehn Pfund kosten. Allerdings bekam man dafür noch ein Getränk in einem solchen Becher mit Plastikdeckel dazu. Trotzdem kam ihr das sehr teuer vor.

Ich wollte herausfinden, warum diese Jungen und Mädchen so viel Geld für ein Essen ausgeben, obwohl das gleiche nebenan viel billiger war. Direkt hinter den Fenstern waren Leute zu sehen, die an Tischen saßen und dort dieses teure Brötchen aßen. Ich wollte sie nicht anstarren, und deshalb bin ich zum Eingang an der Straßenecke gelaufen. Gleich hinter der Tür stand ein lustiger Clown aus Plastik, der so groß wie meine Schwester Aya war. Drinnen warteten Leute in drei langen Schlangen. Ich konnte nicht verstehen, warum man sich irgendwo anstellte, um etwas zu essen zu bekommen. Sollte ich hineingehen und ihnen sagen, dass sie um die Ecke das gleiche Essen erhielten, ohne warten zu müssen, und dass es dort nur drei Pfund kostete? Doch ich wollte nicht in dieses fürchterlich grell beleuchtete Lokal gehen, in dem die Leute direkt an den Fenstern saßen, als wären sie in einem riesigen Marmeladenglas.

Im Büro von Madame Sanaa warteten gleich mehrere Überraschungen auf Mona. Es begann damit, dass die elegante Business Lady nur kurz hochblickte und sich erstaunt darüber zeigte, dass sie schon zurück war. Eben noch, als Mona durch das Büro des weißhaarigen Direktors zu Madame Sanaa hinüberging, hatte sie Sorge, sie könne wegen des langen Ausbleibens gerügt werden. Mona hatte nicht auf die Uhr gesehen, aber das Gefühl, eine kleine Ewigkeit in der Kasr-el-Nil herumgeschlendert zu sein. Fast alles, was es in Kairos Geschäftsviertel zu sehen gab, war neu für Mona, und die vielfältigen Eindrücke haben sie die Zeit völlig vergessen lassen. Da waren nicht nur die teuren Geschäfte mit Mode, Schuhen oder Schmuck, sondern auch die kleinen Kinder, die davor auf der Erde saßen und den Passanten Päckchen mit Papiertaschentüchern entgegenhielten. In einer Nebengasse gab es ein Khawa, vor dem nicht nur Männer, sondern auch Frauen saßen und Shishas rauchten.

Schon während der nächtlichen Gänge zur Bushaltestelle war Mona *dieses Wegschauen* aufgefallen. Die Menschen schienen sich regelrecht Mühe zu geben, gegenseitig den Blicken auszuweichen. Nicht einmal jene fremde Frau, die sie über die Straße führte, hatte ihr ins Gesicht gesehen. Aber warum? Auch in Imam Al-Shafi'i kannte sie nicht alle Menschen, denen sie begegnete, aber man sah einander an, und fast immer grüßte man sich, selbst wenn man sich fremd war. Allerdings kamen ihr dort in einer Woche nicht so viele Menschen entgegen wie an diesem Morgen auf der

Kasr-el-Nil. Hier konnten unmöglich alle einander grüßen, überlegte Mona. Schließlich musste sie lange an dem großen runden Platz mit der Säule in der Mitte auf eine günstige Gelegenheit warten, um die Straße überqueren und auf der anderen Seite wieder nach oben laufen zu können. Die Vielfalt dieser Eindrücke hatte ihr offenbar ein völlig falsches Zeitgefühl vermittelt, weshalb sie es als Überraschung empfand, als Madame Sanaa zu ihr sagte:

»Ach Mona, da bist du ja schon wieder. Du hättest dir ruhig etwas Zeit lassen können.«

Nachdem Mona die bestellten Medikamente und das Restgeld auf Sanaas Schreibtisch legte, schob diese ihr drei Ein-Pfund-Scheine und jene runde Plastikdose zu, die der Apotheker zuvor mit in die Tüte gepackt hatte.

»Was ist das?«, fragte Mona irritiert.

Ohne den Blick vom Monitor ihres PC zu nehmen, erklärte Sanaa bewusst beiläufig:

»Das ist dein Bakshish. Schließlich müsstest du ja für mich nicht in die Apotheke gehen, du bist nicht meine Angestellte.«

»Aber das mache ich gern!«, protestierte Mona.

Es war ihr selbst nicht klar, weshalb ihr das Bakshish unangenehm war. Schließlich war es doch üblich, dass man für eine Gefälligkeit einen kleinen Betrag bekam. Ja, selbst Leuten, die ihren bezahlten Beruf ausüben, wie ihr Vater, bekommen Bakshish. Sanaa hatte offenbar damit gerechnet, dass es Mona peinlich sein würde von ihr Geld anzunehmen, deshalb war sie bemüht es herunterzuspielen.

»Das da sind übrigens Vitamintabletten. Ich möchte, dass du jeden Morgen eine nimmst. Du wirst sehen, bald siehst du nicht mehr so blass aus, und wohler fühlen wirst du dich auch. Und nun stecke das Geld ein, denn wir werden dich jetzt jeden Tag in Anspruch nehmen. Ich habe mit einigen Kollegen gesprochen, denen du ab morgen das Mittagessen einkaufen sollst. Diese Leistung muss doch bezahlt werden, oder?«

Mit dem letzten Satz hatte sie sich Mona zugewandt, und mit einem Augenzwinkern fügte sie hinzu:

»Außerdem ist es doch besser, draußen Besorgungen zu machen, als stundenlang mit diesen grässlich geschminkten Papageien dort unten herumsitzen zu müssen.«

Mona musste über dieses sehr zutreffende Bild lachen. Offenbar war ihr Lachen ansteckend, denn schon bald liefen den beiden ungleichen Frauen Tränen über das Gesicht – und Mona fühlte sich endgültig angekommen auf der nächsten Sprosse der Lebensleiter.

Überall wartete jemand auf eine Entscheidung von mir

Keines der Geschäfte, die Mona seit einiger Zeit täglich aufsuchte, lag auf der Talaat-Harb-Straße. Es war die Neugier, die sie an diesem Morgen dorthin getrieben hatte. Längst bewegte sie sich in Kairos Innenstadt mit der Selbstverständlichkeit einer Großstädterin. Wenn sie für Herrn Saleh, den Assistenten des Bankgouverneurs (wie hier der Vorstandsvorsitzende genannt wird), in einem Feinkostladen das Frühstück einkaufte, musste sie zwei Kreuzungen überqueren. Mittlerweile war sie dabei so geschickt, dass sie die andere Straßenseite oftmals schneller erreichte als mancher Junge. Mona ging gern für den freundlichen Herrn Saleh einkaufen. Nicht zuletzt deshalb, weil er ihr immer etwas von seinem Frühstück abgab und sie auf diese Weise Delikatessen kennenlernte, von deren Existenz sie bisher keine Ahnung gehabt hatte. Der ältere, dunkelhäutige Nubier verhielt sich Mona gegenüber fast wie ein Vater.

Für den grauhaarigen Direktor hat sie eine Brille beim Optiker in der Kasr-el-Nil abgeholt, Madame Sanaas Anzüge zu einem Reinigungsgeschäft in jener dunklen Gasse hinter dem Bankgebäude gebracht und einige Tage später dort auch wieder abgeholt. Eine Madame Mona, Sekretärin in einem anderen Büro, trieb wegen der Namensgleichheit jeden Tag irgendein sprachliches Verwirrspiel. Darüber mussten sie beide lachen, ehe dann die ältere Mona bei ihrer jüngeren Namensbase ein Mittagessen bestellte. Dabei bestand die etwas dickliche Frau jedes Mal darauf, dass es kalorienarm sein müsse, um sich dann ebenso entschlossen für fettes Shawarma oder Pommes frites zu entscheiden. Das war vor dem Fastenmonat so, und als Ramadan nun zu Ende war, ging es genauso weiter. Für Mona allerdings bedeutete der Ramadan eine befristete Einbuße eines Teils ihrer Nebeneinkünfte.

Anfangs war es mir immer peinlich, von diesen netten Menschen Bakshish anzunehmen. Es war doch schon wunderbar, dass ich vormittags überhaupt etwas zu tun hatte und auch noch draußen herumlaufen konnte. Von Madame Sanaa habe ich erfahren, dass Kairo die größte Stadt in Afrika ist. Sie sagte: »Eine Metropole!« Und ich war mittendrin! Ich gehörte dazu, auch wenn ich jeden Abend nach Imam Al-Shafi'i zurückfuhr, wo es wie in einem Dorf aussah. Es war nicht nur ein Besuch in dieser Metropole wie damals an meinem achtzehnten Geburtstag mit Rania und Safaa. Nein, ich hatte dort wirklich etwas zu tun.

Das Bakshish habe ich immer zur Seite getan, und als ich das nächste Mal mein Gehalt ausbezahlt bekam, habe ich auch das Bakshish gezählt. Es waren achtundsiebzig Pfund. Ich wollte es meinem Bruder Emad geben, der für ein kleines Motorrad spart. Aber er hat sich geschämt und gesagt, dass er von mir kein Geld annehmen kann, für das ich so viel gearbeitet hätte. Dabei war das, wofür ich dieses Bakshish bekam, gar keine richtige Arbeit. Ich war ja auch neugierig, immer etwas Neues zu sehen. Und an einem dieser Morgen ging ich nur aus Neugierde zu dem Kino »Metro« in der Talaat-Harb-Straße. Am Tag zuvor, es war der Tag nach dem Kleinen Bairam, hatte ich etwas Ungeheuerliches erfahren. Der Direktor war an diesem Morgen sehr erregt, er bebte am gan-

zen Körper, als er Madame Sanaa davon erzählte, dass am Abend zuvor vor dem Kino »Metro« furchtbare Dinge vorgefallen seien. Er hatte davon von seinem Sohn und der Schwiegertochter erfahren, die in das Kino gehen wollten. Ich blieb in der Tür stehen und wusste nicht, was ich machen sollte. Eigentlich wollte ich fragen, was ich den beiden zu Mittag einkaufen soll, aber nun traute ich mich nicht hinein. Ich konnte aber auch nicht weggehen, weil mich das so fesselte, was er erzählte. Der Direktor ereiferte sich auch über die Regierung, die nicht zugeben wolle, was dort in der Talaat-Harb-Straße passiert war. Aber sein Sohn habe beschlossen, dass er alles, was er gesehen hat, im Internet veröffentlichen wird. Ich weiß zwar nicht, wie so etwas geht, aber Madame Sanaa stimmte zu, denn sie war auch sehr betroffen von dem, was der Direktor berichtete. Er sagte, dass könne jeden Tag wieder passieren, weil das Bild von Dina ja dort noch immer zu sehen sei.

Offenbar schämte sich Mona für jene unglaublichen Vorgänge in der Talaat-Harb-Straße, denn sie schreibt zwar in ihr Heft, wie sie davon erfahren hat, nicht aber, was genau der Direktor erzählte. Das erfuhren die ägyptischen Internet-User schließlich in einem unabhängigen Blog, in welchem Leute wie der Sohn jenes Bankdirektors ihre Beobachtungen schilderten.

Am nächsten Morgen also stand Mona dann auf dem belebten Boulevard und blickte zu dem lasziven Bildnis von Ägyptens prominentester Bauchtänzerin, das über dem Eingang des Kinos prangte. Kaum einer der Passanten nahm Kenntnis von der aufreizenden Reklame für den Film *Alaya el tarab bel talata* (*Musik ohne Ende*). Sei es aus Gleichgültigkeit, aus Scham oder aus innerem Protest. Nur Mona blickte dort hinauf und fühlte sich an Shaimaas Hochzeit erinnert. Nach Bibos Auftritt hatten damals einige der jungen Mädchen die Nähe zur Bauchtänzerin gesucht und sie das eine und andere gefragt. Ausgerechnet Monas vorlaute Schwester Sabrin, die Bibos Kunst zuvor missbilligt hatte, zeigte sich schließlich besonders interessiert. Was sie von der berühmten Dina halte, wollte sie von Bibo wissen. Mona war die Frage ihrer Schwestern damals unangenehm. Was sollte die wenig prominente Tänzerin zu einem Superstar wie Dina schon sagen? Dann aber hatte die selbstbewusste Bibo die Lacher mit einem einzigen Satz auf ihrer Seite:

»Dina tanzt nicht, sie geht spazieren!«

In der Tür zum Direktorenzimmer hat die erschrockene Mona erfahren, dass Dina am Tag der Filmpremiere auf einer kleinen provisorischen Bühne vor dem Kino in der Talaat-Harb-Straße leibhaftig »spazieren« gegangen sei. Dieser Spaziergang aber muss offenbar sehr aufreizend gewesen sein. Jedenfalls berichtete der Direktor von jenen ungeheuerlichen Folgen, die dessen Sohn und Schwiegertochter beobachtet hatten und welche bald von Internet-Bloggern öffentlich gemacht wurden. Demnach habe Dinas Auftritt schnell zu einer Ansammlung von Hunderten von erwachsenen Männern und pubertierenden Jugendlichen geführt. Von dem Bauchtanz in Erregung versetzt, sei schließlich eine sexuelle Hysterie ausgebrochen. Bald wäre keine Passantin mehr vor der stimulierten Meute sicher gewesen. Vorübergehenden Mädchen sei der Hijab heruntergerissen worden – unabhängig davon, ob sie sich in männlicher Begleitung befunden hätten oder nicht. Sogar Halbwüchsige sollen versucht haben, sie zu umarmen und dabei unter die Röcke zu greifen. Eine junge Frau, welche auf der Flucht vor dem Mob gestolpert sei, wäre fast auf offener Straße vergewaltigt worden. Mit letzter Mühe habe ihr ein Taxifahrer helfen können, in sein Auto zu gelangen und mit ihr davonzufahren – verfolgt von mehreren Dutzend Jugendlichen. Sogar zwei verschleierte Frauen in bodenlangen schwarzen Abajas seien Opfer von Übergriffen geworden. Man habe ihnen die Kopfbedeckung heruntergerissen, und deren Kinder hätten zusehen müssen, wie fremde Männer versuchten, ihre Mütter zu küssen. Die Internet-Blogger kritisierten auch das passive Verhalten der zahlreich anwesenden Polizisten, die einfach den Kopf weggedreht hätten. Auch deren oberster Dienstherr, Ägyptens Innenminister General Habib Ibrahim El Adly, wies auf entsprechende Anfragen von Journalisten lediglich darauf hin, dass niemand Anzeige erstattet habe.

Es war Zufall, dass Mona wenig später neben der geöffneten Tür zum Aufenthaltsraum ihrer männlichen Kollegen mit Azza auf dem Flur wartete. Seit einiger Zeit nämlich hielt sie sich vormittags überwiegend in der dritten Etage oder eben auf den Straßen rund um das Bankgebäude auf. An diesem Morgen aber hatte Azza angedeutet, dass sie Schwierigkeiten mit ihrem Verlobten und dessen Familie habe. Sie wollte unbedingt den Rat der Kollegin hören, denn für schwierige Verlobungen sei Mona ja Expertin. Deshalb war sie nach den morgendlichen Erledigungen in die zweite Etage zurückgekehrt. Dort hatten dann die beiden Mädchen zufällig ihrem Kollegen Moustafa gelauscht, der nun seinerseits von den Ereignissen in der Talaat-Harb-Straße erzählte, deren Augenzeuge er gewesen war. Im Gegensatz zu den empörten Schilderungen des Direktors, berichtete er von den Vorgängen – immer wieder von Lachanfällen unterbrochen –, als ob er die Handlung einer Filmkomödie referiere. Und auch die anderen Männer kreischten vor Lachen, schlugen sich gegenseitig in die Handflächen, wie es Ägypter immer dann tun, wenn sie einander Übereinstimmung angesichts einer treffsicheren Pointe versichern wollen. Und Moustafas »Pointen« wären sicher weniger drastisch ausgefallen, hätte er gewusst, dass die beiden Mädchen neben der Tür zuhörten. Am wenigsten dürfte er dort Mona vermutet haben, die sich ja nicht ohne Grund seit einiger Zeit nur während der offiziellen Putzzeit am Nachmittag in der zweiten Etage aufhielt. Auch wenn Moustafa nicht ahnte, dass es eine Flucht gewesen ist und der Grund dafür nicht nur bei Om Ahmed und Gehad zu suchen war. Mittlerweile nämlich hatte sich nach und nach herausgestellt, dass nicht nur Ibrahim ihr gegenüber *romantische Gefühle* entwickelte, sondern auch dessen Putzkollegen Haitham und Amgad. Und bald kam auch Moustafa noch dazu.

Haitham wirkte immer sehr cool. Er bildete sich wohl etwas darauf ein, dass er eine helle Haut und glattes Haar hatte. Aber eines Tages versperrte er mir auf der Treppe den Weg. Er wirkte da sehr nervös. Ich sagte ihm, er solle mich vorbeilassen. Schließlich schickt es sich nicht, mit einem Mann auf der Treppe herumzustehen. Es würde nur Gerede geben. Doch er bat mich, mir in zwei Minuten seine »Situation« erklären zu dürfen. Dann sprach er ganz schnell. Er sagte mir, dass er der einzige Sohn seiner Eltern sei und deshalb nicht zur Armee eingezogen werde. Jeden Morgen würde er mit seinem Vater auf Lastwagen Obst und Gemüse transportieren. Er hätte also zwei Einkommen und sogar schon alle elektrischen Geräte gekauft. Jetzt wusste ich, worauf er hinauswollte. Denn es ist ja üblich, dass die Männer bei der Gründung einer Familie die elektrischen Geräte mitbringen. Das ist so etwas wie ihre »Mitgift«, auch wenn man es bei Männern nicht so nennt. Haitham redete die ganze Zeit, um mir klarzumachen, dass er eine gute Partie sei und mich heiraten wolle. Dabei wusste er gar nichts von mir. Seine Familie würde ihm ganz sicher ver-

bieten, mit meinem Vater die Al-Fatiha zu lesen, wenn Haitham ihnen sagen würde, wo das stattfände. Aber das machte mir keine Sorgen, weil ich ohnehin keine romantischen Gefühle für ihn hatte. Haitham war keiner, der mich verstehen würde, das wusste ich. Ganz sicher käme es zwischen uns häufig zum Streit. Aber weil ich ihn nicht kränken wollte, wich ich aus. Ich sagte, dass ich darüber nachdenken müsste. Natürlich gab er mir in der Zeit danach immer Zeichen, dass er auf mich warte, und er machte auch immer wieder versteckte Andeutungen.

Amgad hat mich immer ganz durchdringend angesehen, aber ich habe nicht verstanden, warum er das tat. Dann ist er zu Moustafa gegangen und hat ihn gebeten, bei mir nachzufragen, was ich von ihm halten würde. Er sei nämlich in mich verliebt. Auch der schüchterne Ibrahim mit dem romantischen Blick ist zu Moustafa gelaufen und hat ihm gesagt, dass er in mich verliebt sei. Und er hat sich beschwert, weil ich immer achtlos an ihm vorbeigehen würde. Dabei fand ich es ganz süß, wenn er immer mal etwas fallen ließ, um meine Aufmerksamkeit zu erhaschen. Aber er war der Sohn des Aufsehers, was sollte ich mit ihm anfangen? Komisch ist nur, dass er und Amgad zu Moustafa liefen, der sich immer schützend vor mich stellte, wenn die anderen Männer mit mir sprechen wollten – wie ein großer Bruder. Er war ja auch zwei Jahre älter als ich. Er hat mir erzählt, dass er den anderen gesagt habe, ich sei ein achtbares Mädchen, und man dürfe sich mir nur mit dem Respekt nähern, wie man es auch gegenüber einer Schwester täte. Das hat mir gefallen. Aber dann hat mir Azza berichtet, dass Moustafa sich bei ihr »sehr intensiv« nach mir erkundigt hätte. Eines Tages kam Amgad zu mir und erzählte, dass sich Moustafa in zwei Wochen verloben würde. Ich freute mich für ihn, und das sagte ich ihm auch. Er aber sah mich ganz merkwürdig an. Der Einzige unter den männlichen Kollegen, der mir wohl nicht nachstellen würde, war Sayed. Er war schon verlobt und betrachtete mich wie eine

Schwester, der er alles anvertrauen konnte. Er hatte manchmal mit seiner Verlobten Ärger, wenn er allein mit seinen Freunden loszog, und ich erklärte ihm, wie Frauen fühlen. Schließlich wusste er nicht mehr, ob sie die Richtige sei. Aber sein Vater drängte ihn bald zu heiraten, damit er mehr Platz im Haus bekam. Ich sagte zu Sayed, er müsse seinen Vater respektieren, weil er ja viel mehr Erfahrung habe. Und Sayed hat mir immer zugehört. Ich hatte großen Einfluss auf ihn, habe sogar erreicht, dass er sich das Rauchen abgewöhnte. Einmal war ich kurz davor, ihm zu sagen, dass ich auf einem Grabhof wohne. Dann aber war ich nicht sicher, ob ich damit womöglich unser Vertrauen zerstöre. Vielleicht würde ihn meine Herkunft gar nicht gestört haben, aber ich hätte es ihm sagen sollen, bevor er mir seine ganz privaten Angelegenheiten erzählte. Also sagte ich es ihm nicht.

Sanaa machte keine Anstalten, das Büro zu verlassen. Mona hatte am Schreibtisch des Direktors bereits mit dem Putzen begonnen, als sie bemerkte, dass dessen Chefsekretärin sie beobachtete. Nun erst fiel ihr auf, dass Madame Sanaa diesmal gar keinen Anzug trug, sondern ein eng geschnittenes Kostüm. Mona empfand diesen Anblick als ungewöhnlich, so sehr hatte sie sich bereits an das maskuline Outfit ihrer »Chefin« gewöhnt.

»Macht dir die Arbeit hier in der Bank Spaß?«, hörte Mona sie fragen.

Die Verblüffung muss Mona ins Gesicht geschrieben gewesen sein, denn die Dame in dem engen Kostüm begann schallend zu lachen.

»Das ist doch eine ganz simple Frage«, sagte sie. »Wahrscheinlich ist es wie immer, manches ist schön und manches weniger, wie?«

Nun lachte auch Mona.

»Hier oben macht es mir sehr viel Spaß. Und auch die Besorgungen mache ich gern. Aber im zweiten Stock ist die Arbeit nicht so schön.«

Mona sagte nicht, dass es weniger die Arbeit ist, die sie dort unten störte, als manche ihrer Arbeitskollegen. Vor allem natürlich die laute Om Ahmed und die stark geschminkte Gehad, die seit einiger Zeit noch ordinärere Reden führte als ihre ältere Kollegin. Und das Verhalten der Männer nahm immer groteskere Formen an, seit mittlerweile jeder vom anderen wusste, dass dieser um Monas Gunst buhlte. Es fanden Eifersüchteleien statt, und es wurden Besitzansprüche formuliert, für die es keinerlei reale Grundlage gab. Mona ahnte, dass sie daran selbst schuld war, weil sie jeden von ihnen im Ungewissen ließ. Sie musste die Sache unbedingt klären, aber sie wusste nicht wie. Auf gar keinen Fall würde sie ihrer »Chefin« davon erzählen.

»Wie viel bezahlt man dir hier im Monat?«, fragte Sanaa nun.

Mona ahnte, dass alle diese Fragen einen Hintergrund hatten.

»Ich bekomme zweihundertfünfzig Pfund und für die Erledigungen auch noch mal ...«

»Das zählt nicht, das ist Bakshish!«, wurde sie von Madame Sanaa unterbrochen.

Nach einem kurzen Blickwechsel ging Sanaa langsam auf Mona zu, während sie so nebenbei wie nur möglich fragte:

»Wie wäre es, wenn ich dir eine Arbeit für vierhundertfünfzig Pfund im Monat besorgen würde, zuzüglich freies Essen?«

Was sollte Mona dazu sagen? Natürlich hatte sie nichts dagegen, ein solches Gehalt zu bekommen. Aber wofür? Sie zuckte leicht mit den Schultern und sagte etwas irritiert:

»Das wäre schön. Ähm …was ist das denn für eine Arbeit?«

Auf Sanaas Stirn bildeten sich kleine Fältchen, als sie an Mona vorbei nachdenklich aus dem Fenster blickte.

»Ich hatte lange eine Haushälterin bei mir in der Wohnung. Aber nun ist ihr Vater gestorben, in einem kleinen Dorf im Nildelta, und deren Mutter braucht Pflege …«, begann sie zögerlich ihr Anliegen zu formulieren. »Ich möchte dir anbieten, mir den Haushalt zu führen. Putzen, waschen, einkaufen, kochen … Du kannst doch kochen?«

Verunsichert nickte Mona mit dem Kopf, entschlossen, sich das Angebot von Madame Sanaa bis zu Ende anzuhören.

»Ich habe dich in den letzten Wochen beobachtet«, setzte Sanaa ihre Ausführungen fort. »Ich bin überzeugt, du kannst sehr gut selbstständig arbeiten. Eine solche Kraft suche ich schon seit einiger Zeit für meinen Haushalt. Überlege es dir. Du könntest auch bei mir wohnen, drüben in Mohandessin. Und freitags hättest du natürlich frei.«

Die Gedanken, die Mona in diesem Moment durch den Kopf gingen, dürften sich mit denen vergleichen lassen, die schon viele Mädchen aus den Vorstädten veranlasste, ähnliche Arbeitsangebote abzulehnen. War eine private Wohnung denn überhaupt ein richtiger Arbeitsplatz? Man hätte womöglich gar keine Kollegen, die ja nicht nur unangenehm sein können, sondern gelegentlich auch kurzweilig. Sicher würde man sich bald sehr einsam fühlen. Außerdem würden ihr die männlichen Familienmitglieder niemals gestatten, dass sie fortan nicht mehr zu Hause wohnte. Die Mutter würde Sorge haben, ob sie auf einer solchen Arbeitsstelle einen Heiratskandidaten kennenlernen könne. Und Mona hatte diese Sorge auch.

So ist es trotz mangelnder Arbeitsplätze in der Zwanzig-Millionen-Metropole Kairo für bürgerliche Haushalte oft nicht einfach, geeignetes weibliches Hauspersonal zu finden. Dennoch bot Madame Sanaa ihr schließlich an:

»Ich kann ja mal mit deinem Vater darüber sprechen.«

»Nein, nein«, rief Mona schnell, »das kann ich auch selbst machen. Aber ich muss erstmal darüber nachdenken ...«

Entschlossen drehte sich Sanaa um und im Weggehen bemerkte sie:

»Na schön, überlege es dir. Wir sehen uns ja jeden Tag.«

Es tat mir leid, dass ich Madame Sanaa nicht zusagen konnte, den Haushalt zu führen. Aber ich wusste doch, dass es mein Vater nicht erlauben würde. Es war aber auch nicht möglich, dass diese elegante Dame zu uns auf den Grabhof kommt und sich mit meinem Vater unterhält. Er würde sich schämen, wegen seiner Galabeya und weil er nicht lesen und schreiben kann. Die ganze Situation war mir sehr unangenehm. Überall wartete jemand auf meine Entscheidung. Im zweiten Stock die verliebten Kerle, die mich alle heiraten wollten, und ein Stockwerk höher die elegante Madame Sanaa, deren Haushalt ich führen sollte. Es war sehr kompliziert. Diesmal konnte ich mich wohl nicht nur auf Kismet verlassen.

Man wollte mich von einem dämonischen Trieb befreien

Inzwischen schlug Monas Herz nicht mehr höher, aber ein Kribbeln war geblieben, wenn sie jenes Khawa in der schmalen Gasse zwischen Kasr-el-Nil und Talaat-Harb-Straße aufsuchte. Fast jeden Tag war Mona daran vorbeigekommen, und nur aus den Augenwinkeln hatte sie jene Frauen beobachtet, die hier Shishas rauchten, Tee oder Sahlab tranken. Dort, wo sie aufgewachsen war, wäre es undenkbar für eine Frau, sich in ein Khawa zu setzen. Wie in allen Vorstädten sind Kaffeehäuser auch am Rande der Totenstadt Versammlungsorte für Männer und das Rauchen der Shishas deren Privileg. Was würde passieren, hatte Mona überlegt, wenn eine Frau unten an der Moschee von Imam Al-Shafi'i das Khawa aufsuchte? Die Reaktionen würden sicher je nach Alter der betreffenden Frau unterschiedlich sein. Ihrer Großmutter würde man wahrscheinlich respektvoll begegnen und sie freundlich fragen, ob sie nicht zu ihrem alten Mann nach Hause zurückkehren möchte. Mona aber oder Sabrin sähen sich mit Sicherheit frivolen Anbiederungen der männlichen Besucher ausgesetzt. Denn Mädchen, die ein Khawa betreten, würde man als Flittchen und damit als Freiwild betrachten. Das gilt ja sogar für Frauen, die daran vorübergehen und dabei dem Augenkontakt mit den männlichen Gästen nicht ausweichen. Oft genug hatte

Mona aus einem der benachbarten Grabhöfe nächtens lautstarke Eifersuchtsszenen gehört. Von irgendjemandem war der Nachbar informiert worden, dass seine Gemahlin mehrfach mit »aufreizenden Blicken« am Khawa vorbeigelaufen sei. Dabei habe sie die Sprüche der Männer nicht etwa ignoriert, sondern mit Lachen quittiert. Mona wusste, dass im vorliegenden Fall die von der Nachbarin vehement bestrittenen Vorwürfe berechtigt waren. Sie hatte schließlich selbst die Frau dabei beobachtet, wie diese dort auf und ab stolzierte. Und aufreizend waren dabei nicht nur ihre Blicke, sondern auch der Gang.

In Kairos Innenstadt, das hatte Mona auch schon früher bemerkt, galten diese Regeln nicht. Frauen saßen allein oder zu mehreren vor den Kaffeehäusern, gelegentlich sogar mit Männern, die für Mona erkennbar nicht deren Ehemänner waren. Trotzdem hatte es lange gedauert, ehe auch sie sich traute, dort Platz zu nehmen. Eigentlich war daran nur das Sahlab schuld, das in diesem Khawa angeboten wurde. Seit sie vor einigen Jahren mit ihrem Großvater in der Mohammed-Ali-Straße gewesen war, hatte Mona dieses köstliche milchige Getränk nicht mehr getrunken.

Sie war sehr aufgeregt, als sie zum ersten Mal vor jenem Khawa an der Kasr-el-Nil Platz nahm. Doch niemand protestierte, ja kaum einer nahm von Mona überhaupt Notiz, als sie sich an einen dieser kleinen Metalltische setzte. Nur einige junge Männer sahen zu ihr hin. Aber das taten sie auch, wenn sie am Khawa vorbeiging. Selbst für den Kellner schien es ein vollkommen normaler Vorgang zu sein, eine junge Frau zu bedienen. Ganz selbstverständlich nahm er die Bestellung entgegen, servierte das Sahlab und betrog sie bei der Abrechnung. Das aber war Mona erst aufgefallen, nachdem sie dieses Khawa mehrfach aufgesucht hatte und jedes Mal einen anderen Preis bezahlen sollte. Mittlerweile wusste sie, dass ihr Lieblingsgetränk zwei Pfund kostet, und die Kellner, dass ihre Stammkundin den Preis nunmehr kennt. Das Herz schlug also mittlerweile nicht mehr höher, wenn sie hier Platz nahm, aber ein Kribbeln war geblieben.

Am Nebentisch wurde ein großes Blatt Papier mit einer Grafik entrollt. Mona war neugierig geworden durch das, was die eine junge Frau zu der anderen darüber sagte. Zunächst war noch von einer »einfachen symbolhaften Bildsprache« die Rede, worunter sich Mona nichts vorstellen konnte. Dann aber erläuterte jene Frau, was sie damit meinte. Nämlich, dass »dieser kleine Vogel gleichermaßen das verletzte wie das schutzbedürftige Wesen« verkörpern würde. Mona musste an Emads Tauben denken, die des Bruders ganzer Stolz waren. Sie reckte den Hals, um das Bild zu erkennen.

Monas Interesse blieb nicht unbemerkt, und so wurde sie von der Frau, welcher eben die »symbolhafte Bildsprache« erläutert worden war, aufgefordert:

»Komm ruhig her und sieh dir das an. Das ist ein Plakatentwurf für ein Theaterstück, das wir drüben in Boulak el-Dakrour aufführen. Was erkennst du hier?«

Auch wenn Mona überhaupt nicht begriff, wovon diese Frau sprach und auch den Namen des Ortes nie zuvor gehört hatte – die Zeichnung gefiel ihr. Zumindest im ersten Moment.

»Das ist eine Hand und darin sitzt eine Taube«, sagte sie.

»Du erkennst, dass dieser Vogel eine Taube ist?«, fragte die andere Frau.

»O ja«, antwortete Mona und lachte. »Davon hat mein Bruder eine ganze Menge zu Hause. Die machen viel Dreck, das könnt ihr mir glauben.«

Nun lachten auch die beiden anderen, ehe Mona von der Frau, die sie an den Tisch geholt hatte, gefragt wurde:

»Aber es ist sehr viel Rot um diese Taube herum. Was könnte das sein?«

»Blut!?«, sagte Mona und musste an jenen Vogel denken, der vor einiger Zeit vor dem Postamt in ihrer Straße von einer Katze erwischt und zerfleischt worden war.

»Richtig!«, rief die andere und schien sich zu Monas Verwunderung über ihre Antwort zu freuen.

Später wird Mona erfahren, dass sie die Grafikerin war, die jenes Plakat mit der »einfachen symbolhaften Bildsprache« entworfen hatte, und die andere eine Anwältin und Frauenaktivistin, die Khadija hieß. An diesem Nachmittag hatten sich die beiden verabredet, um über den Plakatentwurf zu sprechen.

»Wofür könnte dieses Plakat werben?«, wollte die Grafikerin wissen.

Mona zuckte mit den Schultern, ehe sie sagte:

»Na, für ein Theaterstück …?«

»Das schon, aber zu welchem Thema?«, hakte die Grafikerin nach.

»Das wäre nun wirklich zu viel verlangt«, intervenierte Khadija und erklärte, sich an Mona wendend:

»Wir haben ein Theaterstück erarbeitet über ein Mädchen, das beschnitten werden soll und sich dagegen wehrt.«

In diesem Moment habe ich bestimmt einen ganz roten Kopf bekommen. Ich dachte, wie kann sie nur über so etwas sprechen, und ich glaube, ich habe mich nach allen Seiten umgeschaut. Aber offenbar hatte keiner zugehört, denn niemand sah zu uns her. Diese Frau muss doch gemerkt haben, dass mir diese Frage peinlich war. Trotzdem machte sie einfach weiter, erzählte mir davon, wie sie selbst beschnitten wurde, als sie zwölf Jahre alt war, in irgendeinem Dorf.

Mona überlegte, wie sie am schnellsten zu ihrem Tisch zurückkehren konnte, ohne die beiden netten Frauen vor den Kopf zu stoßen. Sie bemühte sich daher um Freundlichkeit, als sie sagte:

»Darüber spricht man doch nicht.«

Kadhija hörte diesen Satz nicht zum ersten Mal. Immer wieder war er ihr auf Straßen, Plätzen und in Jugendzentren im Gizaer Stadtviertel Boulak el-Dakrour entgegengehalten worden. Überall dort, wo die Anwältin in den vergangenen Wochen das Gespräch mit jungen Leuten suchte, um ihr erstes eigenständiges Projekt für jene Frauenorganisation vorzubereiten, bei der sie nach dem Studium eine Arbeitsstelle gefunden hatte. In der Vorstadt unweit der Jahrtausende alten Pyramiden hat sich jene Praxis der Klitorisbeschneidung, wie sie in vielen afrikanischen Staaten noch üblich ist, aus früheren ägyptischen Zeitepochen bis heute erhalten. Gleich nebenan hingegen, im vornehmen Stadtbezirk Mohandessin, wird von den dort lebenden, meist liberal gesinnten bürgerlichen Schichten, die Mädchenbeschneidung konsequenterweise als das bezeichnet, was sie letztlich tatsächlich ist – als »Genitalverstümmelung«.

Auch Kadhija ist einst mit Eintritt in die Pubertät in ihrem Heimatdorf im Nildelta genitalverstümmelt worden. Aber erst als Jurastudentin an der Kairoer Universität war sie mit feministischen Ideen in Berührung gekommen. Sie hatte erfahren, dass die Beschneidung der Mädchen nicht nur einer vorislamischen Tradition entstammt, sondern explizit mit dem Koran und der Sunna unvereinbar ist. Wieder und wieder hat sie bei ihren zahlreichen Gesprächen in den Wochen vor der Begegnung mit Mona die Beweisführung angetreten, und sie ahnte, dass sie diese Argumente auch bei diesem jungen Mädchen wieder würde vorbringen müssen.

»Warum spricht man darüber nicht?«, wollte sie von Mona wissen und bekam prompt die im Stillen prophezeite Antwort:

»Weil es unsere Religion verlangt.«

»Hör mal ... wie heißt du?«

»Mona!«

»Das stimmt nicht, Mona. Unsere Religion richtet sich zum einen nach dem, was unser Prophet Mohammed gesagt hat, zum anderen aber ebenso nach dem, was er getan hat. Und wir wissen, was er getan hat. Da gibt es nämlich ein dickes Buch, die Sunna. Da steht es drin. Und wir wissen vor allem auch, was er nicht getan hat.«

Kadhija blickte Mona offen ins Gesicht, registrierte deren wache und fragende Augen, aber auch, dass sie nervös an ihrer Unterlippe knabberte. Sie wusste, gleich würde sie diesem jungen Mädchen eine Illusion rauben und sie womöglich in eine tiefe Verzweiflung treiben. Denn ganz sicher war auch Mona beschnitten worden. Auch wenn man sich hier in Kairos schicker Einkaufsmeile traf, so hatte Kadhija einen Blick dafür, wer einen einfachen familiären Hintergrund hatte. Dies war bei Mona ebenso der Fall wie bei den Leuten in Boulak el-Dakrour, die mehrheitlich Gelegenheitsarbeiter mit geringer Bildung, meist sogar Analphabeten sind. Nur in dieser sozialen Schicht hielt man sich Tauben. Mädchen wie Mona gab es dort viele, und einige von denen würden in wenigen Tagen auf einer Theaterbühne stehen.

Kadhija bemühte sich, ihr finales Argument – obgleich sie es ein paar Dutzend Mal vorgetragen hat – nicht routiniert abzuspulen:

»Mit keinem Wort hat der Prophet erwähnt, dass es Allahs Wille sei, heranwachsende Mädchen zu beschneiden«, begann sie ruhig zu argumentieren. »Vor allem hat er seine eigenen Töchter auch nicht beschneiden lassen ... nicht Fatima, nicht Ruqaiya, auch nicht Umm Kulthum und nicht Zainab. Und das heißt, meine liebe Mona ... unsere Religion verlangt die Beschneidung nicht, sie verbietet sie sogar.«

Tatsächlich hatten Kadhijas Ausführungen in Monas Gefühlsleben die Verunsicherung hervorgerufen, die sie vermutet hatte. Obgleich es dem Mädchen ziemlich gut gelang, nach außen jenen verzweifelten Gedanken zu überspielen, der sie in diesem Moment bewegte: Sollte das, was vor ein paar Jahren mit ihr auf dem harten Steinboden des Grabhofes geschehen war, wirklich dem Willen Allahs widersprechen?

Ich weiß nicht mehr, wer in unserer Schule es damals zuerst gesagt hat, dass der Bader unten neben der Moschee des Imam Al-Shafi'i die Mädchen beschneidet. Aber ich habe sofort gewusst, dass es stimmt. Denn er schnitt den Männern, die dort in den Häusern wohnen, die Haare, und er rasierte sie. Und wenn ein Zahn gezogen werden musste, machte er das auch. Und als Emad ein Baby war, hat der Bader ihn beschnitten. Das habe ich einmal von meiner Mutter gehört. In der fünften Klasse der Grundschule kamen wir Mädchen ja alle in das Alter, in dem man beschnitten wird. Natürlich hatten wir Angst, aber kaum eine von uns sprach darüber. Irgendein Junge, ich weiß nicht mehr wer, hat gesagt, dass wir bald zu dem Bader müssten, damit man uns was wegschneidet, um später eine gute Ehefrau zu sein. Und nach und nach fehlten dann meine Mitschülerinnen für einige Tage in der Schule. Wenn sie wieder da waren, habe ich gefragt, welche Krankheit sie hatten. Aber sie haben mir nicht geantwortet, also fragte ich auch nicht mehr. Ich wusste es ja.

Dann kam der Tag, als meine Großmutter meine kleineren Geschwister abholte. Ich wollte auch mitgehen, aber mein Vater sagte, dass ich zu Hause bleiben müsse. Er war zum Kiosk nebenan gegangen und hat mir eine kleine Schokolade gekauft. Das hatte er noch nie zuvor gemacht. Ich konnte mich gar nicht richtig freuen, weil ich argwöhnisch war. Meine Mutter zog mir eine weiße Galabeya an, und als sie sagte, wir würden zum Bader gehen, habe ich geschrien und mich an dem alten Sofa festgekrallt. Mein Vater und meine Mutter wussten nicht, was sie machen sollten. Sie wollten mich ja nicht mit Gewalt die ganze Straße bis zum Bader hinunterschleppen. Natürlich hatten sie für mich nur das Beste im Sinn. Sie wollten, dass ich einmal einen guten Ehemann bekomme, und das wollen sie ja immer noch. Niemand würde ein Mädchen zur Frau nehmen, das nicht beschnitten ist.

Hinterher war meine Mutter ganz lieb zu mir und sagte, dass man mir ein kleines Teil entfernt habe, in dem ein dämonischer Trieb oder so was stecken würde. Davon wäre ich befreit worden.

Weil ich mich gewehrt habe, war mein Vater weggegangen und schließlich mit dem Bader zurückgekommen. Der alte Mann trug eine kleine Tasche, und als er sie öffnete, war meine Angst so groß, dass ich kaum Luft bekam. Ich fürchtete, jeden Moment in Ohnmacht zu fallen. Ich musste mich auf einen Stuhl setzen. Dann hielt mein Vater mit einem starken Griff die Schultern fest und meine Mutter spreizte mir die Beine. Ich wollte nicht schreien. Das hatte ich mir fest vorgenommen, weil ich mich vor dem fremden Mann schämte.

Zuerst hat der Bader mir etwas zwischen die Beine gesprüht, was sich ganz kalt anfühlte, aber nicht unangenehm war, weil es ja ein sehr heißer Tag gewesen ist. Dann holte er ein kleines Messer aus seiner Tasche. Wie ich später erfahren habe, heißt es Skalpell. Er kniete sich neben meine Mutter. Mein ganzer Körper war angespannt. Ich versuchte den Atem anzuhalten, weil ich doch nicht schreien wollte. Doch als der Bader mit diesem Skalpell zwischen meinen Beinen den Schnitt machte, fuhr ein stechender Schmerz durch meinen Körper – und ich stieß nun doch einen Schrei aus. Es kam mir vor, als ob ich so laut geschrien hatte, dass ich bis zur Moschee Imam Al-Shafi'i zu hören war. Ich schämte mich entsetzlich, und ich hoffte von ganzem Herzen zu verbluten. Denn nie wieder würde ich unseren Hof verlassen können, ohne Leuten zu begegnen, die meinen Schrei gehört hatten.

Meine Mutter bandagierte mich. Unter meiner Galabeya, die inzwischen ganz blutig war, trug ich ein riesiges Knäuel von Binden. Man legte mich anschließend in das Bett meiner Eltern, und ich bekam tagelang gekochtes Hühnerfleisch mit Brühe und auch ein Kaninchen, um wieder zu Kräften zu kommen. Ganz schlimm war es, wenn ich Wasser lassen musste. Meine Mutter sagte, ich solle es einfach laufen lassen. Der Bader hätte gesagt, das mache die Wunde sauber und helfe, dass sie schneller heilt. Aber es tat jedes Mal so entsetzlich weh, dass ich weinen musste. Um nicht ganz, ganz traurig zu werden, habe ich mir immer wieder gesagt, dass ich irgendwann einen lieben Mann bekommen würde. Ich habe es auch genossen, dass sich meine Mutter so sehr um mich kümmerte, wie sie es zuvor noch nie getan hat. Trotzdem ist der Tag, an dem der Bader kam, seither für mich der schwärzeste Tag in meinem Leben. Obwohl er doch notwendig war – wie ich damals dachte.

Immer wieder las Mona in den nächsten Tagen den Zettel durch, den ihr die beiden Frauen gegeben hatten. Auf der einen Seite war diese Taube mit dem Blut zu sehen und auf der anderen stand: »Dunja – Theaterstück mit anschließender Diskussion.« Darunter war der Ort der Aufführung verzeichnet, die Aula eines »Sozialzentrums« in Boulak el-Dakrour. Dort befänden sich ein Waisenhaus und ein Altersheim, hatte ihr Kadhija erzählt. Deshalb würden Leute jeden Alters zu der Aufführung erscheinen. An den Rand des Zettels hatte sie geschrieben, mit welchen Bussen Mona vom Midan el-Falaki dorthin käme. Dabei würde sie dreimal umsteigen müssen.

»Du kannst natürlich auch ein Taxi nehmen, aber unter fünfzehn Pfund ist das nicht zu haben«, hatte Khadija gesagt.

In die Bank zurückgekehrt, hatte Mona dann die spontane Idee, Azza zu fragen, ob sie gemeinsam zu dieser Theateraufführung fahren wollten. Man könne sich den Preis für das Taxi teilen. Natürlich wäre der Bus wesentlich billiger, aber Mona hatte Angst, die Anschlusshaltestellen zu verpassen und sich zu verfahren. Zuerst spielte sie mit dem Gedanken, ihren Onkel Imam darum zu bitten, sie mit seinem Taxi zu fahren. Doch schon im nächsten Moment verwarf sie diesen Gedanken wieder. Womöglich würde ihr Onkel mit in diese Theateraufführung gehen. Schon aus Neugier, um herauszufinden, was seine Nichte am anderen Ende der Stadt zu suchen hat.

Eigentlich lag Boulak el-Dakrour sogar in einer anderen Stadt jenseits des Nils – nämlich in Giza. Sicher würde ihr Onkel Imam, sobald er erkannte, um was es auf der Bühne ging, Mona an die Hand nehmen und mit ihr das »Sozialzentrum« verlassen. Deshalb verwarf Mona diesen Gedanken wieder, und auch den Einfall, Azza zu fragen, ob sie nicht mitkommen wolle, schob sie tagelang vor sich her. Sie hatte einfach Scheu, die Arbeitskollegin auf ein so heikles Thema anzusprechen, denn sie konnte ihr ja schlecht verheimlichen, was sie am Ziel jener Reise erwarten würde.

Eines Morgens im Bus auf dem Weg zur Bank, legte sie sich jedes Wort zurecht. Sie würde ganz allgemein über die Mädchenbeschneidungen sprechen und setzte dabei voraus, dass Azza einst ebenso beschnitten worden war wie sie selbst. Sie nahm sich vor, mit der witzigen Bemerkung zu beginnen, dass man am Beispiel von Om Ahmed sehen könne, wohin es führe, wenn eine Frau nicht beschnitten sei. Obgleich sie es gar nicht wusste, sondern lediglich deren »schamloses Verhalten« als Indiz dafür ansah. Mona würde Azza erzählen, was sie von Kadhija erfahren hatte. Von den Plakaten wollte sie berichten, mit denen Kadhija und ihre Freundinnen junge Leute zu einem »Theaterprojekt« einluden. Sie musste immer ein wenig lachen, wenn sie sich bildhaft vorstellte, was Khadija vom ersten Treffen der Interessierten erzählt hatte. Sie habe in einem Stuhlkreis immer abwechselnd einen Jungen und ein Mädchen nebeneinandergesetzt. Nachdem sich Nachbar und Nachbarin miteinander unterhalten hatten, mussten sie sich der Gruppe als die jeweils andere Person vorstellen. Die Jungen als Mädchen und umgekehrt. Davon wollte sie Azza berichten und von den teils heftig geführten Diskussionen zum Thema »Mädchenbeschneidung«. Am Ende seien fünfundzwanzig junge Leute übrig geblieben. Ein Teil sei von Kairoer Theaterleuten zu Schauspielern ausgebildet worden und ein anderer von einer bekannten Schriftstellerin, deren Namen sie vergessen hat, zu Autoren. Auch wenn sich Mona unter all dem nichts Rechtes vorstellen konnte, hörte es sich für sie sehr spannend an. Das würde Azza ebenso ergehen. Ganz sicher wird sie genauso begeistert davon sein, dass einfache junge Leute vom Schicksal dazu auserkoren worden waren, ein Theaterstück aufzuschreiben und es auf der Bühne darzustellen. Mona wollte auf jeden Fall dabei sein, und sie hatte keinen Zweifel, dass Azza sie begleiten würde. Dann aber waren ihr viele Argumente eingefallen, die dagegen sprachen, die Kollegin einzuweihen.

Die Theateraufführung fand ja an einem ganz normalen Wochentag statt. Niemals werde Herr Saad gleichzeitig zwei Frauen aus derselben Etage frei geben. Und was würde geschehen, wenn Azza ihrem Verlobten davon erzählte, dass Mona sie dorthin mitgenommen habe? Mona malte sich aus, dass der unbekannte junge Mann sie am Personaleingang der Bank abpassen und zur Rede stellen könnte. Womöglich würden Om Ahmed und Gehad dann Zeugen des Vorfalls werden und die ganze Bank davon erfahren. Die männlichen Kollegen würden über sie lachen und Madame Sanaa ihr vielleicht die Zuneigung entziehen. Am Ende beschloss Mona, allein zu fahren. Inzwischen hatte sie sich auch den Ort eingeprägt, an dem diese Theateraufführung stattfand: Boulak el-Dakrour.

Als ich endlich dort ankam, wo das Theaterstück aufgeführt werden sollte und ich dem Taxifahrer fünfzehn Pfund entgegenhielt, fing er sofort an zu schreien. Das sei ein weiter Weg gewesen und auf der Nilbrücke hätte er in einem Stau gestanden und hier drüben habe er sich erst mal durchfragen müssen, wo dieses Sozialzentrum sei. Dafür wären mindestens fünfundzwanzig Pfund zu bezahlen. Schließlich müsse er die ganze Strecke wieder leer zurückfahren. Ich stand neben seinem Taxi und wusste nicht, was ich machen sollte. Khadija hatte doch gesagt, dass es fünfzehn Pfund kosten würde. Für fünfundzwanzig Pfund hätte ich ganz bestimmt kein Taxi genommen. Es war mein Glück, dass der Mann so schrie, dass die Leute auf ihn aufmerksam wurden. Eine Frau kam herbeigelaufen, um mir zu helfen. Hinterher stellte sich heraus, dass sie eine Kollegin von Kahdija war. Sie schrie den Fahrer ebenso laut an. Es seien nicht seine Fahrgäste schuld daran, wenn auf der Nilbrücke Stau sei. Außerdem glaube ihm kein Mensch, dass er leer nach Kairo zurückfahre. Schon in Mohandessin werde er neue Gäste aufnehmen, und das sei nur wenige Kilometer entfernt. Dann hakte mich die Frau unter und ging mit mir einfach in dieses Sozialzentrum hinein, wo ich in einem großen Saal zwischen vielen fremden Menschen Platz nehmen durfte.

Die jungen Darstellerinnen mussten lachen, als sie sich hinter der Bühne in einem Kostüm gegenüberstanden, welches noch zehn Jahre zuvor ihre Alltagskleidung gewesen war – die blau-weiße Schuluniform. Lange hatten sie nicht gewusst, welche Rolle sie spielen und auf welche Weise sie sich dem Thema nähern würden. Das oblag schließlich jenen zehn Gruppenmitgliedern, die von der Autorin Hanna' Zaki Unterricht in dramatischem Schreiben bekamen. Sie erfuhren etwas vom dramaturgischen Aufbau einer Szene, von überraschenden Wendungen, sogenannten Plot Points, von dem, was in Dialogen gesagt, und dem, was nonverbal dargestellt werden musste. Der Rest der Gruppe wurde in die Grundlagen der Schauspielkunst eingeführt. Kairoer Theaterschauspieler halfen ihnen, szenische Vorgänge zu verstehen und auf der Bühne Partnerbeziehungen aufzubauen. Endlich war es so, und die schreibenden Gruppenmitglieder kamen mit den ersten Szenenentwürfen an. Dies war die Stunde der Om Shaimaa. Schon zuvor hatte die Teeköchin in jenem Sozialzentrum die Nähe zur Gruppe gesucht, war ihnen als »Mädchen für alles« behilflich und wurde nun mit dem Kopieren der Szenen beauftragt. Sie ließ ein Exemplar mehr ausdrucken und sich den Text am Abend von jener Tochter vorlesen, die auch sie einst hatte beschneiden lassen.

Das Stück spielte in einer Schulklasse, in der das völlig verängstigte Mädchen Dunja zunächst zaghaft noch seinen Klassenkameraden von seiner bevorstehenden Beschneidung erzählt. Sie spricht über ihre Angst, womit sie die Meinungen der anderen polarisiert. Die Schülerin findet Unterstützung durch die aufgeklärte Lehrerin Nadja. Da die Autorengruppe von Hanna' Zaki gelernt hatte, wie dramatische Zuspitzungen in ein Stück eingebaut werden, ist Dunjas traditionell denkende Mutter ebenfalls Lehrerin an jener Schule. So wird der familiäre Konflikt ins Kollegium getragen und damit öffentlich gemacht. Der Direktor ist zum Handeln gezwungen und ruft nach einer staatlichen Kommission. Offenbar um nicht unnötig eine religiös motivierte Kontroverse im muslimischen Publikum zu schüren, ist der Kommissionsvorsitzende im Stück ein koptischer Christ. Dessen Religion kennt definitiv keine Mädchenbeschneidungen, und er kann sich daher auf die rechtliche Seite der Angelegenheit beschränken. Doch die Autorengruppe hatte von einer Rechtsprofessorin der islamischen Al-Azhar-Universität erfahren, was auch Khadija, der Anwältin, bekannt war. Nämlich, dass das ägyptische Zivilrecht Lücken hat. Eine eher halbherzige Verfügung des Gesundheitsministeriums aus dem Jahr 1997 hatte zwar angeblich den Badern das Handwerk gelegt, »chirurgische Eingriffe« von Ärzten aber würden nur dann ein juristisches Nachspiel haben, wenn ein Mädchen dabei stirbt. Diese Information wird die Schauspieler später veranlassen, zum Schluss der Aufführung durch das Publikum zu demonstrieren und ein gesetzliches Verbot der Mädchenbeschneidung zu fordern. Und Om Shaimaa, die Teeköchin, wird unter ihnen sein. Nachdem sie nämlich entdeckt hatte, dass es im Stück die Nebenrolle einer Hebamme gibt, brachte sie sich dafür ins Gespräch – mit Erfolg.

Erst hat es mich gestört, dass die Schauspieler nicht so gut spielten, wie man das aus Filmen kennt. Es wirkte alles etwas unecht.

Aber dann habe ich mir überlegt, dass das ja Leute aus der Umgebung sind, die zum ersten Mal in ihrem Leben Theater spielen. Dann wurde es auch immer spannender. Ich habe mit diesem Mädchen Dunja mitgefiebert. Ich fand es toll, dass es eine Lehrerin gab, die auf ihrer Seite stand, und ganz gemein fand ich ihre Mutter, die auch eine Lehrerin war. Dieser Dunja sollte nicht das Gleiche passieren, was mir passiert ist und meinen Mitschülerinnen und meinen Schwestern Sabrin und Hoda. In diesem Moment habe ich begriffen, was man uns angetan hat. Und ich habe mir fest vorgenommen, meiner Mutter zu sagen, dass unsere Religion die Beschneidung verbietet. Denn meine kleinen Schwestern Aya und Samah waren ja noch nicht beschnitten. Deshalb habe ich mit den Schauspielern gerufen: »Stoppt die Beschneidung!«, als sie durch den Saal zogen. Und als eine Zuschauerin rief: »Warum seid ihr nicht schon vor zehn Jahren gekommen, dann wäre ich nicht beschnitten worden!«, habe ich mit den anderen geklatscht. Wir haben auch alle gelacht, als einige Männer aufgesprungen sind und geschimpft haben. Und weil wir gelacht haben, sind sie nach draußen gelaufen und haben mit den Türen geknallt. Mir taten nur die Töchter und die Frauen von diesen Männern leid, weil sie ja mit ihnen hinauslaufen mussten, obwohl sie vielleicht bei uns bleiben wollten.

Khadija hat sich sehr gefreut, als Mona nach der Vorstellung auf sie zuging. Sie hatte offenbar nicht damit gerechnet, dass das Mädchen, welchem sie in einem Kaffeehaus in Kairos Innenstadt zufällig begegnet war, tatsächlich kommen würde. Vor allem war sie erstaunt, welch beeindruckende Wirkung die Theateraufführung auf Mona hatte. In der vergangenen Woche noch wollte sie über das Thema »Mädchenbeschneidung« nicht sprechen, wirkte geradezu verschlossen. Inzwischen aber war sie offenbar zu einer

Kämpferin mutiert, sprach davon, dass man mit Lautsprecherwagen, wie sie von politischen Parteien vor den Wahlen eingesetzt werden, durch die Wohngebiete fahren solle, um die Menschen zu informieren. Die Mitglieder der Schauspieler-Autoren-Gruppe, welche eben ihre erste Premiere hatten, hörten Mona zu und waren überrascht, welch eine Wirkung ihre Aufführung offenbar hatte. Sie freuten sich schon auf die beiden nächsten geplanten Aufführungen und auf die »Gastspielreise«, die mit einem Bus ins oberägyptische Menia geplant war.

Fast tat es Kadhija leid, Monas weltfremden Enthusiasmus in realistischere Bahnen lenken zu müssen. Sie solle vielleicht erst mal bei den eigenen Eltern anfangen, riet sie ihr. Und sie gab ihr den Hinweis, dass die Mütter dem Thema gegenüber meist aufgeschlossener seien als die Väter.

Auf dem langen Heimweg, den Mona in nicht weniger als vier unterschiedlichen Bussen zurücklegte, nahm sie sich vor, am nächsten Freitag, dem wöchentlichen muslimischen Feiertag, mit ihrer Mutter zu sprechen. Dann aber hat sie einen Freitag nach dem anderen verstreichen lassen und schließlich schrieb sie in ihr Heft:

Wenn Aya in das Alter kommt und man sie beschneiden will, werde ich meiner Mutter sagen, dass der Prophet Mohammed seine Töchter nicht beschneiden ließ. Und deshalb sei das in unserer Religion verboten. Und wenn sie es nicht glaubt, rufe ich Khadija an. Sie hat mir ihre Telefonnummer auf einen Zettel geschrieben.

Der Hoffnungsschimmer am Horizont

Eigentlich hatte Mona in Ruhe ihre Gedanken sortieren wollen. Etwa, ob das Angebot des Herrn Saleh die Lösung ihrer Probleme bedeuten könnte? Zu diesem Zweck steuerte sie jenes Khawa in der Gasse zwischen Kasr-el-Nil und Talaat-Harb-Straße an, welches sie mittlerweile regelmäßig aufsuchte – ohne erhöhten Puls und auch ohne Kribbeln. Längst genoss sie es, dort als Stammgast behandelt zu werden, dem ungefragt das Sahlab serviert wurde. Hingegen kam es Mona inzwischen sehr eigenartig vor, wenn sie an den arbeitsfreien Wochenenden vor den Khawas in Tonsy oder an der Moschee des Imam Al-Shafi'i ausschließlich männliche Gäste entdeckte. Warum war ihr oder den anderen Frauen des Viertels dort nicht möglich, was hier in der Mitte Kairos ganz selbstverständlich war?

In Downtown Kairo hatte sie vor jenem Kaffeehaus darüber nachdenken wollen, was es für sie bedeuten würde, als Geldsortiererin im Keller des riesigen Bankgebäudes zu arbeiten. Kurz zuvor hatte sie voller Euphorie das Vorzimmer des Bankgouverneurs verlassen, in welchem ihr Herr Saleh eine solche berufliche Perspektive in Aussicht stellte. Aber kaum hatte sie an einem der kleinen Metalltische Platz genommen, wurde ihre Aufmerksamkeit von Gästen absorbiert, die gänzlich anders aussahen als jene, die hier sonst verkehrten. Es waren Besucher aus fremden Ländern, welche sie an den aufgeschlagenen Büchern und den Kameras erkannte. Nur waren es diesmal keine einzelnen Personen oder Paare, sondern eine große Gruppe, deren Mitglieder geschlossen in eine Richtung blickten – auf einen jungen Mann nämlich, der wie ein Ägypter aussah, aber in einer Sprache auf sie einredete, die Mona nicht verstand.

Diese fremden Menschen zeigten eine Menge von ihrem Körper. Die Männer hatten kurze Hosen an und nackte Arme. Auch viele von den Frauen trugen kürzere Röcke oder sogar kurze Hosen und Blusen, die keine Ärmel hatten. Dabei war es noch gar nicht Sommer und auch noch nicht sehr warm. Ich wusste, dass diese Menschen nicht unkeusch sein wollten. In ihren Ländern tragen fast alle Menschen solche Sachen. Das kann man ja im Fernsehen sehen. Dort sieht man auch, dass die Mädchen ein ganz anderes Leben haben. Aber ist es ein besseres Leben? Sind sie wirklich frei? Ist es denn Freiheit, wenn die Mädchen nicht von ihren Eltern beschützt werden und machen können, was sie wollen? Wenn ihnen der Vater nicht die Erfahrung weitergibt, die er von seinem Vater bekommen hat, und die Mutter die Erfahrung ihrer Mutter? Was denken diese Fremden eigentlich über uns? Wie betrachten sie den ägyptischen Mann und die ägyptische Frau? Wundern sie sich über das andere Aussehen? Wie stellen sie sich die Gedanken der Ägypter vor? Denken sie, wir seien zurückgeblieben, weil wir anders leben? Wahrscheinlich wissen sie gar nichts von uns. Vielleicht wollen sie auch gar nichts wissen, sondern kommen nur hierher, weil unser Meer warm ist …

Es waren Fragen über Fragen, die Mona beschäftigten, während sie die fremden Menschen beobachtete, die an den Tischen neben ihr saßen und zu diesem Mann blickten, der pausenlos redete. Es hätte sie interessiert, welche Berufe diese Leute ausüben, wie sie ihre Kinder erziehen und welche Speisen sie dort in ihren fremden Ländern zubereiten. Aber wie hätte sie ihre Tischnachbarn danach fragen sollen? In welcher Sprache hätte man sich verständigen können? Außerdem nahmen diese starr in eine Richtung blickenden Menschen auch gar keine Notiz von ihr. Nur gelegentlich hatte sich ihr Blick mit dem eines jungen Mannes gekreuzt.

Warum blickte dieser Mann zu mir, während doch alle anderen woanders hinsahen? War es wegen meiner hübschen Gesichtszüge oder konnte er die Gedanken lesen in meinen Augen, die stumm mein Inneres beschrieben? Mir fiel dieser fremde Mann ein, der damals durch unser Viertel ging, als ich vor unserem Hof auf der Stufe saß und ihn freundlich anlächelte. Wie lange war das her? Ein Jahr oder zwei? Er war viel älter als dieser Mann, der mit der Gruppe vor dem Khawa saß. Und er sprach ein wenig Arabisch. Nicht sehr gut. Oft musste er in einem Buch nachsehen, wenn ihm ein Wort nicht einfiel, und manche Worte klangen bei ihm komisch. Doch man konnte ihn verstehen. Er redete mit mir und mit meinem Vater, und am nächsten Tag kam er wieder und hatte Geschenke dabei. Obst und Spielsachen für meine jüngeren Geschwister. Und noch einen Tag später fragte er meinen Vater, ob er mich heiraten könne. Natürlich hat mein Vater das abgelehnt. Niemals würde er mich mit einem Mann verheiraten, der aus einem anderen Land kommt und nicht unsere Religion hat. Ich hätte diesen fremden Mann auch gar nicht heiraten wollen. Wo hätten wir denn leben sollen? Im Ausland? Weit weg von meiner Familie? Das wollte ich auf gar keinen Fall. Obwohl es mich interessiert, wie es in anderen Ländern aussieht, will ich nirgendwo anders leben als in Ägypten. Hier bin ich geboren und auch meine Eltern und Großeltern, hier ist meine Heimat. In einem Film habe ich einmal eine Frau in einer Uniform gesehen, die in einem Flugzeug als Kellnerin arbeitete. Sie kam wahrscheinlich viel herum, aber danach kam sie immer wieder nach Hause. Da habe ich mir damals gedacht, dass ich auch gern diesen Beruf mit dieser schicken Uniform haben würde. Aber wahrscheinlich musste man hierfür viele Sprachen kennen. Und ganz sicher würde man dafür auch niemanden nehmen, der von da kommt, woher ich komme. Bibo, die Tänzerin, hatte uns auf Shaimaas Hochzeit erzählt, dass ihr kleiner Sohn gern ein Offizier in unserer ägyptischen Armee werden würde. Aber niemals würde jemand die Offiziersuniform tragen, dessen Mutter Raks Sharki (Bauchtanz) tanzt. Alle diese Gedanken gingen mir durch den Kopf, während dieser fremde Mann aus der Gruppe zu mir hersah. Dann habe ich ihn angelächelt. Ich wollte ihm zeigen, dass wir Ägypter freundliche Leute sind. Aber da hat er den Kopf schnell weggedreht und hat auch danach nicht mehr zu mir hergesehen. Hatte ihn mein Lächeln womöglich erschreckt?

Die Gruppe fremder Menschen spendete jenem Mann Applaus, der ihnen die ganze Zeit irgendetwas erzählt hatte. Kurz darauf waren sie verschwunden. Kaum einer von ihnen hatte die wenigen einheimischen Gäste eines Blickes gewürdigt. Die Kellner sammelten die Gläser ein, wischten die Tische ab, und schon im nächsten Moment sah es hier aus wie immer. Nun erst kehrte Mona zu ihren ursprünglichen Gedanken zurück. Sie malte sich aus, wie es sein würde, unten im Keller der Bank zu sitzen, Geldscheine zu zählen, diese in Bündeln zusammenzufassen und dabei die schmutzigen und abgegriffenen Banknoten auszusortieren. Das nämlich würde die Arbeit sein, für die sie Herr Saleh vorschlagen will. Für Mona wäre damit einerseits die nächste Sprosse der Lebensleiter erklommen. Andererseits hätte sie tatsächlich mit einem Schlag alle ihre Probleme nur wenige Stockwerke über sich gelassen. Jenes leider unannehmbare Angebot von Madame Sanaa, wofür ihr Vater niemals seine Zustimmung gäbe, würde sicher nicht erneuert werden. Vor allem aber wäre sie dort unten dem Umfeld ihrer Verehrer entzogen, deren Blicke zunehmend *romantischer* und deren Anträge nachdrücklicher wurden. Selbst der schüchterne Ibrahim war mittlerweile über seinen Schatten gesprungen und hatte etwas umständlich formuliert, dass er sich mit Mona eine »gemeinsame Zukunft« vorstellen könne.

Dort unten im Keller müsste sie keine einzige Entscheidung fällen – sie wäre einfach weg. Es würden zwar die morgendlichen Botengänge entfallen, andererseits aber hätte sie dann bereits um fünfzehn Uhr Feierabend und noch immer genug Zeit, durch die Straßen der Innenstadt zu streifen. Sie würde kein zusätzliches Bakshish mehr bekommen, allerdings wäre der Grundverdienst von vornherein etwas höher als bisher. Vor allem aber wäre sie das, wofür sie draußen in Imam Al-Shafi'i ohnehin längst alle hielten – eine reguläre Angestellte der ägyptischen Zentralbank.

In den nächsten Tagen sprach sie mit niemandem über Herrn Salehs Angebot. Schon gar nicht mit Madame Sanaa, weshalb Mona sie auch nicht bitten konnte, das Zeugnis der Handelsschule auf dem Apparat in deren Büro zu kopieren. Als Mona ihre Unterlagen schließlich zu Herrn Saleh brachte, zog sie diese wie Geheimdokumente unter ihrem Kittel hervor.

Das Zeugnis hatte sie in einem Geschäft kopiert, welches einige Stufen unterhalb der Stadt in einem Keller lag. Dort aber gab es nicht nur einen großen Kopierapparat, sondern auch zahlreiche Bildschirme, vor denen Jungen und Mädchen mit Kopfhörern saßen. Auf den Monitoren vor ihnen waren auch Jungen und Mädchen mit Kopfhörern zu sehen. Bei den Mädchen, fand sie, sah das etwas komisch aus, denn diese trugen die schmalen Plastikbügel über dem Hijab – die Mädchen auf den Bildschirmen und jene davor. Eigenartigerweise saß jeweils vor einem Mädchen auf dem Bildschirm ein Junge und umgekehrt. Sie schienen sich auf eine für Mona geheimnisvolle Weise miteinander zu unterhalten. Konnten sie einander etwa sehen? Konnte das Mädchen auf dem Bildschirm dem Jungen davor tatsächlich in die Augen sehen – so wie er ihr? Wo aber befanden sich diese Leute, die man auf dem Bildschirm sah? Während der Ladenbesitzer Monas Zeugnis kopierte, beobachtete sie dieses wundersame Geschehen. Aus dem, was die jungen Leute vor den Bildschirmen sprachen, konnte sie entnehmen, dass ihre Gegenüber keiner aus deren Familie sein konnte. Ja, nicht einmal ein entfernter Bekannter. Weshalb sonst mussten manche von ihnen erklären, wo sie wohnten, wie sie hießen, welche Schule oder Universität sie besuchten? Wie aber waren sie miteinander ins Gespräch gekommen? Irritiert beobachtete Mona, dass hier offenbar wildfremde Menschen beiderlei Geschlechts zwanglos miteinander sprachen. Eine eigenartige Form der Begegnung, wie sie diesen jungen Leuten sicher nicht so einfach gelingen würde, wenn sie sich außerhalb dieses dunklen Kellerlokals real begegneten. Monas Beobachtungen wurden jäh durch jenen Ladenbesitzer unterbrochen, der ihr das kopierte Zeugnis zurückbrachte. Fasziniert von dem, was um sie herum vorging, vergaß sie sogar gegen den Preis von einem Pfund für nur eine einzige Kopie zu protestieren – dem Zehnfachen dessen, was sie vor einigen Wochen in dem Kopierladen gegenüber der Handelsschule bezahlt hatte. Erst später war ihr in den Sinn gekommen, dass sie wohl wieder mal betrogen worden war.

Seit der letzten Bewerbung wusste Mona, dass man Geduld braucht, bis eine Entscheidung mitgeteilt wird. So war es auch diesmal. Sie hatte Herrn Saleh die Unterlagen gegeben – und nun wartete sie. Nach einer Weile nahm dann die Hoffnung mit jedem Morgen zu, dass der Assistent des Bankgouverneurs gute Neuigkeiten für sie haben würde. Zuversichtlich betrat sie morgens dessen Büro und entsprechend ernüchtert verließ sie es, wenn Herr Saleh schwieg. Sie sprach ihn auch nicht darauf an, obwohl sie ja fast täglich zusammen jene Delikatessen verzehrten, welche sie zuvor in diesem speziellen Feinkostgeschäft eingekauft hatte, in dem es immer so gut roch. Mona hatte einmal eine Woche lang notiert, was Herr Saleh dafür Tag für Tag ausgab, und war zu dem Schluss kommen, dass er ein vermögender Mann sein musste. Immerhin war er auch noch stolzer Besitzer eines eigenen Autos. Es grenzte für sie schon an ein kleines Wunder, dass ein solcher Mann sich überhaupt Gedanken machte, wie er ihre Arbeitssituation verbessern konnte. Und deshalb sprach sie ihn während des langen Wartens nicht an. Wissend, dass er es ihr ohnehin umgehend mitteilen würde, sobald eine Entscheidung gefällt worden war. Aber auch wenn nichts dagegen zu sprechen schien, dass sie diese Arbeit im Keller der Bank bekommen würde, zehrte die Warterei an ihren Nerven. Schließlich versprach sie sich doch davon die Lösung all jener Probleme, die selbstständig zu lösen sie sich außerstande sah.

Etwa drei Wochen nachdem Madame Sanaa dem Mädchen das Angebot gemacht hatte, ihr den Haushalt zu führen, war die elegante Chefsekretärin noch einmal darauf zurückgekommen. Üblicherweise war im Büro des Chefs und in dessen Vorzimmer, in Madame Sanaas Residenz also, keiner mehr da, wenn Mona kurz nach fünfzehn Uhr hierher zum Putzen kam. An diesem Tag aber hatte Madame Sanaa mit verschränkten Armen dort gesessen, die Tür im Blick und die Handtasche vor sich auf dem Schreibtisch. Offenbar hatte sie auf Mona gewartet. Denn als das Mädchen hereinkam, ging sie ihm sofort entgegen. Eine Hand auf Monas Schulter legend, fragte sie freundlich:

»Hast du schon mit deinem Vater über mein Angebot gesprochen?«

Und als Mona mit einer kleinen Kopfbewegung verneinte, bot Madame Sanaa ihr erneut an:

»Ich kann auch mit ihm reden, du musst es mir nur sagen ...«

Nun nahm Mona ihren ganzen Mut zusammen und versuchte eine Erklärung:

»Ihr Angebot ... es ist ein sehr gutes Angebot, wofür ... Ja, ich möchte Ihnen wirklich dafür danken ...«

»Aber?«, versuchte Madame Sanaa ihr auf die Sprünge zu helfen.

Mona atmete tief durch, ehe sie fortfuhr:

»Ich bin ja schon fast zwanzig Jahre alt und ... na ja, ich möchte irgendwann einmal heiraten. Aber bei Ihnen zu Hause ... wie soll ich da jemanden kennenlernen?«

Energisch zog Madame Sanaa ihre Hand zurück, schnappte die Handtasche und erklärte im Hinausgehen mit resoluter Stimme:

»Ich habe dir einen Job angeboten, aber ich bin natürlich kein Heiratsinstitut. Also, überlege es dir!«

In diesem Moment wusste Mona, dass ihre »Chefin« nie wieder auf dieses Angebot zu sprechen kommen würde.

Gleichzeitig fürchtete sie, dass sich der persönliche Kontakt zwischen ihnen verschlechtern könnte. Ein Verdacht, der sich in der Folgezeit glücklicherweise nicht bestätigen sollte.

Ein Stockwerk tiefer hatte sie plötzlich noch einen Verehrer mehr. Nicht nur, dass Amgad sich inzwischen fast täglich bei Azza danach erkundigte, wie Mona ihn finden würde, und Ibrahim und Haitham Mona gegenüber ihre vermeintlichen persönlichen oder familiären Vorzüge hervorhoben, waren alle drei inzwischen dazu übergegangen, die der anderen hinter deren Rücken herabzusetzen. Und schließlich erklärte auch Moustafa ihr gegenüber noch seine Liebe – jener Kollege, der sich doch angeblich vor einiger Zeit verlobt hatte.

Eines Morgens gestand mir Moustafa, dass er sich gar nicht verlobt habe. Er hätte das nur erfunden, in der Hoffnung, dass ich ihm sagen würde, er solle lieber mich heiraten. Ich war aber nicht völlig verdutzt, als er nach all den Wochen mit seinen eigenen Gefühlen herauskam, weil ich sie schon lange vermutet hatte. Sein Blick hatte ihn verraten und seine heimlichen Erkundigungen, von denen mir Azza erzählt hatte. Nun aber sprach er mit mir direkt darüber. So etwas wie mich habe er immer gesucht, sagte er. Ich sei nicht nur schön, sondern auch liebenswert und würde sicher einmal schöne Kinder zur Welt bringen. Das war mir sehr unangenehm, und ich habe ihm gesagt, er solle seine Entscheidung nicht übereilen. Ich wollte Zeit gewinnen, bis ich die neue Arbeit unten im Keller antreten konnte. Dort nämlich wäre ich vor diesen Verehrern geschützt, weil man nur mit einem Spezialausweis hineinkam. Das hatte mir Herr Saleh gesagt. Eine Lösung für all meine Probleme, die ich mit diesen Jungen hatte, erschien als Hoffnungsschimmer am Horizont.

Es war der erste schöne Frühjahrsmorgen, als Mona erfahren musste, dass es grundlegendere Schwierigkeiten gab, als sich vier Verehrern erwehren und das Stellenangebot als Haushaltshilfe ablehnen zu müssen. Nicht etwa, dass Mona nicht auch schon früher in ihrem Leben existenziellere Erfahrungen gemacht hätte. Aber vor dem Hintergrund ihres neuen städtischen Lebens war sie nur zu gern bereit, Probleme zu akzeptieren, die mehr der Eitelkeit schmeichelten, als ihr schlaflose Nächte zu bereiten. Die fremde Männerstimme draußen auf dem Grabhof, die sie an jenem arbeitsfreien Wochenendmorgen geweckt hatte, schien hingegen die Existenzgrundlage ihrer Familie infrage zu stellen. Nun erst, als sich Sabrin und Hoda an die ältere Schwester schmiegten und auch die kleine Aya zu ihnen ins Bett geschlüpft war, hatte Mona erfahren, dass jener fremde Mann schon einmal hier gewesen sei. Aber weil sie alle durcheinanderredeten, sich schließlich sogar um Details stritten, welche das eine Mädchen anders in Erinnerung hatte als seine Schwestern, verstand Mona gar nicht recht, was dieser Mann da draußen von ihrer Familie wollte. Wer war das eigentlich?

Erst als er gegangen war und sich die Mädchen in ihren Nachthemden hinauswagten, bekam Mona mit, wie Hanafi – der Torabi – versuchte, Nassra und Hamdi die Hintergründe der Angelegenheit zu erläutern. Mona erfuhr, weshalb in all den Jahren das dritte Zimmer, welches sich hinter dem Schlafraum der Kinder befand, nicht genutzt werden durfte. Unterhalb dieses Raumes nämlich würden die Angehörigen jenes Mannes liegen, der kurz zuvor den Grabhof verlassen hatte. Sie hatten nicht immer an dieser Stelle gelegen, aber das sagte der Torabi nicht. Er mochte Nassra und Hamdi nicht mit amtlichen Bestimmungen belasten, die sich im Laufe der Jahre mehrfach änderten und immer wieder zu

Irritationen und Streitigkeiten geführt hatten. Jedenfalls waren die Gesetze und Ausführungsbestimmungen seinerzeit, kurz bevor er das junge Ehepaar mit der kleinen Mona hier aufgenommen hatte, andere als heute. Nur für wenige Jahre war es den Torabi gestattet, Grabhöfe, deren Besitzer nicht mehr auffindbar waren oder dauerhaft im Ausland lebten, zu parzellieren. Die in der Grabkammer liegenden Toten wurden dann in eine Ecke geschoben, in einen Teil des Grabes, welcher eventuell zurückkehrenden Familienangehörigen jederzeit zugänglich sein musste. Der übrige Grabhof konnte dann von den Torabi neu verkauft werden. Dieser behördlichen Maßnahme lag durchaus eine rationale Überlegung zugrunde. Die Zahl der Einwohner von Kairo und Giza hatte sich mittlerweile um einige Millionen erhöht, und so hatte auch die Zahl der Grabstätten zugenommen. Die beiden traditionellen Friedhöfe im Osten der Stadt waren ins Uferlose gewachsen. Ungeachtet dessen, dass man inzwischen auch im Süden – neben dem neu gebauten Stadtteil »6. Oktober« – einen völlig neuen Friedhof angelegt hat, musste für die beiden Totenstädte eine Lösung gefunden werden. Sie konnten nicht endlos wachsen. Und diese Lösung konnte nur darin bestehen, dass die teils geräumigen Grabhöfe bei nicht mehr auffindbaren Eigentümern einen neuen Zuschnitt erfuhren.

Angesichts solcher Möglichkeiten von unerwarteten zusätzlichen Einnahmen, schossen manche der Grabmeister über das Ziel hinaus. Sie fingen an, auch solche Gräber aufzuteilen, deren Besitzer sich zwar in der Vergangenheit nicht oft sehen ließen, durchaus aber noch vorhanden waren. Es kam immer wieder zu Streitigkeiten, und so sahen sich die zuständigen Behörden schließlich gezwungen, die ursprüngliche Bestimmung wieder zurückzunehmen. Doch die Torabi hatten Blut geleckt, und feinsinnig entwickelten sie verschiedene Methoden, um auch weiterhin Grabstellen aufteilen und neu verkaufen zu können. Dazu gehörte beispielsweise die Behauptung, der neue Zuschnitt sei bereits in jener Zeit erfolgt, als es hierfür noch eine rechtliche Möglichkeit gegeben habe.

So war schließlich auch jener Ägypter, der mit seiner Familie seit vielen Jahren in Kanada lebt, nach Imam Al-Shafi'i gekommen. Unklar wird bleiben, ob er lediglich das Grab seiner Vorfahren besuchen oder aber – in Kenntnis, dass die Preise für Grabimmobilien rund um die Moschee sehr gestiegen waren – dieses unter der Hand veräußern wollte. Als er das Grab nicht fand, hat er sich an den Torabi gewandt. Dieser wollte ihm schließlich jenes dritte Zimmer im Grabhof von Hamdi und Nassra präsentieren. Kaum aber war der Fremde durch die Tür zum Grabhof getreten, erinnerte er sich, hier als Kind der Bestattung seines Großvaters beigewohnt zu haben. Diese aber hatte nicht in jenem Zimmer dort hinten, sondern hier vorn im Grabhof stattgefunden. Deshalb war er den Äußerungen des Torabi gegenüber sehr skeptisch. Am nächsten Tag hat er das Kairoer Katasteramt aufgesucht und dort nicht etwa Hanafis Aussage, sondern den eigenen Besitzstand am gesamten Grabhof bestätigt gefunden. Mit einer vom Amt ausgedruckten Grundrisszeichnung brachte er den Torabi in Erklärungsnot. Und schließlich erhob der fremde Mann die Forderung, das Familiengrab wieder in seinem ursprünglichen Zustand herzustellen, einschließlich der Räumung des Hofes von den »illegalen Bewohnern«.

Kleinlaut versuchte Hanafi nun Hamdi und seiner Familie die Angst zu nehmen. Das letzte Wort sei noch lange nicht gesprochen, erklärte er, und wenn es hart auf hart käme, stünde ihnen selbstverständlich ein anderer Grabhof zur Verfügung. Die Aussicht eines Umzugs aber trieb Nassra die Tränen in die Augen. Fast ihr ganzes Eheleben, schluchzte sie, habe sie auf diesem Hof verbracht. Außer Mona seien alle ihre Kinder hier zur Welt gekommen. Außerdem habe sie bei ihren eigenen Eltern erlebt, wie sie aus ihrem Grabhof vertrieben wurden und in ein winziges Zimmerchen hätten ziehen müssen. Der Torabi machte gar nicht erst den Versuch, die weinende Frau zu trösten. Wahrscheinlich war er mit eigenen Ängsten beschäftigt. Zum Beispiel der berechtigten Sorge, dass vonseiten jener anderen Familie, der er einst den vorderen Teil des Hofes verkauft hatte, nun sicher finanzielle Forderungen, wenn nicht gar rechtliche Schritte auf ihn zukommen würden. Vielleicht klammerte er sich aber auch an die Hoffnung, dass ein im Ausland lebender Ägypter sich nicht auf einen lange währenden Rechtsstreit in der alten Heimat einlassen wird. Dem einen oder anderen seiner Grabmeisterkollegen waren auf diese Weise tatsächlich unangenehme Folgen ihrer einstigen Eigenmächtigkeit erspart geblieben.

In jener Nacht schliefen nur die kleinsten meiner Geschwister. Meine Mutter wälzte sich nebenan unruhig hin und her, und von meinem Vater war in dieser Nacht kein Schnarchen zu hören. Sabrin flüsterte die ganze Zeit. Immer wieder wollte sie von Hoda wissen, woran sie gerade denke, aber Hoda wollte ihr nicht antworten. Emad, der neben Mahmoud auf der Matratze vor unserem Bett lag, rief dann, sie solle endlich den Mund halten. Er hatte schlechte Laune, weil er mal wieder Ärger mit unserem Vater hatte. Eigentlich nämlich sollte er um zehn Uhr zu Hause sein. Aber weil er mit seinem Freund Ali irgendwo herumgesessen hatte an diesem Freitagabend und erst nach elf Uhr nach Hause gekommen war, hat ihn mein Vater zur Seite genommen und ausgeschimpft. Zu mir sagt Emad dann hinterher immer, er sei doch schon erwachsen und er finde es ungerecht, dass er nicht selbst über seine Freizeit bestimmen könne. Zu unserem Vater aber würde er so etwas natürlich nicht sagen. Jedenfalls hatte er an diesem Abend schlechte Laune, und weil Sabrin dauernd flüsterte, ließ er seine Laune an ihr aus. Aber es ging uns allen nicht gut, seit dieser fremde Mann da war. Mir ging durch den Kopf, dass der andere Grabhof vielleicht noch kleiner sein könnte als dieser. Ich überlegte, dass meine Eltern mich nun sicher bald würden verheiraten wollen – und auch Emad. Vielleicht sogar Sabrin. Mussten wir älteren Geschwister jetzt bald das Haus verlassen? Vielleicht war dieser fremde Mann das Zeichen dafür.

Mona hatte sich draußen im Hof neben dem Eingang auf das alte Sofa gelegt. Sie blickte hinauf zur schmalen Sichel des Mondes und versuchte ihre grüblerischen Gedanken loszuwerden. Doch genau das Gegenteil geschah – sie grübelte. Lag nicht derzeit ihr Schicksal komplett in den Händen anderer? In denen jener Vorgesetzten des Herrn Saleh zum Beispiel, die eine Arbeitsstelle im Keller der Bank zu vergeben hatte? Oder in den Händen jenes fremden Mannes, der sie und ihre Familie vom Hof jagen will? Oder in denen des Torabi, der ihnen für diesen Fall eine andere Wohnstatt versprochen hat? Und war sie nicht für eine Heirat darauf angewiesen, dass jemand – ihre Herkunft akzeptierend – hierherkam und mit dem Vater die »Al-Fatiha« las? Das würden definitiv weder Amgad noch Haitham sein und auch nicht Ibrahim oder Moustafa. Wie gern würde sie ihr Leben selbst in die Hand nehmen. Aber wie?

Mona war nicht viel Zeit geblieben, um über all das ungestört nachdenken zu können. Bald schon war Hoda aufgetaucht, hatte sich zu ihr auf das Sofa gesetzt und kurz danach auch Sabrin. Mona hätte nicht gedacht, dass sie ausgerechnet von dieser vorlauten Schwester einen brauchbaren Vorschlag zu hören bekommen würde. Zum ersten Mal sprach Mona über ihre schwärmerischen Arbeitskollegen. Hodas große dunkle Augen wurden noch größer, als sie erfuhr, dass ihre älteste Schwester in der Stadt gleich vier Verehrer hatte. Sie konnte gar nicht verstehen, weshalb Mona keinen von ihnen haben wollte. Diesmal fühlte sich Mona ausnahmsweise von der im Alltag erfahreneren Sabrin besser verstanden. Es war einer der seltenen Momente eines unausgesprochenen Verstehens zwischen den beiden ungleichen Schwestern – darüber, dass man diese Jungen unter gar keinen Umständen hierher auf einen Grabhof bestellen konnte. Sicher würden sie schon vorher Abstand nehmen oder von ihren Familien dazu gezwungen werden. Auch würde Monas Mitgift sicher nicht als ausreichend angesehen. Das alles ging den beiden älteren Schwestern gleichzeitig durch den Kopf. Und auch, dass Hoda das alles früher oder später wird verstehen und akzeptieren müssen, will sie nicht bitter enttäuscht werden.

»Mach's doch so wie die Fatafit Al Sukkar Hanim«, sagte Sabrin und fing zu kichern an. Sie spielte auf die Protagonistin der gleichnamigen Verwechslungskomödie (auf deutsch: *Frau Zuckerkrümel*) an, einen ägyptischen Filmklassiker aus den Sechzigerjahren. Regelmäßig wird der einstige Kinofilm im Fernsehen gesendet, wo er längst Kultstatus erlangt hat, vergleichbar dem Einakter *Dinner for One* in verschiedenen europäischen Ländern. Schon zweimal hat Monas gesamte Familie über jene Tante gelacht, die gar keine ist. Denn hinter dem Kostüm der »Frau Zuckerkrümel« steckt der Freund zweier Junggesellen, welcher dringend

Geld braucht und sich deshalb überreden lässt, gegen einen kleinen Obolus eine »Tante aus Amerika« zu mimen. Die Junggesellen wiederum brauchen diese Tante als moralische Instanz, um zwei junge Mädchen aus der Nachbarwohnung von ihrem Vater wegzulocken. Jedes Mal, wenn die vermeintliche Tante dann vor den Augen der entsetzten Junggesellen die jungen Nachbarinnen umarmt und küsst, ist über vielen Grabhöfen von Imam Al-Shafi'i schallendes Gelächter zu hören. Das steigert sich noch, wenn sich der Vater der beiden Mädchen und der zu Besuch angereiste Vater einer der Junggesellen nahezu gleichzeitig in jene »Frau Zuckerkrümel« verlieben.

»Sie hat doch die beiden Männer zur gleichen Zeit in dieselbe Wohnung bestellt«, erinnerte sich Sabrin. »Warum soll das nicht auch mit vier Männern gehen?«

»Wahrscheinlich sogar noch viel besser«, zeigte sich Mona überzeugt. Schon seit einigen Tagen war ihr durch den Kopf gegangen, dass ihr die Verehrer womöglich auflauern könnten, falls sie sich sang- und klanglos davonmachen würde. Immerhin hätten sie auch künftig ihren Arbeitsplatz im selben Gebäude. So müsste der eine oder andere nur in Kauf nehmen, dort ein wenig später zu seiner Arbeit zu erscheinen, um Mona nach deren Dienstschluss am Personaleingang abpassen zu können. Es wäre also nichts gewonnen gewesen. Deshalb schien ihr Sabrins Vorschlag als einzig brauchbare Lösung ihres Problems: Sie musste die Verehrer miteinander konfrontieren.

Am nächsten Morgen war für Mona schon an der betrübten Miene von Herrn Saleh abzulesen, dass die Probleme, über die sie in der letzten Nacht gegrübelt hatte, nicht die einzigen bleiben würden. Der Assistent des Bankgouverneurs hätte Mona gar nicht erst auffordern müssen Platz zu nehmen, sie wusste auch so, dass ihr der freundliche Herr eine Absage zu überbringen hatte. Irgendein Familienmitglied eines anderen Bankangestellten sei bei der Stellenvergabe bevorzugt worden, erklärte er. Ein höherer Angestellter als er selbst jedenfalls, weshalb sein Einfluss nicht ausgereicht hätte … Na ja, aber … er habe für sie eventuell einen Job als Bürobotin bei der staatlichen Versicherungsgesellschaft ganz hier in der Nähe … Er wolle ihre Unterlagen deshalb behalten und gegebenenfalls dorthin …

Mona hörte gar nicht mehr zu. Schließlich stand sie auf, hauchte ein leises: »Shukran … ma as'salama!« (»Danke – Friede sei mit Ihnen!«) und verließ das Büro. Sie würde die nächste Sprosse der Lebensleiter also nicht erklimmen. Nicht in diesem Büro, nicht in der Staatsbank und wahrscheinlich auch nicht hier in der Stadt, welche Madame Sanaa eine »Metropole« nannte. Mona verstand die Absage als ein Zeichen. Demnach war Downtown Kairo offenbar nicht der Ort, an dem sie glücklich werden sollte.

In jener Welt ist das Glück für andere Menschen reserviert, wird sie später in ihr Heft schreiben – ohne Selbstmitleid und auch ohne Missgunst. Denn sie hatte dabei Menschen vor Augen, die sie mochte. Die Zwillinge Salma und Ali zum Beispiel, die ihr im Jahr zuvor einen so wundervollen Geburtstag bereitet hatten. Menschen wie Madame Sanaa oder Herr Saleh, die gute Schulen besucht und dort sicher exzellente Noten bekommen hatten. Alle diese Menschen mochten sie. Vielleicht weil sie hübsch anzusehen war, vielleicht weil sie ein freundliches Wesen hatte. Sie durfte Büros als »ganz persönliche Raumpflegerin« putzen oder war als Haushaltshilfe willkommen, aber schon für den Job einer Geldscheinzählerin wurde jemand aus deren Klasse vorgezogen. Wahrscheinlich wusste man in den höheren Etagen längst, woher das Mädchen kam, das ihnen das Mittagessen einkaufte und ihre Kleidung zur Reinigung brachte. Mohammed, der Mann, der ihr einst zu diesem Job verholfen hatte, hat es sicher von Said erfahren und es nicht für sich behalten können. Jemanden wie sie mochte man zwar, aber eine wirkliche Chance, die nächste Sprosse zu erklimmen, gab man ihr nicht. Wie hatte sie nur annehmen können, jemals irgendetwas anderes werden zu können als Om Ahmed oder Gehad? In einer Welt, in der nicht einmal der Sohn einer Bauchtänzerin Offizier werden konnte?

Endlich traf Mona einen Entschluss. Zum ersten Mal seit Monaten überließ sie ihr Schicksal nicht anderen, sondern nahm es selbst in die Hand. Sie würde diese Welt hier verlassen und dorthin zurückkehren, wo sie seit jeher mit ihrer Familie lebte und wo sie sich auskannte. Sie ging unverzüglich zu Herrn Saad und erklärte, dass dies ihr letzter Arbeitstag sein würde. Dann bat sie den konsternierten Aufseher, ihre Kündigung nicht vorzeitig den Arbeitskollegen bekannt zu geben. Das wolle sie am Abend selbst tun.

Zu ihrem eigenen Erstaunen verbesserte sich ihre Laune schlagartig. Ein letztes Mal erledigte Mona die üblichen Besorgungen in Kairos Geschäftsviertel, ohne dabei Wehmut zu empfinden. Die junge Frau bewegte sich selbstbewusst durch jene anonyme Masse auf der Kasr-el-Nil und sehnte sich nach den Begegnungen in ihrem Viertel, wo sich die Leute selbst dann grüßten, wenn sie einander nicht kannten. Sie kaufte die längst vertrauten Delikatessen für Herrn Saleh und freute sich gleichzeitig auf die Tameya ihrer Mutter. Und als sie die jungen Mädchen beobachtete, welche zum Hijab enge Blue Jeans trugen und wildfremden Jungen eindeutige Blicke zuwarfen, wusste sie ihre Schwester Sabrin zu schätzen. Deren vorlaute Art ging ihr zwar oft auf die Nerven, aber sie besaß das, was Mona »Anstand« nannte.

Der Erste, den Mona zum »Rendezvous« bestellte, war Haitham. Wie schon zahlreiche Male zuvor, hatte sie der junge Mann, der sich viel auf seine helle Haut, das glatte Haar und die sportliche Figur einbildete, wieder einmal an der Treppe zum oberen Stockwerk abgepasst. Sein Vater bestehe darauf, erklärte er ultimativ, dass ihm schon bald eine Braut präsentiert werde. Zu seinem Erstaunen bat Mona diesmal nicht um weitere Bedenkzeit.

»Komme doch bitte nach Arbeitsschluss unten an das große Tor, das zur Schalterhalle führt. Dorthin, wo die Schließfächer sind, am Ende des Ganges. Dann will ich dir eine Antwort geben«, erklärte Mona und sah dem überraschten Haitham tief in die Augen. Im Laufe des Nachmittags hat sie sich dann auch mit dem romantisch blickenden Ibrahim verabredet und mit dem forschen Moustafa. Alle zur gleichen Zeit, alle an denselben Ort. Nur Amgad hatte sie nicht dorthin bestellt. Zwar hatte auch er sie immer »intensiv« angesehen und hinter ihrem Rücken Erkundigungen darüber eingezogen, was sie über ihn sagen würde, aber erklärt hatte er sich ihr gegenüber nie. Je später es wurde, umso mehr malte sich Mona aus, wie wohl die drei Männer reagieren würden, wenn sie einander unten am großen Tor bei den Schließfächern begegneten. Ein letztes Mal sorgte sie umsichtig in dem ihr zugeordneten Arbeitsgebiet für Ordnung und Sauberkeit. Noch einmal nahm sie fast amüsiert die eisige Atmosphäre zwischen Om Ahmed und Gehad wahr, die seit jenem Tag herrschte, als die ältere der beiden erfahren hatte, dass die jüngere mit ihrem Geliebten ein Verhältnis angefangen hat. Erst war es in jenem Aufenthaltsraum zu einer lautstarken Eifersuchtsszene gekommen, ehe dann zwischen den beiden das große beleidigte Schweigen ausbrach. Als Mona dann kurz vor zweiundzwanzig Uhr ihren blauen Arbeitskittel auszog, taten ihr die drei Verehrer mit einem Mal leid. Sie nahm schließlich Abstand von ihrem ursprünglichen Plan, die Bank still und heimlich zu verlassen, während die drei auf sie warteten.

Am Ende des Ganges entdeckte Mona das Trio, welches ihr stumm entgegenblickte. Es war ein geradezu feindseliger Blick, den ihr Haitham zuwarf. Ibrahim schaute zwar noch immer *romantisch*, aber es war ihm auch anzumerken, dass er darüber enttäuscht war, sein Zusammensein mit Mona an diesem merkwürdigen Ort mit den anderen teilen zu müssen. Moustafa, der in den letzten Wochen durch die Ankündigung einer angeblichen Verlobung mit Mona ein doppeltes Spiel betrieben hatte, konnte ihr vor Verlegenheit überhaupt nicht in die Augen sehen. Er blickte so konsequent nach unten, als würde er den Fußboden nach irgendetwas absuchen. Natürlich wusste Mona, dass die drei jungen Männer nun von ihr eine Erklärung erwarteten. Deshalb beeilte sie sich möglichst schnell die wenigen Sätze loszuwerden, die sie sich in den vergangenen Minuten zurechtgelegt hatte:

»Ich habe euch alle drei hierher bestellt, um euch zu sagen, dass ich keinen von euch heiraten werde. Bald werdet ihr mich vergessen haben, heute war nämlich mein letzter Arbeitstag. Aber seid nicht traurig, denn keiner von euch kennt die wahre Mona. Sonst würde mich auch niemand von euch heiraten wollen!«

Sie drehte sich um und ließ die drei sprachlosen jungen Männer zurück, die in den letzten Monaten ihre Arbeitskollegen gewesen waren. Fast am Ende des Ganges angelangt, hörte sie weit hinter sich Haithams Stimme:

»Wer ist denn diese wahre Mona? Was meinst du damit, dass keiner von uns dich heiraten würde?«

Da aber bog die Angebetete schon um die Ecke. Im nächsten Moment trat Mona – grußlos die Pförtnerloge passierend – aus dem Personaleingang der ägyptischen Zentralbank, wandte sich nach links und ging durch jene dunkle Gasse auf direktem Weg zur Bushaltestelle am Midan el-Falaki.

Je heller die Sonne, desto dunkler die Schatten

Am Morgen war Mona einfach losgegangen, hat die Sharei-el-Tonsy überquert und ist dann weiter scheinbar ziellos durch die meist menschenleeren Gassen geschlendert, vorbei an teils unbewohnten Grabhöfen, immer in Richtung des Mokattam-Berges. Als sie plötzlich vor dem hohen, wüstenfarbigen Portal steht und auf jener kleinen, angesichts der Monumentalität der Anlage geradezu unscheinbaren Marmortafel den Namen der hier Bestatteten liest, begreift Mona, dass dies das Ziel ist. Der durch die Witterung dunkel gewordene Schriftzug weist allein durch den annoncierten Namen auf die Besonderheit des Ortes hin: Umm Kulthum.

Mona hätte das Grabmal der einst berühmtesten Frau Ägyptens an einer der Hauptstraßen vermutet oder an einem größeren Platz, aber ganz sicher nicht in einer solchen schmalen Nebenstraße. Darüber aber hatte sie gar nicht nachgedacht, hatte überhaupt erst durch eine beiläufige Bemerkung ihrer Teta vor wenigen Tagen erfahren, dass diese bedeutende Sängerin »irgendwo dort am Mokattam-Berg« bestattet sei. Überwältigt blickt das Grabhofmädchen zu dem gewaltigen Bau jenseits des verschlossenen schmiedeeisernen Tores hinüber, den sie beeindruckender findet als die Grabanlage der Familie des osmanischen Herrschers

Mohammed-Ali auf der Rückseite der Moschee von Imam Al-Shafi'i. Und das war immerhin einmal die Familie des ägyptischen Herrschers. Auch die imposanten Grabmale seiner Vorgänger, der Mamelucken, welche Mona einst mit der Schulklasse besucht hatte, ist ihr nicht als so imposant in Erinnerung wie dieser prächtige Bau. Allein der gewaltige Rundbogen über dem Eingang, der sich nach hinten fächert, als könne man ihn zusammenschieben, flößt ihr Ehrfurcht ein. Die links und rechts des Tores auf hohen Säulenskulpturen befindlichen Lampen erinnern sie an kleine Särge.

Mona betrachtet die nähere Umgebung. Sie versucht sich vorzustellen, wie in den zahlreichen Nebenstraßen die Menschen dicht gedrängt gestanden haben müssen, als Umm Kulthums Sarg hierhergebracht worden war. Fast zwei Millionen Menschen hätten »Ägyptens heimliche Herrscherin« auf dem letzten Weg begleitet, das jedenfalls erzählte der alte Mann, der sie im Bus angesprochen hatte. Das war vor fast zwei Monaten gewesen, an jenem Abend, an dem sie etwas wehmütig das pulsierende Geschäftsviertel Kairos für immer verließ. Mona war entschlossen, die einstigen Träume hinter sich zu lassen und fortan wieder dort zu leben und zu arbeiten, wo sie ihre Kindheit verbrachte hatte – in dem Viertel, welches man in jener anderen Welt Totenstadt nennt. Seither weiß sie endgültig, dass sie dorthin gehört, und sie empfindet diese Gewissheit als beruhigend.

Bevor es zu der Begebenheit im Bus gekommen war, war sie tagelang von einem Ohrwurm gequält worden. Erst war dieses Lied im Radio gespielt worden, von dem Monas Mutter sagte, es sei eines der berühmtesten der Umm Kulthum gewesen. Dann hatte Nassra es während der Hausarbeit im Grabhof immer wieder angestimmt – und plötzlich wurde Mona es nicht mehr los. Möglicherweise hatte sie es auf jener letzten Fahrt aus Trauer gesungen – darüber, dass der Traum von einem anderen Leben geplatzt war. Vielleicht aber auch aus Dankbarkeit, weil Kismet sie vor einem tristen und unmoralischen Dasein bewahrt hatte, wie Om Ahmed und Gehad es weiterhin Tag für Tag fristen müssen. Jedenfalls hatte sie das Lied zunächst leise vor sich hin gesungen, das »Aqbal Al-Layl« (»Die Nacht ist gekommen«) heißt: »Aqbal al layl ya habibi wa nadani habibi / Wa sarrat zekrak taifan hahm fi bahr zonuni ...« (»Die Nacht ist gekommen und mein Liebling hat mich gerufen / Die Erinnerung an dich ist wie ein Traum durch das Meer meiner Gedanken gewandelt / Die Vergangenheit, die vertraut und schön war, breitet ihre Schatten aus / Da sehnt sich mein Herz nach der Zeit meines Kummers ...«)

Drückten diese Zeilen nicht symbolhaft ihre momentane Situation aus? Auch die nächsten schienen geradezu für sie und diesen Augenblick geschrieben worden zu sein:

»O Führung der Verwirrten in der Nacht / Wo bist du jetzt – nein vielmehr: Wo bin ich?«

Entweder hatte Mona, ohne es zu merken, zunehmend lauter gesungen oder die anderen Fahrgäste waren mit einem Mal verstummt. Jedenfalls hatten offenbar alle Fahrgäste dem Mädchen hinter dem Busfahrer gelauscht, welches sich, aus dem Fenster blickend, in einem stilisierten Vibrato der Poesie des Textes hingab. Denn als Mona geendet hatte, war sie durch Applaus aus ihren Gedanken gerissen worden. Es war ihr unangenehm, dass ihr die anderen zugehört hatten. Und als jener alte Mann ihr die Telefonnummer seines Sohnes geben wollte, weil dieser beim Radio arbeiten würde, wehrte sie schüchtern ab. Sie sei nur ein armes Grabhofmädchen, sagte sie und wunderte sich im nächsten Moment darüber, wie selbstverständlich sie sich zu ihrer Herkunft bekannte. Dieses Bekenntnis hatte zu Monas großer Überraschung keineswegs dazu geführt, dass der Mann sich erschrocken abwandte oder auch nur auf höfliche Distanz zu ihr gegangen war. Vielmehr erklärte er mit einem wissenden Lächeln, dass auch der Aufstieg von Umm Kulthums Stern seinen Anfang in ärmlichen Verhältnissen genommen habe. Deren Vater Ibrahim al-Sayyid al-Baltaji sei in Tamay el-Zahayra im Nildelta Vorbeter in der Dorfmoschee gewesen, und ihre Mutter Fatmah a-Maliji habe drei Kindern das Leben geschenkt, von denen Umm Kulthum das jüngste gewesen sei. Das Schicksal habe eben Großes mit Umm Kulthum vorgehabt. Nur unter Entbehrungen hätte die Familie dem Mädchen Gesangsunterricht in Kairo ermöglichen können. Einige Jahre später habe in der gesamten arabischen Welt der Verkehr still gestanden, wenn sie live im Rundfunk und später im Fernsehen aufgetreten sei.

»Millionen Menschen in den großen Städten vom Golf bis zum Atlantik hörten zu, wenn sie sang«, schwärmte er. »Ihr lauschten die Beduinen der Wüste und die Fischer am Meer und die Fellachen auf dem Lande.«

Dann hatte der alte Mann erwartungsvoll die Augenbrauen in die Höhe gezogen und gesagt:

»Wer weiß, womöglich sitzt vor mir die neue Umm Kulthum. Ist es etwa Kismet, dass wir beide uns hier begegnet sind? Willst du also nicht doch die Telefonnummer meines Sohnes haben?«

Nun meldeten sich auch andere Fahrgäste zu Wort, und bald brach ein wahres Stimmengewirr über Mona herein:

»Auch Amr Diab kommt aus einer armen Familie in Port Said!« – »Sänger und Sängerinnen kommen nie aus reichen Familien, wie auch die Schauspieler nicht oder die Tänzerinnen des Raks Sharki …« – »Die Reichen wollen ihre Söhne und Töchter nun mal sonst wo sehen, nur nicht auf einer Bühne.« – »Vielleicht lädt man dich ja zu Probeaufnahmen ein, Kleines. Hübsch bist du ja außerdem.« – »Übrigens kam Ahmad Rami, der fast alle Texte für Umm Kulthum geschrieben hat, auch aus der Totenstadt …« – »Das stimmt nicht, er hat sie nur oft besucht, weil er sich bei Imam Al-Shafi'i die Inspiration für seine Poesie geholt hat. Ich habe ihn ein wenig gekannt und …« – »Vielleicht hat unsere Kleine ja dort auch die Inspiration für eine große Karriere bekommen.« – »Auf jeden Fall solltest du den Sohn des Alten anrufen …!«

Der alte Mann hatte die Telefonnummer auf den Rand einer Zeitung notiert und Mona in die Manteltasche geschoben. Sie aber wusste da schon, dass sie niemals dort anrufen wird. Umm Kulthum war immerhin die Tochter eines Imams, ihr eigener Vater aber kann nicht einmal lesen. Und Nassra hatte fast dreimal so viele Kinder wie deren Mutter. Selbst wenn ihre ganze Familie für die nächsten Monate nur von Brot und Wasser leben würde, wäre vermutlich nicht genug Geld da, um Mona Gesangsstunden zu finanzieren. Welch ein Unterschied zu der »Armut« in Umm Kulthums Elternhaus. Dennoch steht sie nun, einige Wochen später, am kunstvoll geschmiedeten, aber leider verschlossenen Eisentor vor dem Grabmal der großen Sängerin und fragt sich, weshalb sie ihr Weg an diesem Morgen ausgerechnet hierher geführt hat.

Hätte man mir die Geschichte der Umm Kulthum früher erzählt, wäre ich ganz bestimmt auch früher hergekommen. Dann hätte ich mir gesagt: »Hier liegt eine Frau, die Kismet aus einem kleinen Dorf hinaus in die große Welt geführt hat.« Vielleicht hätte ich davon geträumt, auch dorthin geführt zu werden. Nicht als Sängerin, nein, daran hätte ich nie geglaubt. Höchstens ein bisschen heim-

lich geträumt. Wer tut das nicht? Doch solche Sängerinnen wie Umm Kulthum gibt es heute gar nicht mehr. Heute sehen Sängerinnen aus wie Haifa Wahbi, die halbnackt auftreten und sich von den Männern begaffen lassen. Es gibt viele Mädchen, die das auch wollen. Im Fernsehen habe ich eine Sendung gesehen, wo sie sich darum bewarben, Ägyptens neuer Superstar zu werden. Da traten fast alle Mädchen ohne Hijab und mit freiem Bauch auf. Das würde mein Vater nie gestatten, und deshalb würde ich es auch nicht wollen. Das Schicksal hatte mich in die Mitte von Kairo geführt. Wenn Kismet etwas Besonderes mit mir vorgehabt hätte, dann wäre es dort passiert. Als ich in unser Viertel zurückgekehrt war, fühlte ich mich frei. Sogar die Luft und das Licht unseres Grabhofes empfand ich nun viel angenehmer als die geschlossenen und dunklen Büros der Zentralbank.

Schnell hatte sich herumgesprochen, dass Mona nicht mehr Tag für Tag nach Kairo fuhr. Kaum jemand fragte nach, warum dem so ist. Die Geschäftsleute buhlten um die charmante Arbeitskraft, von der man sich hinter vorgehaltener Hand eine gewisse Weltläufigkeit, ja, einen erweiterten Horizont versprach. Irgendetwas musste jene Arbeit in Kairos Geschäftswelt – von der keiner etwas Konkretes wusste – doch bewirkt haben.

Zunächst hatte sich Mona entschlossen, in Essams Laden an der Sharei-el-Tonsy zurückzukehren. Der einstige Arbeitgeber war der Erste, der bereits am dritten Tag nach Monas Rückkehr in den Grabhof gekommen war und um sie warb. Mittlerweile arbeite auch sein Neffe in dem Geschäft, hatte er erklärt. Die schweren Sägeblätter aus den Regalen zu holen, sei fortan dessen Aufgabe und auch die Beförderung der Schleifmaschinen vom Laden zu den Wagen der Kunden. Mona solle nur noch »das Schriftliche« erledigen und die Abrechnung. Dafür bot ihr Essam sogar einen Verdienst an, der dreißig Pfund über dem lag, den er ihr früher bezahlt hatte. Sie willigte ein. Dann aber stellte sich heraus, dass Essams Neffe keineswegs eine Erleichterung, sondern vielmehr eine Belastung für Mona werden sollte. Der vorlaute Junge fuhr ihr ständig über den Mund, spielte sich in Essams Abwesenheit als Chef auf und machte sich vor den Kunden über sie lustig. Eigentlich wollte sie schon am dritten Tag wieder kündigen, doch sie ertappte sich bei der stillen Hoffnung, jenen Mohammed noch einmal zu treffen, der einst regelmäßig mit zwei von seinen Arbeitern hier im Geschäft vorbeigekommen war. Mohammed aber kam nicht, und Essams Neffe wurde immer unverschämter. Schließlich ließ sich Mona abwerben, von einem, der in der Nähe des Midan Sayeda Aisha einen Telefonladen betrieb. Hier kamen ältere Leute vorbei, um ihre Verwandtschaft in den ägyptischen Dörfern anzurufen. Jüngere Männer und – zu Monas Erstaunen – auch Mädchen liehen sich hier tageweise mobile Telefone aus, für die sie Telefonkarten mit einem Wert von zehn oder fünfundzwanzig Pfund erwarben. Nur selten kam jemand, um sich ein solches Telefon zu kaufen oder gar einen festen Vertrag abzuschließen.

Die Arbeit in dem Telefongeschäft machte mir von Anfang an Spaß, auch wenn ich vieles lernen musste. Die verschiedenen Tarife für die Telefonkarten zum Beispiel, bei denen man die Kunden fragen musste, ob sie selbst sehr viel telefonieren oder ob sie eher angerufen werden. Es kamen viele junge Leute dorthin und wir hatten viel Spaß. Vor allem aber war ich stolz, als mir der Ladenbesitzer eines der modernsten Mobiltelefone zur Verfügung stellte. Natürlich musste ich die Telefonkarte bezahlen, aber das Telefon selbst hatte ich umsonst. Es hatte auch einen MP3-Player, auf den ich Musik spielen, und eine Kamera, mit der ich fotografieren konnte.

Das Wunder war passiert, als Mona zum allerersten Mal das Mobiltelefon hob und auf das Display blickte. Bis zu diesem Zeitpunkt hatte sie damit nur telefoniert – mit der eigenen Familie und mit ihrer Tante Samira. Gern hätte sie auch, wie andere junge Leute, ihre besten Freundinnen angerufen. Aber Ranias Vater, der nicht nur sehr religiös, sondern auch sonst sehr streng ist, erlaubte seiner Tochter kein Mobiltelefon. Und Safaa hatte inzwischen geheiratet, und verheiratete Frauen, das hat Mona mittlerweile herausgefunden, besaßen oftmals keines. Zumindest nicht in den Vorstädten, wozu Bir ja gehört und wo Safaa nun auch mit ihrem Ehemann wohnte. Manchmal erzählten ihr auch junge Frauen, wenn sie die Mobiltelefone in den Laden zurückbrachten, dass sie nun heiraten würden und ihr Ehemann keine Frau mit einem Telefon mochte. Mona wusste natürlich, dass das drüben in Downtown Kairo gänzlich anders ist, aber dort sitzen ja Frauen auch allein im Khawa. Von den noch ledigen Mädchen in Tonsy hatte Mona gelernt, wie man mit dem Mobiltelefon fotografiert. Und als sie das hinter ihrem Verkaufstresen mit dem eigenen ausprobieren wollte, entdeckte sie auf dem Display den Mann ihrer Träume. Auf ihn, von dem sie nur wusste, dass er Mohammed heißt, hatte sie in Essams Marmorladen vergeblich gewartet. Erschrocken drückte sie den Auslöser. Und während im nächsten Moment das Lächeln des Mannes auf dem Display verharrte, trat er an den Tresen und sagte:

»Da bist du ja. Ich habe dich lange gesucht!«

Es war wie in diesen amerikanischen Filmen, die Mona eigentlich immer für unrealistisch, zumindest für etwas übertrieben hielt. Mohammed, der seine frühere Schüchternheit überwunden zu haben schien, hatte offenbar diese Filme auch gesehen und seine Vorstellungen von Romantik danach ausgerichtet. Mona hingegen hatte das nicht vor. Trotz dieser freudigen Überraschung war sie bemüht, ihr Gesicht zu wahren. Daher durfte sie auf gar keinen Fall das tun, wonach ihr zumute war, nämlich – wie die Frauen in den amerikanischen Filmen – diesem Mann um den Hals fallen. Monas Zurückhaltung hat Mohammed nicht davon abgehalten, fortan fast jeden Tag mit seinem kleinen roten Auto vorbeizukommen. Nach einer Woche fragte er, ob sie sich vorstellen könne, ihre Zukunft mit ihm zu verbringen. Er fragte nicht: »Willst du meine Frau werden?« oder »Wollen wir gemeinsam eine Familie gründen?«, auch wenn er das natürlich meinte, sondern ob sie ihre Zukunft mit ihm verbringen möchte. Das fand Mona romantisch, und es gefiel ihr. Bevor er aber ihren Vater aufsuchen könne, erläuterte Mohammed unsicher, müsse er seine Arbeit als Bauleiter in Sharm el-Sheikh zu Ende bringen. Dann würde er nach Kairo zurückkehren, sein Auto verkaufen, vom Erlös eine Wohnung erwerben und mit ihrem Vater die »Al-Fatiha« sprechen. Es hatte ihn nicht gestört, als er erfuhr, dass dies auf einem Grabhof geschehen würde, denn auch seine Mutter war auf einem solchen in Bassatin aufgewachsen. Ein paarmal noch war Mohammed im Laden aufgetaucht, und wenn sie beide allein waren, ließ es Mona zu, dass er ihre Hände hielt. Sie konnte spüren, wie ihr Herz schneller schlug, und wenn Mohammed sie mit seinen fast schwarzen Augen ansah, hielt Mona seinem Blick stand – so wie sie es einst bei jenem Paar im Zug zwischen Beni Suef und Kairo beobachtet hatte. Plötzlich hatte sie Verständnis für jene fremde junge Frau. Gefühlsmäßig war sie bereits mit Mohammed verlobt, auch ohne dass er mit dem Vater die »Al-Fatiha« gesprochen und eine entsprechende Zeremonie stattgefunden hatte. Am Tag vor seiner Abreise sprach Mohammed dann schon sehr konkret von der Familie, die er mit Mona zu gründen beabsichtige. Zwei bis drei Kinder wünsche er sich, wobei ihm Söhne ebenso willkommen seien wie Töchter. Was auf Mona einen ganz besonderen Eindruck machte, war, dass Mohammed ihr zuhörte, als sie ihre Vorstellungen von Ehe und Kindererziehung darlegte. Und Mona hatte sehr konkrete Vorstellungen. Immer wieder hatte sie in den Tagen vor diesem Gespräch zu Hause in ihrem Heft nachgelesen, was sie schon vor einiger Zeit dazu notiert hatte.

Ich habe eine genaue Vorstellung davon, wie mein Mann sein soll. Es muss jemand sein, der versteht, dass nicht alles auf Aggression beruhen darf. Es muss ein Gespräch zwischen den Eheleuten geben, wie zwischen Partnern. Wenn ich als Frau etwas mache, was dem Mann nicht passt, dann sollte er mich zur Seite nehmen und mir erklären, was ihm nicht passt. Das würde mich sicher überzeugen, und ich würde mir viel Mühe geben, ihm zu gehorchen und alles nach seiner Zufriedenheit zu machen. Ich hoffe, dass es uns schon in der Verlobungszeit gelingt, uns aneinander zu gewöhnen. Ich will mir auch alle Mühe geben, mich an ihn zu gewöhnen. Also, was ich mir wünsche, das ist eine freundliche und höfliche Atmosphäre, mit gegenseitigem Respekt. Ich hoffe sehr, dass ich jemanden finde, der so respektvoll mit mir umgeht und mir nicht mit Aggressionen begegnet. Jemand, der auch meine romantische Seite erkennt und liebevoll mit mir umgeht.

Natürlich möchte ich Kinder haben, und sie sollen in einer liebevollen Atmosphäre aufwachsen. Wenn wir als Eltern ihnen sagen, was richtig und was falsch ist, und wenn sie einen Fehler machen, wir ihnen sagen, warum das ein Fehler war und sie nicht etwa wegen dieser Fehler schlagen, dann werden sie somit die beste Erziehung bekommen, die man haben kann. Nämlich eine Erziehung der Liebe. Und man muss die Kinder bewahren vor schlechtem Einfluss. Ich mag zum Beispiel nicht, dass man sie für derbe Späße missbraucht. Wenn man in einer Gesellschaft, zum Beispiel einer Familienfeier, ein Kind auffordert: »Geh mal zu Onkel Mahmoud und sag zu ihm ›Du Hundesohn!‹« Und wenn das Kind das dann macht, dann lachen alle. Also, ich möchte nicht, dass meine Kinder solche Schimpfwörter in den Mund nehmen. Sie sollen in einer ruhigen, angenehmen und sauberen Atmosphäre aufwachsen. Und wenn sie doch mal ein Schimpfwort mit nach Hause bringen, dann sage ich ihnen, dass das nicht schön ist, aber ich schlage sie nicht. Wenn mein Mann und ich uns gegenseitig an den Stil des anderen angepasst haben, dann können wir das auch an unsere Kinder weitergeben.

Mohammed ahnte vielleicht, dass Monas Erfahrungen in der eigenen Familie der Grund für solche Überlegungen waren. Sein stummes Nicken wiederum gab ihr das Gefühl, von ihm verstanden zu werden. *Mohammed versteht meinen romantischen Charakter*, schreibt sie in diesen Tagen in ihr Heft, und sie war sicher, mit ihm irgendwann auch ihre ablehnende Haltung gegenüber der Mädchenbeschneidung besprechen zu können. Vielleicht aber würde das ja gar nicht nötig sein. Dann nämlich, wenn sie ihm nur Söhne gebar. Als Mohammed sich verabschiedete, um für einige Wochen zu seiner Arbeitsstelle nach Sharm el-Sheikh zurückzukehren, hinterließ er eine glückliche Mona – und sie machte Kismet dafür verantwortlich, dass sie die Stelle in diesem Telefonladen bekommen hatte.

Für einige Zeit würde es für Mona nur telefonisch möglich sein, mit ihrem heimlichen Verlobten Kontakt zu halten.

Natürlich war es fortan Mohammed, der Mona anrief, und nicht umgekehrt. Und in den ersten Tagen rief er fast jede Stunde einmal an.

Ich berichtete Mohammed alles, was ich so machte, auf meiner Arbeitsstelle und auch zu Hause. Und wenn ich an den Wochenenden auf den Markt ging und junge Männer mich ansprachen, sagte ich ihnen, dass ich versprochen sei. Auch das berichtete ich Mohammed. Eines Tages gab es in unserem Viertel eine Hochzeit, und ich erzählte ihm, dass ich mit meinen Schwestern dort hingehen wolle. Natürlich hatte Mohammed nichts dagegen. Doch als ich ihn um die Erlaubnis bat, das Fest ohne Hijab besuchen zu dürfen, verweigerte er das. Er wolle, dass seine Verlobte anständig gekleidet sei, sagte er. Erst fand ich das in Ordnung, aber kurz bevor wir losgingen, überlegte ich, dass ja die Al-Fatiha noch nicht gesprochen worden war. Deshalb ging ich mit offenen Haaren zu diesem Fest. Als dann junge Männer meine Nähe suchten, ging ich ihnen aus dem Weg. Denn wenn ich ihnen gesagt hätte, dass ich versprochen sei, hätten sie mich natürlich gefragt, warum ich den Hijab nicht trage. Davon aber berichtete ich Mohammed nicht.

Misstrauisch wird Mona von einer alten Frau beäugt, die aus einiger Entfernung beobachtet, wie sie mit der Kamera ihres Mobiltelefons den Eingang zu Umm Kulthums Grabmal fotografiert. Vermutlich rührt deren Misstrauen daher, dass sie das Mobiltelefon gar nicht als Kamera erkennt, denn das Fotografieren des Grabmals der berühmten Künstlerin findet hier ansonsten regelmäßig statt. Schließlich kommen nicht selten ganze Busgesellschaften vorbei. Vielleicht versucht sie auch zu taxieren, woher diese einsame Besucherin stammen könnte und ob von ihr eventuell ein

Bakshish zu erwarten war, wenn sie ihr den Zutritt zum Grab ermöglicht.

Zunächst ist Mona der Bund mit den Schlüsseln aufgefallen, den die alte Frau in der Hand trug, und dann erst deren misstrauischer Blick. Sie setzt ein freundliches Lächeln auf und geht der Frau einige Schritte entgegen.

»Kann man denn auch in das Grabmal hinein?«, fragt Mona.

»Natürlich kann man das«, bekommt sie zur Antwort, ohne dass die alte Frau entsprechende Anstalten macht.

Mona fühlt sich hilflos. Warum schließt ihr die alte Frau denn die Tür nicht auf?

»Ich war noch nie hier«, versucht sie ein Gespräch in Gang zu setzen, »dabei wohne ich gar nicht weit. Gleich dort hinten auf einem Grabhof in der Nähe der Moschee.«

»Welcher Moschee?«, fragt die Frau mit den Schlüsseln noch immer skeptisch. »Es gibt hier so viele.«

»Bei der von Imam Al-Shafi'i«, gibt Mona nicht ohne Stolz zur Antwort, denn diese Moschee überragt alle anderen und ist – wie sie erst seit einigen Monaten weiß – schon von Weitem für all diejenigen zu sehen, die aus Kairo hier herauskommen. Dann setzt sie hinzu: »Und drüben in Tonsy bin ich zur Schule gegangen.«

Die alte Frau lässt einen tiefen Seufzer hören, als sie resigniert zur Kenntnis nimmt, dass von diesem Grabhofmädchen wohl kein Bakshish zu erwarten ist. Endlich schließt sie zuerst rasselnd das schmiedeeiserne Tor zum Hof auf, dann die schwere Holztür zum Grabraum. »Hier liegt die berühmteste Frau Ägyptens«, schießt es Mona durch den Kopf, als sie ehrfürchtig in den großen hellen Raum tritt.

Das Erste, was sie darin verwundert zur Kenntnis nimmt, ist ein schlichtes, weitgehend schmuckloses Grab. Nur zwei gedrechselte Holzsäulen stehen zu beiden Seiten der etwas tiefer liegenden Grabplatte, auf denen sich goldene Kerzenleuchter befinden. Sonst nichts, kein Mausoleum, kein üppig geschmückter Marmorsarkophag, wie es Mona von den Gräbern reicher und bedeutender Familien kennt. Und auf einem kleinen Tisch mit einer weißen Decke steht ein goldener Rahmen, in dem in schöner kunstvoller Schrift zu lesen ist: »Allah Akbar« (»Gott ist groß«). In dem aufgeschlagenen Buch davor entdeckt sie viele verschiedene Handschriften. Die alte Frau erklärt ihr, dass es ein Gästebuch sei, in welches sich Besucher aus der ganzen Welt eingetragen hätten. Mona entdeckt darin Eintragungen in vielerlei Sprachen und Schriften, wenngleich die meisten in Arabisch sind. Die Unterzeichner bedanken sich bei Umm Kulthum dafür, dass »du uns deine Kunst geschenkt hast« und »unser Herz fröhlich werden ließest« oder »uns in den Stunden der Trauer wieder Hoffnung gegeben hast«. Mona lässt gar nicht erst den Gedanken zu, selbst etwas in dieses Buch zu schreiben. Stattdessen fragt sie, ob es erlaubt sei, mit ihrem Telefon das Grab zu fotografieren. Ängstlich blickt die alte Frau zur Tür hinaus:

»Von mir aus. Aber wenn der Torabi kommt, steck dein Ding da schnell wieder ein, sonst will er ein Bakshish sehen.«

Nun erst entdeckt Mona, dass sich in dem Grabraum noch ein zweites Grab befindet.

»Ist das hier der Ehemann von Umm Kulthum?«, fragt sie die alte Frau.

»Nein, hier liegt El Dessouki Ibrahim, der Neffe.«

»Hatte sie denn keinen Mann?«, will Mona wissen und bemerkt, dass sich die Miene der Frau auf eigentümliche Weise verklärt, ehe sie antwortet:

»Die große Umm Kulthum hatte viele Männer. Schon als junge Frau ... da war sie mit Ahmad Rami zusammen ... Kennst du Ahmad Rami?«

Mona erinnert sich, auf jener Busfahrt diesen Namen gehört zu haben.

»Die Texte für ihre Lieder hat er geschrieben, nicht wahr?«

Als die alte Frau zustimmend nickt, setzt Mona hinzu:

»Er hat sich oft drüben an der Moschee von Imam Al-Shafi'i die ... äh ...«

Als ihr partout der Begriff »Inspiration« nicht einfallen will, erklärt die alte Frau ihrerseits nicht ohne Stolz:

»Ich sah ihn nach ihrem Tod ein paarmal hier, denn er hat sie ja überlebt. Um einige Jahre sogar ...«

»Und er war ihr Mann?«

Abermals bemerkt Mona an der alten Frau diese eigenartige Miene, welche sie nicht zu deuten weiß.

»Nun ja, er war einer ihrer Männer. Sie war eine große Künstlerin.«

Dann blickt sie Mona direkt an.

»Was willst du wissen? Mit wem sie verheiratet war? ... Mit einem ihrer Ärzte. Den Namen habe ich vergessen. Sie hat ihn geheiratet, als sie schon fünfzig Jahre alt war.«

Mona weiß nicht, was sie mit all diesen Auskünften anfangen soll. Sie hätte noch ganz viele Fragen an diese Frau, traut sich aber wegen deren eigenartigen Miene nicht, sie zu stellen. So bleibt die Frage unbeantwortet, weshalb Umm Kulthum erst derart spät heiratete. Und auch, weshalb sie nicht bei ihrem Ehemann bestattet ist und was denn diese vielen anderen Männer zu bedeuten hatten. Wie konnte man denn Männer haben, mit denen man nicht verheiratet war?

Verlegen sieht sich Mona in dem Grabraum um und entdeckt schließlich eine Tafel an der dem Eingang gegenüber liegenden Wand, auf der steht: »Du hast mich großgezogen, du warst meine Mutter und meine Freundin. Du hast mich gelehrt, mich durch das Leben geführt. Du warst mein Ideal und ich danke dir für alles, was du für uns gemacht hast. Wie warst du stark, auch in deiner Krankheit. – Dein Sohn und Neffe El Dessouki Ibrahim.«

Nachdem Mona den Grabraum von Umm Kulthum verlassen hat, spricht sie – während die alte Frau das große hölzerne Tor verschließt – laut jenen Gedanken aus, der ihr in diesem Moment durch den Kopf geht:

»Warum nur stellt Kismet manche Menschen ins Licht, und andere müssen ihr ganzes Leben im Schatten verbringen?«

Ohne Mona anzusehen, bemerkt die alte Frau, während sie den kurzen Weg zum Ausgang des Grabhofes zurücklegt, lapidar:

»Wo Licht ist, ist auch Schatten. Und es gibt auch keinen Schatten ohne Licht.«

Das leuchtet Mona zwar ein, aber wo war der Schatten im Leben von Umm Kulthum? Hatte sie am Ende kein Glück mit den Männern? Ist deshalb an ihrer Seite der Neffe und nicht der Ehemann bestattet?

Als ob sie Monas Gedanken lesen könne, erklärt die alte Frau, während sie gemeinsam das schmiedeeiserne Hoftor durchschreiten:

»Die große Umm Kulthum war sehr viel krank. Gegen viele Leiden hatte man Medikamente gefunden, aber …« Sie tippt mit den Fingern der linken Hand gegen die Schläfe, ehe sie bemerkt: »Gegen diese entsetzliche Traurigkeit gibt es keine Medizin. Siehst du, Kleines, das Glück hängt nicht davon ab, ob man reich und berühmt ist. Denn je heller die Sonne scheint, desto dunkler wird auch der Schatten.«

Auf den staubigen Gassen im östlichen Teil der Gräberstadt, welche Mona nach der Begegnung mit dieser sonderbaren alten Frau ziellos durchstreift, gehen ihr deren letzte Sätze immer wieder durch den Kopf. Steckte dahinter eine Botschaft, die sie ihr mit auf den Weg geben wollte? War diese Botschaft etwa der Schlüssel zum Verständnis der eigenen Situation? Glück also hängt nicht von Ruhm und Reichtum ab. Das hatte Mona auch vorher schon nicht angenommen. Wovon aber hängt denn das Glück ab? Und weshalb spürt auch sie so oft – vornehmlich in den langen dunklen Stunden der Nacht – diese »entsetzliche Traurigkeit«? Was genau fehlt ihr denn zum Glück? Im Moment wäre sie schon glücklich, wenn das Mobiltelefon klingeln und sie die vertraute Stimme von Mohammed hören würde.

Mohammed hatte sich eine ganze Woche lang nicht gemeldet, und als er schließlich anrief, wirkte er schlecht gelaunt. Er schimpfte auf die schwere Arbeit und auf seine Arbeiter, die »faule Säcke« seien. Ich habe versucht, ihn zu besänftigen. Schließlich war es meine Pflicht, ihm Verständnis entgegenzubringen. Dann aber konnte ich nicht weitersprechen, weil Kunden ins Geschäft kamen. Eigentlich hatte ich ihm noch sagen wollen, dass es Zeit wurde, mit meinem Vater die Al-Fatiha zu sprechen. Mittlerweile nämlich hatte sich noch ein anderer Bewerber gemeldet. Es war der Onkel eines kleinen Jungen, der immer vor dem Geschäft spielte. Ein paarmal war meine Schwester Hoda bei mir im Telefonladen gewesen und hatte sich dort mit dem Jungen angefreundet. Sie erklärte ihm, wo wir wohnen, und manchmal kam er sie in unserem Grabhof besuchen. Dabei hat er Hoda erzählt, dass sein Onkel ihn gebeten habe, Erkundigungen über mich einzuholen, ob ich schon verlobt sei. Natürlich hat Hoda gesagt, ich sei noch zu haben, denn sie wusste ja nichts von Mohammed. Ich war wie vor den Kopf geschlagen, als der Onkel des Jungen plötzlich bei mir im Laden stand und mir mitteilte, dass er bei meinem Vater gewesen sei und um meine Hand angehalten habe. Allerdings war er noch für zwei Wochen in der Trauerzeit, weil seine Großmutter gestorben sei. Man konnte also frühestens in zwei Wochen die Al-Fatiha sprechen. Ich musste dringend mit meinem Vater reden. Denn niemals würde ich bei diesem Mann einen schnellen Herzschlag spüren und nicht das warme Gefühl, wenn er mir in die Augen sah. Das wusste ich.

Ich war erstaunt, dass mein Vater großes Verständnis für mich hatte, als ich ihm von Mohammed erzählte. Und meine Mutter auch. Sie wollen, dass ich zufrieden bin, sagten sie. Mein Vater hat sich dann intensiv bei mir nach Mohammed erkundigt. Als ich ihm erzählte, dass er ein rotes Auto habe, das er verkaufen wolle, um Geld für unsere Wohnung zu haben, nickte er zufrieden. Dann sagte er, dass der andere Bewerber noch in der Trauerzeit sei, und außerdem wolle er seinen Bruder, meinen Onkel Tayaa, bitten, Erkundigungen über ihn einzuholen. Ich hatte also noch eine kurze Frist, nur leider rief Mohammed nicht mehr an. Ich wartete Tag für Tag. Aber auf gar keinen Fall, das hatte ich mir fest vorgenommen, würde ich ihn *anrufen. Das schickt sich einfach nicht.*

Die Sonne steht schon tief über den Mauern der Grabhöfe, als Mona von der Sharei el-Tonsy in eine der Gassen einbiegt, die zur Moschee des Imam Al-Shafi'i führt. Nach ein paar Metern beobachtet sie einige Kinder, die vor der offenen Tür zu einem der Grabhöfe spielen. Am Horizont entdeckt Mona die Stadtautobahn, welche dort über eine lang gestreckte hohe Brücke führt. Nur wenige Meter über der Gräberstadt rauscht der Verkehr einer Welt entgegen, welche diese Kinder hier unten und deren Familien kaum zur Kenntnis nimmt. Abgesehen vom Opferfest, dem Großen Bairam, wenn die Kairoer hier draußen ihre Toten besuchen und den armen Grabhofbewohnern Fleisch oder Geld mitbringen. In jener anderen Welt, welche diese Autos um diese Uhrzeit in weniger als zwanzig Minuten erreichen, wird kaum eines dieser spielenden Kinder je eine Zukunft finden. Nur wenige von ihnen werden überhaupt einmal dorthin kommen. Denn es ist aus der Perspektive der Totenstadt, wie Mona einst in ihrem Heft notierte, *eine fremde Welt* – in der sich Spiegel öffnen und kurze Blicke auf riesige Hallen mit blitzblanken Böden gewähren, in denen Frauen ohne Hijab in tiefen Sofas sitzen und Zigaretten rauchen. In dieser Welt geben Eltern ihren Söhnen fünf Jahre lang dafür Geld, dass sie in einem Khawa sitzen und sich Gedanken machen. Studenten, die so gebildet sind, dass Mona sie nicht versteht, können sich dort nicht einig werden, ob es richtig ist oder falsch, dass ihre Väter Liberale sind. Es gibt in jener Welt Frauen, die als Sekretärinnen arbeiten und wie ihre Chefs Anzüge tragen, und andere, die im Khawa sitzen und Shisha rauchen. Während noch einmal all diese Bilder vor Monas geistigem Auge entstehen, glaubt sie gleichzeitig auch die Schatten zu erkennen, die über all dem liegen. Die Schatten nämlich, in denen jene Regeln, mit denen sie aufgewachsen ist, von niemandem mehr befolgt werden. Selbst der Hijab hat Salma, die Zwillingsschwester von Ali, nicht davon abgehalten, die Autorität des Vaters zu leugnen, und Om Ahmed, ihren Ehemann zu betrügen. Diese spielenden Grabhofkinder werden, auch wenn sie sich darum bemühen, in ihrem einfachen Leben die Sonne zu entdecken, schon bald deren dunkle Schatten zu spüren bekommen. Noch wissen sie ja vielleicht nicht, dass nicht alle Menschen so arm sind wie ihre Familien. Sicher sind viele schon von ihren Vätern geschlagen worden, aber man hat ihnen nicht gesagt, dass es noch weitaus schlimmere Demütigungen gibt. Wenn sie nämlich in der Mittelschule von jenen Mitschülern geärgert werden, die sich für was Besseres halten, haben sie nicht einmal das schützende Argument zur Verfügung, dies geschehe letztlich aus Liebe. Die kleinen Mädchen ahnen nicht, dass ihnen das grauenvolle Erlebnis der Beschneidung bevorsteht, und Mona ist stolz, vor wenigen Tagen mit ihrer Mutter darüber gesprochen zu haben. Als sich die kleine Aya auf ihren Schoß gesetzt hatte, war es Mona in den Sinn gekommen, und sie hat Nassra alles erzählt, was sie damals von Khadija erfahren hatte. Die Mutter hat ihr ruhig zugehört, und als Mona fertig war, sagte sie nur: »Das wirst du alles noch mal deinem Vater erzählen müssen. Mich hast du schon überzeugt.«

Als sie in die Straße einbiegt, an der sie wohnt, entdeckt sie ihren Onkel Tayaa, der ihr gut gelaunt entgegentritt. Nach der Begrüßung nimmt er seine Nichte in den Arm und spricht ihr halblaut ins Ohr:

»Dein Verlobter aus dem Telefonladen kommt nicht als Ehemann für dich in Frage! Ich habe Nassra und Hamdi schon davon berichtet.«

»Welcher?«, ruft Mona erschrocken.

»Welcher?«, wiederholt ihr Onkel irritiert. Nun erst fällt es Mona ein, dass ihr Onkel ja von Mohammeds Existenz gar nichts weiß.

»Na, der mit dem kleinen Bruder, der immer zu Hoda zum Spielen kommt«, erklärt ihr der Onkel.

»Ja, ja, ich weiß schon«, beeilt sich Mona. »Ich habe nur seinen Namen vergessen.«

»Den musst du dir auch gar nicht erst merken. Der Junge

raucht Haschisch. Das weiß jeder in dem Haus, in dem er wohnt. Und sein Chef, ein Polsterer drüben in Tonsy, weiß es auch. Angeblich ist er trotzdem ein guter Arbeiter. Aber für meine kleine Mona ist das nichts … ein Haschischraucher. Was soll denn aus euren Kindern werden bei so einem Vater?«

Mona nickt zufrieden.

»Wir finden schon einen anderen, du wirst sehen«, ruft der Onkel zuversichtlich und macht sich auf den Heimweg.

Mit einem Schlag ist die Verzweiflung wieder da, welche sie schon letzte Nacht nicht schlafen ließ. Ihr Onkel Tayaa hatte ihr zwar eine gute Nachricht überbracht, den Druck einer ablaufenden Frist von ihrer Seele genommen. Dennoch belastet es sie sehr, dass es mittlerweile schon zwölf Tage her ist, seit Mohammed zuletzt angerufen hat. Immer wieder hat sie auf Nachfragen ihres Vaters ausweichend antworten müssen. Was war nur mit Mohammed los? Hat er wirklich so viel Arbeit und Ärger mit den Arbeitern, dass er nicht einmal ein paar Minuten Zeit für sie findet? Oder hat er womöglich in diesem Sharm el-Sheikh ein anderes Mädchen getroffen, welches ihm besser gefällt? Wie immer in Situationen von Zweifeln und Ängsten beschließt Mona auch in diesem Moment, wieder auf Kismet zu vertrauen. Und die Aussage der alten Frau, dass es keinen Schatten gibt ohne Licht, verhilft ihr auch sofort wieder zu der Kraft, an das Gute zu glauben.

Durch die geschlossene Grabhoftür hört Mona ihre Mutter lautstark klagen. Sie habe sieben ihrer Kinder auf diesem Grabhof zur Welt gebracht, ruft sie laut. Dieser Grabhof und kein anderer sei deren Zuhause und auch das von Hamdi und von ihr … Als Mahmoud seiner großen Schwester die Tür öffnet, bietet sich Mona ein Bild der Verzweiflung und

Hilflosigkeit. Rund um Hanafi, den Torabi, der auf dem Sofa sitzt, hat Monas gesamte Familie auf den kleinen hölzernen Hockern Platz genommen und hört nun dem Jammern von Nassra zu. Doch der Grabmeister wirkt kaum weniger verzweifelt. Es ist ihm anzumerken, dass er die Familie zum Wegzug veranlassen muss. Immer wieder versucht er sich beschwichtigend Gehör zu verschaffen. Jener andere Grabhof oben an der Grundschule, so erklärt er, hätte sogar einen Raum mehr als dieser hier. Es gäbe auch zwei Obstbäume dort, deren Früchte sie nutzen dürften. Aber all diese Argumente scheinen auf Nassra keinen Eindruck zu machen.

»Lasst uns diesen anderen Grabhof doch erstmal ansehen!«, meldet sich Mona zu Wort, während sie hinter sich die Tür schließt. Sofort erfährt sie die Zustimmung ihrer jüngeren Geschwister.

»Für dich hat ein Mann angerufen«, ruft Nassra fast nebenbei ihrer Tochter zu.

»Für mich?«

Sofort beginnt Monas Herz zu rasen. »Könnte das Mohammed gewesen ...? Aber hat sie ihm denn eigentlich je die Telefonnummer der Eltern gegeben? ... Warum hat er sie denn nicht auf dem Mobiltelefon angerufen? Hat er womöglich eine schlechte Nachricht für sie?

»Ein Herr Saleh aus der Bank«, fährt Nassra fort. »Er sagt, du könntest jetzt die Stelle in der staatlichen Versicherung antreten. Er meint, du weißt dann schon ...!«

Hilflos blickt Mona den Torabi und dann nacheinander die Eltern und jedes ihrer Geschwister an. Was hat diese Nachricht denn nun zu bedeuten? War sie der Sonne zuzurechnen oder dem Schatten? Hieß das, sie habe eine zweite Chance an jenem Ort, den sie die »andere Welt« nennt? Und bedeutet dies womöglich gleichzeitig, dass Mohammed sich nicht mehr melden würde? Oder besagt diese Nachricht nichts von alledem? Ganz langsam, wie eine Stimme aus weiter Ferne, taucht in Mona, dem Grabhofmädchen, ein ungeheuerlicher Zweifel auf. Sollte am Ende Kismet gar nichts Rechtes mit ihr anzufangen wissen?

Glossar

Abaja	Islamisches Kleidungsstück für Frauen – ein meist schwarzes mantelartiges Übergewand, das vom Hals bis zu den Füßen reicht.
Al-Fatiha	Die erste Sure des Korans, die Bestandteil der täglichen Gebete ist und auch anlässlich einer Verlobungsvereinbarung zwischen einem Bräutigam und seinem künftigen Schwiegervater rezitiert wird.
Al-Kiyama	Das Letzte (oder auch Jüngste) Gericht Gottes.
Bairam	
Großer Bairam	Opferfest am neunten Tag des islamischen Monats Dhu l-hijja.
Kleiner Bairam	Fest nach dem Ende des Ramadan.
Bakshish	Kleine finanzielle Zuwendung (Trinkgeld) für eine Gefälligkeit oder Dienstleistung.
Bir	Bedeutet: »Brunnen«, ist aber auch der Name eines Kairoer Stadtteils.

Darabukka Musikinstrument mit einem dicken, trichterförmigen Trommelkörper aus Ton, Keramik oder Metall. Es hat eine breite Öffnung, die mit Leder oder Kunststoff überzogen ist. Die Darabukka wird auch Tabla genannt.

Ehescheidung Es existieren nach islamischem Recht drei Formen:
Talag: Sie tritt automatisch in Kraft, wenn im Ehevertrag nichts anderes vereinbart wurde. Diese Variante bedeutet, dass die Scheidung nur vom Mann ausgesprochen werden kann, der Frau aber in diesem Fall das Brautgeld zusteht, welches sie vier bis sechs Monate nach der Scheidung ernähren soll. Sie darf auch die Wohnung behalten, solange noch Kinder bei ihr leben, die das fünfzehnte Lebensjahr noch nicht vollendet haben.
Tatalig: Die Frau kann bei dieser Trennungsform die Scheidung verlangen, wenn der Mann fremdgeht oder sie schlägt. In diesem Fall behält die Frau automatisch alle Rechte. Diese Scheidungsversion kann nur praktiziert werden, wenn sie vorher im Ehevertrag vereinbart worden war.
Khoulá: Die Frau kann die Scheidung verlangen, wenn sie ihren Ehemann nicht mehr liebt. Sie verzichtet dann auf das Brautgeld. Auch diese Scheidungsform bedarf einer schriftlichen Fixierung im Ehevertrag.

Falafel Siehe: *Tameya*

Fatwa	Islamisches Rechtsgutachten, das von einem Mufti (Spezialist für die islamische Jurisprudenz) zu einem speziellen Thema herausgegeben wird.
Foul	Gekochter Brei aus dicken Bohnen
Galabeya	Kaftanartiges Kleidungsstück für Männer
Gedi	Großvater
Hadith	Die in der *Sunna* zusammengefassten überlieferten Aussagen und Handlungsweisen des Propheten. Je nach Zuverlässigkeit des Überlieferers unterscheidet man zwischen starken und schwachen Hadithen.
Hijab	Das nach religiösen Vorschriften gebundene Kopftuch der Frauen.
Imam	Vorbeter beim islamischen Gebet, welcher diese Funktion entweder einmalig (z. B. im privaten Rahmen) oder in einer Moschee von Amts wegen ausführt.
Insh'Allah	Der Ausruf »So Allah es will!« entspringt einer tief verwurzelten Schicksalsgläubigkeit, wonach das ganze Leben in der Hand Gottes liegt.
Karkadee	Malventee, der sowohl heiß als auch eisgekühlt getrunken wird.

Khawa — Wörtlich übersetzt heißt es »Kaffee«, meint aber auch ein arabisches Kaffeehaus, das meist zur Straße hin offen ist, in welchem auch Tee getrunken und *Shisha* geraucht wird.

Khalif — Stellvertreter Mohammeds – eine Person, die einen islamischen Staat nach der Handlungsweise des Propheten (siehe *Sunna*) und auf der Grundlage des *Koran* regiert.

Kismet — Das türkische Wort hat seine Wurzel in dem arabischen Begriff »Qisma«, was wörtlich übersetzt »Teilung« heißt, aber Schicksal oder Los bedeutet.

Koran — Heilige Schrift des Islam

Kosha — Ein aus zwei (meist goldfarbenen) Sesseln bestehender Thron, wie er vor allem für Hochzeitspaare verwendet wird.

Mabrouk — Wörtlich: »gesegnet«. Umgangssprachlich wird es für »Gratulation« verwendet.

Midan — Steht für das Wort »Platz« und wird vor den Namen des jeweiligen städtischen oder örtlichen Platzes geschrieben.

Mizmar — Verschiedene Typen von Oboen, die in der Volksmusik verwendet werden.

Om	Vor einem Namen stehend bedeutet Om »Mutter von …« Da verheiratete Frauen in der Öffentlichkeit nicht bei ihrem Vornamen gerufen werden, ruft man sie als Mutter eines ihrer Kinder (meist des ältesten Sohnes).
Oud	Eine in der arabischen Musik sehr verbreitete Kurzhalslaute.
Raks Sharki	Orientalischer Tanz (Bauchtanz)
Ramadan	Islamischer Fastenmonat
Sadaqa	Armensteuer. Sie ist eine freiwillige Abgabe, zudem eine der fünf Säulen des Islam – neben Glaubensbekenntnis, Ritualgebet, Ramadan-Fasten und Pilgerfahrt.
Sharbat	Sirupartiger Saft aus Erdbeeren oder Mango – typisches Hochzeitsgetränk.
Shari'a	Islamische Rechtsvorschriften
Sheikh	Dies ist zunächst die Bezeichnung für einen alten Mann. Da die Imame in den Moscheen meist alt waren, wurden sie umgangssprachlich als Sheikhs (ausgesprochen: Scheichs) bezeichnet. Inzwischen werden auch jüngere islamische Gelehrte, die den Koran auswendig gelernt haben und die Schrift interpretieren können, so genannt.
Shisha	Orientalische Wasserpfeife

Souk	Arabischer Basar
Sunna	Wörtlich übersetzt: »Pfad«, »Vorbild«; die Sunna ist eine Sammlung von überlieferten Aussagen und Handlungsweisen des Propheten. Damit ist sie – als Regelwerk über Pflichten und Notwendigkeiten eines religiösen Lebens – neben dem *Koran* die zweitwichtigste Quelle islamischen Lebens.
Sunnitischer Islam	Unterscheidet sich vom schiitischen Islam in der Frage der Rechtsnachfolge des Propheten Mohammed. Die Anhänger des sunnitischen Islam werden Sunniten genannt, die des schiitischen Islam Schiiten.
Sure	Abschnitt des *Koran*
Taéya	Arabische Kopfbedeckung für Männer
Tameya	Bohnenfalafel
Teta	Großmutter
Torabi	Staatlich eingesetzter Grabmeister (nach »Torab« – »Erde«), der sowohl Verwalter der ihm unterstehenden Gräber ist als auch Bestatteraufgaben übernimmt. Die Funktion befindet sich meist seit Generationen in derselben Familie.
Umma	Gesamtgemeinde aller Muslime, die sich als Solidargemeinschaft versteht.

Danksagung

An erster Stelle danke ich natürlich meiner Co-Autorin Mona, die mir Einblicke in ihre Gedankenwelt und ihr Gefühlsleben vermittelt hat. Ich danke auch Monas ganzer Familie – die nicht nur aus ihren Eltern Nassra und Hamdi und den sieben Geschwistern besteht – für deren Vertrauen und die aktive Mitarbeit.
Mein Dank gilt meiner Kairoer Mitarbeiterin Hoda Zaghloul, die für mich weit mehr war als eine geniale Übersetzerin, und meiner Berliner Freundin Hedda von Heynitz, der ich diese Bekanntschaft verdanke.

Wertvolle Hintergrundinformation zur Gräberstadt Imam Al-Shafi'i und zahlreiche Kontakte zu deren Bewohnern verdanke ich dem Grabmeister Tarek. Für wissenschaftliche Beratung zu historischen Fragen habe ich Professor Mokhtar El-Kassabany zu danken und zu religiösen Fragen Heba Afifi. Vielfältigen organisatorischen Fragen und Problemen nahm sich mein Freund Mohammed Shehab an – getreu seinem Motto: »You have the vision and I know the way!«

Ich danke Gerd Emil Lieser, dem Leiter des Kairoer Büros der Friedrich-Ebert-Stiftung, und seinem gesamten Team für deren Gastfreundschaft, und dem Fotografen Torsten

Warmuth, der sich trotz einer intensiven und zeitaufwendigen Arbeit für seine Fotoreihe »It's a Man's World« in Kairos Basaren die Zeit für das eindrucksvolle Coverfoto genommen hat.

Für die Realisierung und Betreuung dieses Buchprojekts danke ich Rebekka Göpfert und Susanne Bader von der Literaturagentur Graf & Graf in Berlin, Andrea Kunstmann vom Heyne Verlag und meiner Lektorin Regina Carstensen.

Und ich bedanke mich bei meiner Lebensgefährtin Birgit Harwardt dafür, dass sie mit Geduld und Verständnis meine monatelange Abwesenheit tolerierte.